U0747196

新时代「强基兴师」丛书

格物与悟理

宋勇谈物理教育

宋 勇◎著

安徽师范大学出版社
ANHUI NORMAL UNIVERSITY PRESS

·芜湖·

图书在版编目(CIP)数据

格物与悟理：宋勇谈物理教育 / 宋勇著. -- 芜湖：

安徽师范大学出版社, 2025.3

(新时代"强基兴师"丛书)

ISBN 978-7-5676-6822-5

Ⅰ.①格… Ⅱ.①宋… Ⅲ.①中学物理课—教学研究

Ⅳ.①G633.72

中国国家版本馆 CIP 数据核字(2024)第 111037 号

格物与悟理：宋勇谈物理教育

宋　勇◎著

GEWU YU WULI SONGYONG TAN WULI JIAOYU

策划编辑：吴顺安　　吴毛顺

责任编辑：吴毛顺　　　　　　责任校对：李子旻

装帧设计：王晴晴　冯君君　　责任印制：桑国磊

出版发行：安徽师范大学出版社

　　　　　芜湖市北京中路2号安徽师范大学赭山校区　　　邮政编码：241000

网　　　址：https://press.ahnu.edu.cn

发 行 部：0553-3883578　5910327　5910310(传真)

印　　　刷：江苏凤凰数码印务有限公司

版　　　次：2025年3月第1版

印　　　次：2025年3月第1次印刷

规　　　格：787 mm × 1 092 mm　　　1/16

印　　　张：17

字　　　数：269千字

书　　　号：978-7-5676-6822-5

定　　　价：88.00元

凡发现图书有质量问题,请与我社联系(联系电话:0553-5910315)

内容简介

　　"新时代'强基兴师'"丛书以安徽师范大学"基础教育振兴行动计划"为指引，坚持落实"立德树人"的根本任务，立意深远，目标清晰，特点鲜明。

　　本书是物理教育名师宋勇30年来探索物理教育及其变革的全面总结和全新阐释，全景式展示一名研究型教师的成长历程。内容主要分为"可视化教学实践""教育与教学研究""命题与考试评价"三篇。"可视化教学实践"以可视化教学为主线，阐述物理教学可视化实践成果；"教育与教学研究"以教育教学研究的策略和路径为主线，分享教研的案例和方法；"命题与考试评价"通过对安徽省中考试题和高考试题的分析评价，介绍命题的相关技术及试题命制特点。

　　本书与实践相随，与阅读同行，与思考为伴，是普通教师成长为名师的真实心路历程。这是一本写自己、写过往的书，更是一本"你的未来不是梦：写给未来名师"的书。

作者简介

宋勇，中学正高级教师，蚌埠市教育科学研究所中学物理教研员。曾荣获安徽省教坛新星、安徽省特级教师、全国优秀物理教研员等荣誉称号，兼任安徽师范大学硕士生导师。在核心期刊发表论文10余篇，主持完成4项安徽省教育科学规划课题。多年来，一直进行中学物理可视化教学的实践研究，主张在真实实验的基础上，通过多种手段让物理的"教"和"学"变得可见，让更多的学生喜欢物理、学好物理，提升物理教育教学的质量。

赓续学脉　强基兴师
擦亮师范教育的育人底色

　　教育、科技、人才是全面建设社会主义现代化国家的基础性、战略性支撑，建设教育强国是中华民族伟大复兴的基础工程。安徽师范大学在新时期的办学理念上坚持"1234"：一是以实现中华民族伟大复兴为己任；二是尊重科学、尊重知识；三是做好基础与应用、理论与实践、科学与工程的结合；四是人才培养注重服务"四个面向"战略部署。新时代新征程，学校全面实施推进"基础教育振兴"和"学科振兴"两大行动计划，着力提升学校办学综合实力与核心竞争力，奋力在"双一流"建设上实现新突破，全面引领服务安徽基础教育发展，打造基础教育振兴安徽模式。

　　百年大计，教育为本；教育大计，教师为本。基础教育是人才成长的起点，又是整个教育体系的根基，在国民教育体系中承担着特殊使命，事关国民素质提升，事关人的全面发展，事关社会公平正义。

再回母校，我越发深切地意识到提升基础教育的质量、造就一支高素质专业化基础教育教师队伍，对于办好基础教育乃至整个国民教育至关重要。强基兴师，利在当下、功在千秋。

强基兴师，是师范院校的使命。师范教育一直都是安徽师范大学的办学底色，也是办学核心竞争力的关键所在。学校是安徽基础教育的"母机"，是强基兴师的主力，要牢牢坚守培养高素质基础教育师资的办学使命，坚决扛起基础教育振兴时代重任，擦亮师范教育的育人底色，努力解决"双减"政策背景下，基础教育优质资源难以满足人民群众需求的难题。我们要为安徽基础教育改革做点事情，务实求真，做好高品质教师培养，全面服务安徽基础教育发展，努力为振兴安徽基础教育作出师大人的贡献。

强基兴师，是创新教育的基石。在中国式现代化进入新征程的今天，强化教育优先发展的战略地位，体现了以创新为核心的教育、科技、人才三大战略的规律性联系。无论是加快建设科技强国，实施创新驱动发展战略，加快实现高水平科技自立自强，积聚力量进行原创性引领性科技攻关，坚决打赢关键核心技术攻坚战，增强自主创新能力，还是建设人才强国，加快建设世界重要人才中心和创新高地，着力形成人才国际竞争的比较优势，基础都在教育。创新的基础教育才能培养创新的人才，而创新人才培养又有赖于高素质专业化创新型教师队伍。因此，学校要从师资队伍建设、人才培养方案、教材教法教案抓起，着力打造优秀教师培养体系和教师终身学习体系，让每个从安徽师大走出的教师乐教善教，成为安徽教育的主力军，推动教育高质量发展。

强基兴师，是教育强国的关键。党的二十大描绘了中国式现代化的宏伟蓝图，亟须进一步形成加快建设高质量教育体系赋能中国式现代化的实践进路，实现中华民族伟大复兴的中国梦。习近平总书记在致清华大学苏世民学者项目启动仪式的贺信中指出，教育决定着人类的今天，也决定着人类的未来。教育兴则国家兴，教育强则国家强。"教育是提高人民综合素质、促进人的全面发展的重要途径，是民族振兴、社会进步的重要基石，是对中华民族伟大复兴具有决定性意义的事业。"由此，我们师大人使命光荣、责任重大，唯有踔厉奋发、笃行不怠，方不负党和人民的信任和重托。

安徽师范大学出版社策划的"新时代'强基兴师'丛书"很好地顺应了学校事业发展上水平、上台阶谋划设计的发展举措——"基础教育振兴行动计划"，立意高远，目标清晰，特点鲜明。

其一，开放性与系统性相结合。"新时代'强基兴师'丛书"是一个开放性的体系，在确保科学性、学术性、可读性的基础上，不断吸纳新理论、新思想的教育论著，推进创新；不断发现有创举、有成效的教育成果，推广运用；不断推荐省内有思想、有成就的学科名师，传经授艺。同时，丛书围绕理论、实践和名师三个系列，将介绍教育理论、推荐教育实践、总结名师经验进行系统性整合，希望可以打造成为安徽师大出版社教育类图书的品牌。

其二，科学性与前沿性相统一。丛书既有高校教育专家学者的理论研究，也有中学教育名师关于自身成长历程的总结和对教育管理与教育教学的探索，还将总结与推广2022年安徽省基础教育教学成果奖特等奖和一等奖的获奖成果，展示这些成果坚持立德树人的价值导向，一切从学生出发，释放学生生命活力和智慧灵性的实践案例，产生激励、引领、推而广之的积极作用。丛书力求展现安徽基础教育前沿成果，宣传安徽名师典型，充分发挥名师效应。

其三，理论性与实践性相呼应。丛书包含两条主线：一是重点展现名师关于教育理论和教育实践的理性思考，体现他们对教育本质的探索和追求；二是展示新时代教育工作者对基础教育改革与发展的新探索和新实践，让教育教学创新成果落地生根。丛书既关注教育教学研究的前沿动态，又贴近中学教师的工作生活，做到理论与实践相统一，力求建立一套完善的中学学科教师专业发展机制，形成一批可复制、可推广的中学师资队伍建设改革经验，发挥示范引领作用。

这套丛书将为中国教育的高质量发展提供我们安徽的真知灼见，也为安徽师大正在打造的金牌教案、金牌教练、金牌师范生"三金"工程提供鲜活的案例，力争为全国师范教育改革和基础教育振兴提供"参考样板"。

李亚栋

癸卯兔年盛夏于清华园

（李亚栋，中国科学院院士、安徽师范大学校长）

目　录

■ 可视化教学实践

■ 教育与教学研究

■ 命题与考试评价

■ 你的未来不是梦

——写给未来名师的一封信

未来的名师们：

在给你们写这些文字的时候，你们或许已经收拾好行囊走在告别象牙塔的路上，也许已经推开一扇校门踏上逐梦的讲台，你们的青春，伴着属于教师这份职业的光辉，正式起航。在这样的遐想中，我仿佛回到三十年前的一九九四年，从安徽师范大学毕业后的第一个九月，我拿着从教育局领到的分配通知，穿过一片刚刚拆迁过的废墟，去一所未知的学校报到。那时的我，就如现在的你们，怀揣着对未来一切的未知与期待，忐忑地踏上初为人师之路。当看到你们向着我们都梦想的教育之地走来，不知不觉，我已深耕教育三十载，当时的未来也都不再是梦。回忆自己走过的三十年教育之路，想着自己的经验或许能在你们前进的路上提供一些帮助，便试着写出这些文字。好在，这些文字不会像微信或E-mail那样瞬间抵达，让我这个理科老师也能慢慢地咬文嚼字一番。

一、理想与环境

在我上大学的那个年代，由于各种原因，教师这个职业还不像现在这么受欢迎，师范专业也没有现在这么热门，当时有部分学生并不是因为喜欢教师这个职业才上的师范大学。为此，我所在的班级开展了一次关于"理想与环境"的讨论活动，一些同学对在师大学习和今后当老师有一些消极的情绪。针对这种情况，有位同学感慨地说，将来我们要面对的环境，不一定都是现在的"理想"选择的"环境"，我们要思考的是，在所处的"环境"中选择什么样的"理想"。多少年过去了，这位同学的这句话，至今仍然深深影响着我。能做到"理想"选择"环境"是每一个成功者的向往，能做到在既定的"环境"中选择"理想"更应该是一种积极的人生态度吧！我的理想是，在我所从事的教育环境中，选择做一名好教师，成就一种好的教育。

当然，现在的你们不会遇到和我们当年类似的情况，教师越来越成为全社会向往的职业，我想，你们现在的环境一定是你们的理想选择的环境。那么，在这样的环境下，你们要思考的是如何实现自己的理想，如何让理想照进现实。这其中最关键的还是热爱，你得热爱这个职业，才能把它变成你的事业，成为你喜欢的工作。如果大家对这个职业不热爱，或者仅仅把它当作一个糊口的岗位，那又谈何实现理想呢？那样的生活又有什么乐趣可言呢？此外，在热爱之余，你还得胜任这个职业，才能在这个职业中体会到快乐和满足。这说起来容易，做起来却很难。当一名好老师，可能需要学习的知识和技能都很多，可能还需要你们长时间的坚持和努力，也可能会遇到各种各样的问题，人生之路又怎么会都是一帆风顺的呢！

二、初职与初心

初上讲台的你们，一定会遇到跟实习时完全不一样的环境。实习时的你们还是象牙塔里的一员，实习单位也并没有真正把你们当成正式的老师，你们还都是大学和实习单位呵护的对象。然而，当你们正式走进学校工作之后，你们便成了学校的一员，你们要面对的，不仅有学生嗷嗷待哺的期待眼神，还会有学校领导、学生家长、任课班级的班主任对你们教学成绩的期待，你们的理想将会伴随一张张课表和琐碎的任务一起开始远航。

就像物理学中的模型一样，在研究物理问题时，我们常将复杂的问题简化为简单的物理模型，这种建模的方式可以让我们忽略一些次要的因素，从而更清晰地发现规律。然而，当你们从象牙塔走进校园，遇到的往往都是不可忽略的因素，就像一次从理想模型还原到真实情境的反建模之旅。在现实的校园世界，你们除了要面对学科教学之外，还会遇到各学科之外的复杂因素，比如淘气的学生、不配合的家长、不太通融的同事等，这些都可能会成为你们教学时必须直面的重要因素。我想，作为物理教师，大家都应该有一种物理人该有的心态，那就是这些因素都不应该影响你们对理想的追求。在初为人师之际，我建议大家都要立下初心，那就是一定要成为最好的老师，保持这样的初心，对后面的成长非常关键。

三、学科理解与学科教学

一名优秀的教师应该具备优秀的素质，如幽默的语言表达，亲和自然的教态，融洽的师生交流等，还要具有专业的业务素养，如对知识的领悟、教学的理解等。如何从一个"教育小白"快速成为能驾驭课堂的教学能手，继而成为独当一面的教学名师呢？我觉得首先应该要从教师的必备能力入手，包括学科理解能力和学科教学能力两种。所谓学科理解能力，是指教师对所教学科的内容体系、特征及价值等方面的整体理解。要培养自己的学科理解能力，必须将大学输入的知识与中学所教的知识联系起来，形成易于输出的符合中学教学的知识结构，即要有基于学科核心素养的学科理解能力。初登讲台，还是应该先从理解教材开始，毕竟，教材是知识和教学的重要载体。记得我第一次从初中升入高中教学时，就担心自己会出现"挂黑板"（要讲的题目教师自己不会做）的尴尬场面。紧张得我在一个暑假里将高中全部的教材都认真看了几遍，还选了几套教辅，认真做了所有的题目，我想，当时我在弥补的，就是一种基本的学科理解能力吧。当然，光有这些是远远不够的，除了对学科知识理解之外，还需要延伸到学科本质、学科思想、学科方法和学科价值。

第二种必备的能力是学科教学能力。教师除了对所教的知识要有学科理解能力之外，还必须具备扎实的学科教学能力。这种能力表现为教师如何将自己明白的知识通过教学让学生也明白，这也是教师能否胜任教学的重要指标。我一直相信，一个优秀的教师，首先应该是能将自己所教的学科知识讲得清楚的老师，而要让学生听得懂，就必须基于学生的认知经验和知识储备来设计教学。知识和承载知识的教材都是静态的载体，而教学则是完成知识建构的动态过程，必须在生动的教学情境中通过教师设计的教学活动来完成。对教师来说，这就是学科教学的能力，这也是看书自学与课堂学习最大的区别。大家在大学里比较重视的往往是学科知识，在担任教学工作后，还要重视教学能力的提升，要提升这种能力，还要关注其他领域的一些知识，如教育学、认识心理学、脑科学等。

四、相信与不相信

教学的受众是学生，你首先得让学生从心理上"同意"你作为这门学科的教师，要获得学生的"同意"，当然取决于教师的能力，而最直接的就是与学生交流和沟通的能力，这其实是独立于学科之外的一种能力。在学校经常有这样的老师，苦口婆心地教学，却得不到学生的信任与理解，原因是学生不喜欢，从心理学角度来说就是"不同意"。因此，初为人师的你们，要先做到让学生"同意"，这就要走进学生的心里，要先做他们的朋友，而不是长辈。

记得我第一次带一个班级时，上课前一个调皮的男孩在黑板上画了一幅我的肖像画，当时正好被班主任看到，大概因为这个男孩平时就很让班主任费神，班主任便非常生气地要批评这个学生，当时刚毕业的我，并没有觉得这种行为有什么不好，反而跟班主任说自己来处理。在课堂上，我表扬了这个孩子的绘画能力，还说物理上有许多地方需要作图能力，我相信他一定能学好物理。这个孩子可能没想到我不但没有批评反而是表扬了他，以后的每一节课，他都非常认真地听课，成为物理学科的尖子生。或许是由于年龄相差不大，或许是我并不反感他们的调皮行为，让我和他们之间建立了非常好的朋友关系。在我的课堂，这群平时调皮的孩子成为发言最踊跃的孩子，有时候，那些认真听课却不爱发言的学生也会受他们鼓舞，变得敢于表达。也许，这就是我们常说的"相信"的力量。这种"相信"有两层含义：一是学生相信教师，二是教师相信学生。

在教育的过程中，我们更要警惕"不相信"的力量。如果我们不相信一个学生，那种不相信的力量足以击垮一个孩子。所以，作为老师的你们，不要吝啬你们的相信，要相信每一个孩子。相信只要用心，你们一定能和他们成为朋友，即使他们在学业上有快有慢，但在你们的相信面前，他们一定会成为一个个热爱学习、热爱生活的少年。

五、传承与发展

教师是一种古老的职业，关于教育的技术和艺术，无数先人留下了许多宝贵的经验。要成为一名优秀的教师，需要不断地从优秀教师那里汲取营养，并将这些经验转化为自己的实践，在吸收和转化中有所创新，形成自己的教学风格。记得刚分配到蚌埠五中担任初中物理教师时，就跟着组里优秀的物理老师张亚君听课，虽然当时没有现在的"青蓝工程"，可张老师却主动地承担起辅导我的任务。于是，我很幸运地可以随时去听她的课，同她交流教学上的问题，这种长期听课对我业务上的提高无疑有巨大的帮助。所以，我想跟你们说，跟优秀的老师学习，就要走进他们的课堂，不是只听一节课，而要听一届甚至更多的课。

年轻老师在传承老教师教学经验的同时，更需要有自己的教学理念。要想快速提升自己，在听课学习的同时，还要有自己的教学思考，要敢于公开自己的教学，接受同行的批评指导。记得刚毕业不久，学校和教研组经常让我们年轻老师开展公开课教学。有一次，组里安排我上"浮力"一章的公开课，这种整章的公开课既包括新课，还包括复习课和习题课，需要将近两周的时间。显然，这种长期的公开课教学是非常折磨人的，但对提升教学能力来说又是非常有效的。它能让一个年轻老师在极短的时间内熟悉各种课型的教学，在课后的评课环节，更是能将备课和上课环节遇到的问题进行充分的讨论，这对促进年轻老师的成长非常有效。

教育，应该是一种用心陪伴的过程。好的老师，会用精彩的教学陪伴学生走过懵懂无知；而另一种老师，会用刷题和应试的方法将教育变成一种"体力"活动。教育，应该是一种慢的艺术，就如立春已至，雨水袭来，不可能第二天就会春暖花开。未来的名师们，当铃声响起，你们走进教室，课堂就是你们的舞台。请一定珍惜这个舞台，用你们的专业和热情，与孩子们一起，共同经历成长的过程；请一定珍惜这个职业，它是天底下最光辉的职业，让自己在光辉中成就最好的自己。让自己知道并且相信，你的未来不是梦！

■ 教研之路三十年，格物悟理永前行

2023年12月，承蒙学长吴岱峰老师推荐，安徽师范大学出版社找到我，让我承担一套"新时代'强基兴师'丛书"其中一部的撰写工作。听到这个消息，首先是感到非常激动：离开母校三十年，能以这样的方式再次与母校重逢，感谢母校对我三十年教育之路的肯定和厚爱；其次是惶恐和不安，觉得自己与省内的名师相比差距还很大，恐不够资格。在与编辑吴毛顺老师沟通之后，得知这套书的另一个目的是为青年教师的成长提供指引和帮助，作为一名教研员，我深知青年教师是教育的希望，青年教师也更需要有人帮助，于是开始将畏难情绪慢慢转化为帮助青年教师成长的责任担当。我开始整理自己三十年教育之路的一点心得和体会，期望这些略显肤浅的文字能给青年教师们一些启发、参考或借鉴。在整理这些文字的过程中，越发觉得自己离名师还很远，也越发觉得虽已深耕教学教研三十年，未来仍需充满热情，砥砺前行。

一、农场茶园——播种梦想之地

1964年7月，为响应国家关于组织城市知识青年参加农村社会主义建设的号召，我的父母（当年都是 18 岁）与一群志同道合的青年一起从蚌埠出发，来到位于安徽省郎溪县的宣郎广农场，在那里一直工作到 1988 年 12 月，可以说，他们的青春都奉献给了那一片农场茶园。从 1972 年 10 月在农场出生，到 1988 年 12 月随父母返回蚌埠，我一共度过了 16 年的农场生活，现在想来，当时的生活环境虽然艰苦，却也磨炼了我的性格，丰富了我的人生经历，也成为我人生中最宝贵的财富之一。

宣郎广农场曾经是安徽省农垦厅所属的全国最大的茶场，我出生在三分场的一个叫跑马岗的小村庄，村里的小学只有一到三年级，我的母亲先在这个小学担任代课老师，后来经过自学参加严格的考试后转正。所以，我从小就和教师这个职业有了紧密的联系。三年级之后，我到离村子 8 里远的三分场学校上学，每天一大早走路过去，下午放学后再走路回来。三分场学校的最高年级是初一，所以初二的时候，我又得到更远的十字铺茶场中学就读，那个学校离家 20 多里路，必须住校。那时候我才 13 岁，父母不放心我住校，因此到了初二下学期，我又转到离家近的水鸣中学，并在那里参加了中考，考进了县城的郎溪中学。在高考之前，父母打听到国家早就针对他们这批知青出台了回城政策，于是在 1988 年 12 月，我随父母一起回到他们的故乡蚌埠，转入蚌埠三中就读。当时的班主任是物理老师杨承年，他给了我这个从外地转来的学生极大的关心和鼓励，到了高三还让我担任了班级的物理课代表。1990 年 7 月，我参加高考并以 533.5 分考入安徽师范大学物理系。记得那一年是知分填志愿，安徽省的本科线是 508 分，重点线是 528 分，我填的三个志愿都是师范大学，虽然没有被前两个重点大学（北京师范大学和华东师范大学）录取，但也算接近了当老师的梦想。后来进入安徽师大后，有朋友打趣道：看你填的志愿，你是真的一心想当老师。现在想来，当老师就是我小时候的梦想，我应该算是实现了少年梦想的人，也算非常幸运了。

二、荷花塘畔——梦开始的地方

在大学的时候，我并不算非常勤奋的学生，因为当年我是为了当老师才报的师大，也就没有想通过考研等方式来脱离教师职业的想法（潜意识里这可能是我不太努力的一个借口），所以大学生活也算比较轻松自由。在顺利完成学业的同时，我在业余时间还会学习自己喜欢的东西，选修了像西方哲学史、中国文学史、诗化摄影等偏文科的课程，还参加了学校的江南诗社文学社团，经常与一帮文学青年在荷花塘畔（当时安徽师大校园里最美的地方）畅谈北岛与舒婷；我还热衷于学习计算机语言（Basic 语言），当时还使用 Basic 语言编写相关的程序作为毕业作品。现在看来，这些大学时期的兴趣与爱好，对我的教学生涯来说还是有帮助的。多少年后，当我们开始倡导提升学生素养时，我在想，作为师范大学，除了学科知识的教育之外，还应该提升师范生的哪些素养呢？我想，如果再回到大学校园，我可能还会学习像教育学、心理学、脑科学，甚至是朗诵、戏剧、表演这样对教育和教学都非常有益的内容。

大四的下学期（1994 年 3 月左右），我被分到芜湖八中实习，开始了第一次的教学生涯，当时的我除了兴奋更有跃跃欲试的激动。很快，因为年龄相近的关系，我便与实习班级的学生成为最好的朋友，和他们一起上体育课，一起布置教室，一起在春游远足的路上高唱《新白娘子传奇》（当时最火的电视剧主题歌）。实习期间，我承担的教学内容是"压强"一章，为了充分利用实验进行教学，我还从师大物理系的实验室借了相关器材。还记得在准备托里拆利实验时，学校的老师告诉我，用水银做实验是比较危险的，而我却毅然坚持在教室里演示了这个实验。当我用手堵住玻璃管口将其放入水银槽里，然后松开手，让学生们看到 1 m 高的水银柱缓慢下降并停在了约76 cm 高处，从他们惊奇的眼光里，我看到了真实实验带给他们的震撼，也看到了精彩的物理课程对他们的吸引。那一刻，我自豪自己是一名物理老师。实习结束时，班主任和物理老师特意找到我，说给我的实习分数打了近满分，还关心我是不是能留在八中。这些鼓励，都给了当时的我当一名好老师极大的信心。那一刻，我开始相信自己通过努力，一定可以成为学生喜欢的好老师。

三、百年五中——梦想照进现实

1.信任

1994年夏天,我从安徽师范大学毕业,穿过一片刚拆迁的废墟,来到蚌埠市建校最早的学校——蚌埠五中报到。我们当年毕业还是国家包分配,当时的学校也不怎么缺物理老师,因此在教了几个月的五笔字型技术课后,我才被安排带一个初二班级的物理课。这个班的物理原来是由名师张亚君老师带的,班主任是教英语的张林老师。多少年之后,我仍然不敢相信当时这几位老教师对我的态度,他们没有丝毫的异议,极为平静而又热情地接受刚毕业的我来带这个班。此后的教学中,他们更是热心地帮助我这个初出茅庐的年轻教师,帮我熟悉学生熟悉教学熟悉学校里的一切。1995年9月,初二年级的班主任余应娟老师找到我,希望我能教授"重点班"的物理课,当时我根本没想到毕业后的第二年就能有带"重点班"的机会,她给予我的信任给了我教学上莫大的力量。两年的时间,我和这个班的孩子们建立了深厚的感情,出色地完成了物理教学的任务。

1997年9月,时任政教处副主任的马维芬老师推荐我接手张林老师所带的"重点班"班主任。这是我第一次带"重点班"的班主任,距离我大学毕业只有三年的时间,让这么年轻的老师担任"重点班"班主任,在当时是不太可能也是非常冒险的。为了帮助我更好地管理班级,他们都承担这个班的教学任务。在我和学生看来,她们都把自己当成这个班的班主任。两位老师对待学生就如自己的孩子一样,班级里有语文或者英语成绩差的,他们都会将这些孩子带到自己家里免费辅导,还管吃管喝,班级的氛围就像一个和谐的大家庭。1999年7月,这个班级初中毕业,有十几位同学考入当时的重点高中,其中丁聪同学以全市前十名的成绩进入蚌埠二中"火箭班"(当时全市最好的班),创下了学校中考的纪录。现在想想,几位老教师给予我的信任,对一个刚踏上工作岗位的年轻人有多么重要。今天,我们倡导给年轻教师一种宽松的成长氛围,而信任年轻老师才是最关键的。只有信任,才能让他们有成为优秀教师的机会;也只有信任,才能让他们有成为优秀教师的信心。

2. 师承

一个年轻老师，如果在事业之初能幸运地遇到一个给自己指引方向的名师，那就像黑暗里亮起的一盏灯，会照亮你的人生之路。对我来说，这个人就是蚌埠五中原物理组的张亚君老师。在五中的十年里，正是她一步一步引领着我从一个教学新手慢慢成长，也正是因为受到她朴素的物理教学理念的影响，让我逐渐形成了自己对物理教学的主张。

张老师的物理课代表以男生居多，因为她的物理课代表要做很多体力活：每一次物理课前，课代表都会用几个提篮将实验器材或用来做实验的生活物品带到课堂。她的每一次新课教学几乎都会有实验，再复杂的知识也能被她讲得生动有趣，有的实验虽然很简单但足以让物理课堂变得充满生机。正是在听张老师讲课的那段时间，我开始牢牢树立物理课一定要有实验的理念。张老师的课堂极具亲和力，很少看见她在学生面前发脾气，哪怕是最调皮的孩子，在她面前都会变得乖巧听话。她所教的班级，其他老师都认为不怎么学习的学生，都无一例外地喜欢上物理课。更为难得的是，她所带班级的物理学科成绩都非常好。多少年后，当许多人认为物理难教、难学和难考的时候，我就会想起张老师和她的教学：很多人为了应试成绩淡化或者弱化了本该有趣的新课教学，而会教学的老师永远不会担心应试的问题。在教育的流程图上，应试应该是最后的一道线，优质教育的重点应该在它的起点——课堂教学。在张老师朴素的教育理念里，物理课应该是有趣的，物理教学也应该是有趣的，无论是什么样的课程改革，最朴素的教学理念就应该像张亚君老师那样，做一个学生喜欢的老师，让每一个学生都喜欢你所教的学科，让每一个学生都能学好你所教的学科。今天，我把这种理念提炼成可视化教学主张，正是对张老师的一种致敬。

3. 成长

1999 年 9 月，我从初中部调入高中部，担任高中物理教学和班主任工作，同时还兼任了教研组长、年级组长和学校教科室副主任等。2002 年 7 月，我带的第一个高中班级毕业，当时 55 人参加高考，有 11 人被本科院校录取，创造了学校的高考纪录。2002年9月，我继续担任一个班级的班主任和三个班的物理教学工作，那一届，我所带的班级胡林胜同学在安徽省高中物理竞赛中荣获省三等奖，这个成绩对一所市级示范高中来说太难得了。毕业多年之后，这位胡同学主动联系到我，我才得知他先后被评为安徽省"优秀工匠"和"全国青年岗位能手"。看到曾经的学生在自己的岗位上如此优秀，为人师者，最开心的莫过于此吧！

在五中工作的十年，我先后获得蚌埠市人民政府嘉奖、蚌埠市首届青年骨干教师、蚌埠市优秀班主任、蚌埠市教育局优秀共产党员、蚌埠市第二届教坛新星、安徽省第二届教坛新星等荣誉称号。2002年12月，我还作为蚌埠市的唯一代表参加中国优秀青年教师访日团对日本进行了为期三周的考察访问。五中的十年，我担任了从初中到高中完整的物理课程教学工作，从事了班主任、年级组长、教研组长和教科室副主任等教学管理工作。十年的积淀，让我在教师的岗位上逐渐成长，为今后的教研工作积淀了深厚的基础。

四、二十年助众行远教研路

2004年11月，在蚌埠市原物理教研员王书政老师的推荐下，我从蚌埠五中调至蚌埠市教育科学研究所担任中学物理教研员工作。我还记得当年王老师对我的嘱托，他说教研员就是抬轿子的，抬好轿子，就是做好服务，服务好教师和学校，是教研员的职责所在。他还说，一名优秀的教师只能让一所学校受益，一名优秀的教研员可以让一个区域受益。二十年来，我一直铭记这个教诲，服务教师，服务学校，在教研领域里不断探索，帮助更多的老师能教、会教、善教，让物理学科成为更多学生喜欢的学科。

1. 不断学习提升，完成从教师到教研员的角色转换

在我担任教研员之后，还先后在蚌埠二中和蚌埠五中兼任了三年高中物理的教学工作。在这三年的教学中，我以教研员的视角与学校教师充分交流，积极参与学校的教研活动，了解教师对教研员工作的要求，了解一线教师的教研水平和他们对教研活动的具体诉求，为自己的教研工作制订目标，牢固树立教研为一线教师服务、为学校服务的理念。为实现从一线教师向教

研员身份的转换，我积极参加各种教研员的培训，提升自己教研能力。2006年6月，我参加了教育部普通高中新课程物理学科骨干培训者国家级研修；2013年10月，我参加了教育部"国培计划"一线优秀教师培训技能提升研修项目的研修活动；2018年9月，我参加了教育部"国培计划（2018）"——中小学一线优秀教师和教研员研修项目高中物理（教研员）集中培训班的培训；2021年12月，我参加了安徽省骨干教研员课程高级研修班的培训。这些培训，在不同阶段丰富了我从事教研工作的知识储备，提升了我的教研素养和组织开展教研活动的能力。

2. 开展多元专项培训活动，实现教育理念的更新

教研的主阵地是教研活动，从我担任教研员以来，积极组织开展多元化的市级教研活动，以教研活动助力教师成长，促进教育质量的提升。每次课程改革对教师来说都是一次理念的更新，除了教师自学，更需要专家引领。为了帮助教师更好地理解最新的课程理念，我会组织开展各种专项培训活动。2006年，新一轮高中课程改革之初，我们邀请了人民教育出版社张大昌、刘彬生等课程和教材编写专家进行系统的新课程培训。2011年，《义务教育物理课程标准（2011年版）》颁布，我们先后邀请人民教育出版社谷雅慧、安徽省物理教研员杨思锋等专家进行新课标的解读。《普通高中物理课程标准（2017年版）》颁布后，我们邀请江苏省教科院物理教研员叶兵、江苏省特级教师汤家合等专家进行高中"三新"专题培训。2022年，《义务教育物理课程标准（2022年版）》颁布，我们邀请课标修订组核心成员、东北师范大学于海波教授进行专题讲座。

我们针对不同的主题开展专项培训活动，邀请全国知名专家为我市教师举办讲座。例如，为加强我市拔尖学生的培养工作，我们邀请北京大学负责拔尖学生录取工作的胡晓东教授和曾担任物理竞赛国家队领队的穆良柱教授为我市拔尖学生和全体物理教师进行专项培训。为提升我市物理教师的论文写作和研究能力，我们邀请《物理教师》杂志社副主编、苏州大学桑芝芳教授为我市教师开展专题讲座。为了促进物理实验教学，我们先后邀请了北京师范大学第二附属中学彭梦华老师，安徽师范大学程小健、冯霞教授进行关于实验教学的专题讲座。这些专项的培训活动，提升了教师的专业素养和教育教学能力，促进了我市教师对课程改革的深度理解，实现了教学和教育理念的更新。

3.研究考试评价，促进教学评的统一

命题是教研员最重要的工作之一，多年来，我不断提升自己的命题能力，利用全市的统考和模拟考试锻炼命题人员，建设命题队伍，多次参加我省的中高考命题研究工作，撰写了多篇考试评价方面的文章。为帮助教师研究命题、科学备考，我们把对考试评价的研究作为固定的教研活动内容。在每学年的第一学期，即在中高考结束后，组织开展针对当年的中考和高考试卷的分析研讨会，由骨干教师进行试卷分析和考情分析，很好地引领了教师对中高考试卷的研究。每学年的第二学期，我们都会举办针对中高考复习的备考研讨会，研讨会包括复习课教学、专家讲座、考纲解读（取消考纲之后改为课标解读）等指向中高考的内容。此外，我们还邀请中高考方面专家进行专题讲座，如邀请北京市海淀区教研员苏明义老师进行高考备考专题讲座，邀请安徽省教育科学研究院的杨思锋老师进行中考备考专题讲座等。这些活动的开展，既引导了实际教学，也促进了教学评的统一。

4.以比赛为平台，建设优秀教师队伍

教学比赛是打造优秀教师队伍最好的平台。在担任教研员工作之后，我就通过组织各种比赛助力教师的专业能力提升。如我省的优质课比赛是物理学科最重要的赛事，每次比赛之前，我都会精心组织市级的优质课评选活动，分为说课和上课两轮，确保评选公开、公正和公平。遴选出参加省赛的人员后，我都会组建由优秀教师组成的辅导团队进行多次磨课，通过磨课帮助教师成长。从2006年安徽省第一届优质课评选以来，我市共有20余人次荣获安徽省物理优质课一等奖，是唯一每届都有教师荣获省一等奖的地级市。在比赛过后，我还会组织获奖教师进行优秀课例的展示与观摩研讨活动，将优秀的教学课例推广到全市。多年以来，我们已经通过优质课比赛培养了一支优秀的物理教师团队，更有多名教师在全国名师赛、全国中小学青年教师教学竞赛和全国物理教学创新大赛中获奖。除此之外，每年我都会组

织教育教学论文评选活动，通过论文评选促进教师的业务素养提升。我定期组织优秀教学设计评选、自制教具评选、微课评选等活动。这些比赛活动提升了教师参加研究的积极性和主动性，比赛中涌现出很多优秀作品，成为我市优质的教学资源，不少作品还代表我市在省级和国家级相关比赛中获奖。

5. 依托名师工作室，发挥辐射作用

在担任教研员期间，我先后被授予蚌埠市名教师和蚌埠市首届首席学科名师，并挂牌成立了宋勇名师工作室。为加强工作室的力量，我先后聘请安徽省教育科学研究院物理教研员杨思锋老师，江苏省特级教师汤家合老师，安徽师范大学程小健、冯霞教授担任工作室的顾问，邀请他们进行培训讲座，并以工作室的名义先后申请立项了安徽省教育科学研究课题"基于真实实验的初中物理可视化教学实践研究"（2022年12月结题）和安徽省教育装备课题"利用自制教具实现物理教学可视化的实践研究"（2023年12月立项）两个省级课题，以工作室为基地辐射引领全市教师开展提升课堂教学质量的教学实践。通过工作室的孵化培育，一批优秀青年教师成为我市物理教育的骨干力量，成为学科名师。

6. 组织中学生结构设计大赛，打造培养学生创新能力品牌

物理教育还应关注培养学生对于物理学和科学的兴趣。为了培养学生的这种兴趣，近年来，我多次组织开展中学生结构设计大赛活动。2011年，组织开展了蚌埠市中学生"鸡蛋撞地球"结构设计大赛；2012年，组织开展了蚌埠市中学生"纸桥承重"结构设计大赛；2013年，组织开展了中学生"纸牌搭楼"结构设计大赛；2015—2017年，我连续组织开展了蚌埠市中学生"轻木承重"结构设计大赛；2019年，组织开展了中学生"纸牌搭楼"结构设计大赛。这些大赛的开展，极大地提升了学生参与创新设计的热情，让更多物理教师积极投身到培养学生创新能力的活动中。这些活动的开展，让物理教学有了更深层次的深远意义，也使越来越多的学生喜欢上了物理。多年来，这类结构设计大赛已成为我市培养中学生创新能力的品牌，成为我市加强科学教育的重要载体。

7.开展教学研究，凝练教学主张

教研员必须具备扎实的研究能力。回顾二十年的研究之路，虽然成果有限，但也能将自己的实践形成经验并转化为文本。任现职以来，发表论文数十篇，其中在全国中文核心期刊上发表6篇，被《中学物理教与学》全文转载1篇。此外，我还积极参加安徽省中小学教育教学论文评选活动，撰写的论文分别在2007、2010、2012、2018、2019、2021、2023年安徽省中小学教育教学论文评选中荣获物理学科一等奖。

课题研究是整个教科研工作中最难进行的，但也是最能提升区域教研水平的。自担任教研员以来，我主持并顺利结题1项市级课题和4项省级课题研究，目前正在主持研究1项省级课题。

2012年，为了促进数字化实验在我市深入进行，我联合当时的仪器站共同申报立项了安徽省教育科学规划课题"数字化实验（DIS）在中学物理教学中的应用研究"。该课题是我市第一次针对数字化实验的课题研究，我们选取蚌埠铁中、蚌埠十二中、蚌埠实验中学三所不同类型的学校为主要研究学校，开展了数字化教学设计大赛、数字化实验辅助中学物理教学教育叙事评选等，推动了数字化实验在全市的广泛使用，并通过市级教研活动辐射到全市各级中学。很快，在课题的推动下，我市创建了第一批数字化实验室，相关学校还开发了以数字化实验为主的校本课程。在课题的研究过程中，涌现出一批优秀的教师和数字化实验辅助教学的案例，在2012年举行的蚌埠市高中物理优质课评选中，获奖选手均使用了数字化实验辅助教学。2013年，我联合蚌埠慕远学校申报立项了安徽省教育科学规划课题"初中物理实验教学的开放性策略研究"；2014年，我联合蚌埠九中申报立项了安徽省教育科学规划课题"信息交合法在物理教学中的应用"；2017年，我联合蚌埠慕远学校申报了蚌埠市教育科学规划课题"初中物理课堂教学中学生核心素养培养的实践研究"。

2020年，我联合北京师范大学蚌埠附属学校申报立项了安徽省教育科学规划课题"基于真实实验的初中物理可视化教学实践研究"，经过两年的研究顺利结题。该课题将我多年的实践归纳为可视化教学，并提炼成中学物理可视化教学主张，即通过实验等多种手段来实现物理观念、科学探究和科学思维教学的可视化，提升学生学习物理的兴趣，让学生经历可见的学习和探究过程，让物理的教与学都变得可见，从而更好地促进学科核心素养的培育，提高物理教学的质量。2022年12月，我将成果凝练为《十年实践：基于实现学科育人功能的初中物理可视化教学研究》，在2022年安徽省基础教育省级教学成果评选中荣获省级二等奖。2023年12月，我申报的安徽省教育装备课题"利用自制教具实现物理教学可视化的实践研究"成功立项，我以此课题的研究为抓手，收集整理我市在可视化教学中的研究成果，形成我市完整的自制教具资源库、可视化教学案例库等，将可视化教学的实践不断深入进行下去。

8.推广研究成果，发挥辐射作用

近年来，我多次受邀到外地推广我市可视化教学的经验和成果。2019年12月，在华东六省一市物理教学专业委员会年会上，我受邀做了《基于真实实验的物理教学可视化策略》主题发言。在智慧教学背景下，我们利用智慧教学设备探索出基于大数据的可视化教学策略，运用智慧教学设备将学生的实验数据形成课堂教学的"大数据"，通过数字化手段将"大数据"进行处理，让规律更全面地呈现出来，从而实现科学探究和科学思维的可视化。2020年12月，我们的研究成果《大数据背景下的可视化教学》在安徽省智慧学校建设应用现场会上展示，受到参会人员的一致好评。2022年11月，在第11届长三角基础教育课程与教学改革研讨会上，我受邀做了《以"可见"的教学助力素养的提升——中学物理可视化教学的蚌埠实践》主题发言。2023年11月，在"教研江淮行——皖美课堂"高中物理第一场（滁州站）活动中，我受邀做了《基于核心素养的中学物理可视化教学实践研究》专题讲座。此外，我还多次为我省的"国培"项目进行可视化教学的专题讲座。我们希望能将研究成果推广到更多的区域和更多的学校，期待能有更多的老师投入到可视化教学的实践中来，让物理学科成为更多孩子喜欢的学科，最终提升物理学科的育人质量。

回顾二十年的教研员生涯，虽然个人的能力有限，但在提升全市物理教学和教育质量的道路上竭尽全力，无怨无悔。2011年，我被评为全国第二届优秀物理教研员；2020年，被评为蚌埠市名教师；2021年，被评为蚌埠市学科带头人，被授予安徽省特级教师称号，被评为安徽省中学正高级教师；2022年，被评为蚌埠市首届首席学科名师；2024年，我被推荐成为安徽省中小学科学教育专家委员会委员。

回望来时路，虽有微小成绩，却从"不敢以一得自足"。面对未来，我会一直充满热情，也一定会在教与研的道路上，格物悟理永前行！

可视化教学实践

　　可视化教学是我在蚌埠市进行多年教学实践探索之后凝练的教学主张，其目的是要改变物理难学、难教、难考的现状。我们研究的可视化教学是指通过实验等多种手段来实现物理观念、科学探究和科学思维教学的可视化，提升学生学习物理的兴趣，让学生经历可见的学习和探究过程，让物理的教与学都变得可见，从而更好地促进学科核心素养的培育，提高物理教学的质量。本篇的第一篇文章写于1998年，那一年我承担了蚌埠市第一节多媒体辅助教学的市级公开课，当时利用武大华软的flash动画素材制作课件，展示运动和静止的相对性。虽然现在看起来很粗糙，但在当时却是第一次将信息技术融入物理课堂教学，算是可视化教学的雏形。

　　多年来，我们对可视化教学进行了深入探索和研究，总结出具有蚌埠特色的可视化教学策略和路径。我们希望有越来越多的物理同仁能致力于可视化教学的研究，让物理的教和学都变得可见，让我们的学生喜欢物理、学好物理，进一步提升物理学科的育人功能。

■ 多媒体技术引入物理教学初探

随着计算机技术的迅速发展，人类已进入信息时代。在教育领域，多媒体技术正以其非凡的表现力冲击着传统的教育模式，为教学手段现代化注入新的活力。传统的教学方式在承载信息的种类、能力及使用的方便程度上都有较大的局限性，而多媒体系统能将文字、声音、动画、视频和图像等信息一体化，不仅可以创设先进的多媒体课堂教学情境和手段，而且其交互性的特点更利于因材施教。近年来我们在将多媒体技术应用于物理教学上进行了一些有益的尝试，下面结合多媒体技术在"物体的运动和静止"一课中的应用，谈谈这方面的认识和体会。

一、应用多媒体进行物理教学的优点

物理学是研究自然界中各种物理现象的规律及物质结构的一门学科。初中物理教学通常从生活中的物理现象入手，通过各种研究手段揭示其内在规律，再将规律应用于实践。因此，如何从众多的现象中总结出规律是课堂教学的重点。例如，本节的重点是运动和静止的概念及运动和静止的相对性原理，前者是现象，后者是规律。为了更好地解决现象的描述和规律的得出，我们充分利用了多媒体技术的各种优点。

1. 应用多媒体，形象演示物理教学内容

初中生正处于从形象思维向抽象思维的转变阶段，充分利用形象化的教学手段，在其大脑内形成正确表象并以此作为思维的起点，有助于提高他们的思维能力。因此，在描述自然界中各种物体的运动时，我们利用自制的课件，用多媒体技术将各种物体的运动通过大屏幕展示出来，伴随着美妙的音乐，学生身临其境地看到了大到天体、小到电子的各种运动，加深了对运动的初步认识，明确了所研究的主体。

2. 应用多媒体，有效创设物理教学情境

多媒体的信息表现形式包括文本、图形、视频、图像、声音、动画等，在教学中合理地运用这些表现形式，有助于创设一个优化的教学情境。本节在引入运动概念之前，先利用自制的课件创设了以下问题情境：屏幕播放一段描述"小小竹排江中游，巍巍青山两岸走"的录像。伴随着歌唱家优美的歌声，利用文本形式提出问题：为什么竹排和山都是运动的？通过声、像、文字的综合展示，调动学生的学习积极性，让学生产生对"什么是运动"的研究兴趣。本节中运动和静止相对性原理是教学重点和难点，为此我们利用课件模拟了如下教学情境：大屏幕上演示火车一节车厢，车厢内一位同学正在看书，车窗关闭，背景声音提示这位同学选择火车上的桌椅为参照物判断车厢是静止的，同时屏幕上的桌椅等物体出现闪烁，加深学生对参照物的认识。这时教师提问学生为什么判断车厢是静止的，待学生答出位置相对不变后，操作鼠标进入下一个情境：车上的这位同学打开车窗，窗外的树木、房屋向后退去，背景声音叙述这时以车外的房屋、树木为参照物判断车厢是运动的，同时，车外的房屋、树木出现闪烁。这样，由于我们同时应用了多媒体的多种表现形式，在课堂中就创设了一个形象生动的教学情境，在这种氛围下，学生的求知欲大大增强，大脑的左右两半部分同时活跃，学习效率大大提高，更有利于克服思维障碍、疲劳和被动等问题。

3. 应用多媒体的交互性，实现及时反馈

多媒体的另一重要特点是交互性。教师在进行教学反馈时可以设计多层

次的练习供学生选做，学生通过键盘选择适合自己的练习进行学习，由相关软件给予评价。在实际操作中，我们利用 Winschool 教学网络系统，对学生的练习进行监控，遇到典型的问题及时切换到大屏幕进行集体解答，也可通过网络操作对学生进行个别辅导，做到因材施教。我们设计的课件中还有"解疑"功能，学生可以通过键盘操作进一步获取每一道题的解题思路及正确答案。由于我们充分利用了计算机系统容量大、交互性的特点，在教学中可以及时了解每个学生的知识掌握情况，学生通过这样的练习可以提高解决问题和分析问题的能力，同时答题正确后的获得感大大提高了学生的学习热情。

二、应用多媒体技术进行物理教学应注意的问题

1.选择好授课时机

当前，越来越多的学校和教师尝试将多媒体技术应用于物理教学，然而物理学毕竟是一门以实验为主的学科，在教学中应重视培养学生动手实验的能力，因此在应用多媒体进行物理教学时应注意选择好授课时机。一般来讲，以学生动手实验为主或者教师可以动手演示实验的内容不宜应用多媒体，因为多媒体技术虽具有多种媒体展示的优点，但是毕竟不能代替实际的动手操作。我们认为，以理论知识为主的内容（如本节），或者课堂上无法进行的实验（如物体不受力时怎样运动），或者在授课中实验较少时，都可以利用多媒体手段进行物理教学。

2.充分发挥教师的主导作用、学生的主体作用及多媒体的辅助作用

多媒体课堂教学手段丰富，容易调动学生积极参与，但也容易出现一些问题：比如部分学生在学习中过于情绪化，没有深刻理解规律和知识的内涵；教师在讲课时过多依赖多媒体，往往成为电脑和仪器的操作员、屏幕画面的讲解员。我们认为，多媒体只是一种教学手段，不能取代教师的言传身教，更不能把课堂教学与一些家教软件等同起来。

3.多媒体教学与传统教学相结合

传统的教学手段往往具有多媒体无法替代的作用，在应用多媒体教学

时，应注意继承传统教学手段中合理的部分，恰当引入多媒体技术，并将二者有机结合，各展其长，相辅相成。

4.多媒体教学对教师素质要求高

多媒体在教育改革和发展中的先进作用是靠广大教师来体现的，多媒体的使用和课件的开发对教师提出了更高的要求。为了适应现代化教学的需要，物理教师应利用物理学科的优势，学习和掌握相关的计算机操作技能和教育心理学知识，培养自己设计课件的能力，在将多媒体应用于物理教学的实践中不断提升自己的教学技能，使物理教学可视化。

（本文在1998年蚌埠市中学物理教育教学论文评选中荣获一等奖）

■ "力臂"概念建构的可视化教学实践

——"探究杠杆的平衡条件"实验方案改进策略的研究

初中物理"杠杆"的教学中，力臂是非常重要的概念，学生理解起来比较困难。这是因为：学生首先要理解力的作用线的概念；其次，点到线的距离涉及几何知识，需要学生具备较强的数学能力。为了突破难点，教师在教学中必须通过对具体杠杆转动的例子进行分析，启发学生思考"什么距离是影响杠杆转动效果的因素"，逐步引导出"力臂是支点到力的作用线的距离"的结论。在学习力臂概念的过程中，教师应反复强调力臂不是支点到力的作用点的距离，这正是学生在学习和做题中经常混淆的。

一、教材中测量力臂的方案不利于学生深入理解力臂的概念

从认知心理学的角度来看，学生在学习一个概念时，必须通过感知和实验等形式加深对概念的理解。在学习力臂概念时，可以让学生通过画力臂和测力臂等活动，加深对力臂概念的认识。教材在力臂概念之后，安排的内容是"探究杠杆的平衡条件"实验，在《义务教育物理课程标准（2011年版）》的内容要求中，该部分的要求描述为"通过实验，探究并了解杠杆的

平衡条件"。我们认为，在力臂概念之后安排这一实验，不仅是对杠杆知识的进一步探究学习，更能深化学生对力臂概念的理解。

为了测量杠杆平衡时的动力臂和阻力臂，必须选取杠杆平衡状态时的位置。对于杠杆的平衡状态，人教版物理教材（2013年第1版）描述为："调节杠杆两端的螺母，使杠杆在不挂钩码时，保持水平并静止，达到平衡状态。"（如图1）沪科版物理教材（2013年第1版）描述为："调节螺母，将没挂钩码的杠杆调节至水平位置平衡。"（如图2）人教版教材采用的是示意图的形式，图中明确标注了力臂 l_1 和 l_2，沪科版教材则以实物照片的形式呈现。上述两种教材都将水平位置作为杠杆保持平衡的位置。从实验的技术层面上看，这种设计可以使测量力臂变得更简单。然而，这种设计存在的最大隐患是，学生所要测量的力臂正好等于支点到力的作用点的距离，这是因为此设计采用挂钩码的方式，用钩码（或挂钩码的细线）对杠杆的拉力作为动力和阻力，而杠杆在水平位置平衡时，力臂正好等于支点到力的作用点的距离。

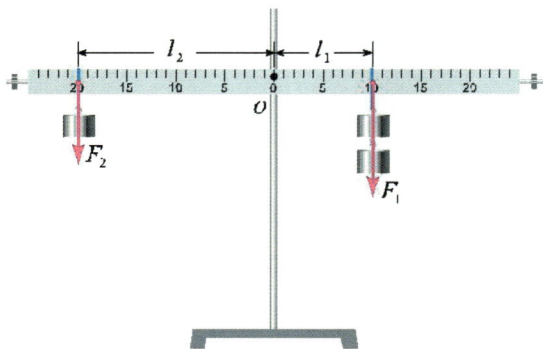
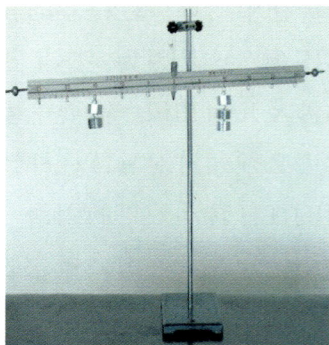

图1　　　　　　　　　　　　　　　图2

然而在学生刚刚学习完力臂的概念之后，这种处理方式恰恰又强化了学生对力臂的错误认知（即力臂是支点到力的作用点的距离），而且这种强化发生在具体的实验中。从心理学角度分析，学生对亲自动手实践获得的认知会更深刻，因此上述的实验设计使"力臂是点到点的距离"成为学生在实验中不断得到强化的一个错误元认知，无疑深刻地影响了学生此后的学习。

二、基于建构主义和学生认知心理的实验改进策略

建构主义强调要把所学的知识与一定的真实任务情境联系起来，这一情境必须能激励和指导学生在学习的"行动"中前进。我们认为，要使学生真正地理解力臂的概念，必须要创设合理的具有建构意义并符合学生认知心理的实验方案。这个方案不能将力臂仅仅局限在一个特殊情境里（如力臂正好等于支点到力的作用点的距离），情境必须是开放的，只有在开放的情境里，学生才能完成对力臂的认识，才能真正理解杠杆的平衡条件。

初步的设计思路如图3所示，即改变动力 F_1 的方向，通过一个定滑轮使绳对杠杆的拉力不与杠杆垂直，保持另一端的阻力 F_2 仍垂直于杠杆。这种设计的思路是：阻力臂 l_2 直接从水平杠杆的刻度尺上读出（与上述两种教材一致），动力臂 l_1 则不能利用上述方法测量，强化学生对力臂概念的正确认识，通过比较知道能从水平位置时的刻度尺上读出的力臂只是力臂的一种特殊情况，并非所有力臂都是支点到力的作用点的距离。这种设计强调了力臂的概念，通过比较两种情况，强化了学生对力臂概念的正确认识。不足的是，从测量的层面增大了动力臂 l_1 的测量难度。

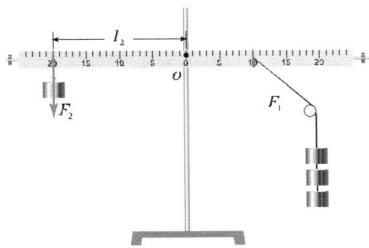

图3

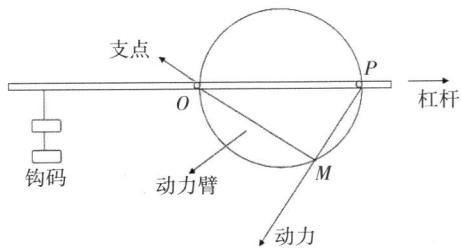

图4

为了降低动力臂的测量难度，我们又设计了图4的方案：以支点 O 和动力作用点 P 为直径作圆，动力作用线与圆的交点为 M，根据圆的性质，直径 OP 所对的圆心角（$\angle OMP$）为直角，则支点 O 与 M 的连线与动力的作用线垂直，故 OM 即为动力臂。为了测量 OM 的大小，我们在支点 O 上挂一个可以绕 O 点旋转的直尺，并将零刻度线钉在支点上，如图5所示。为了能改变力的作用点，我们在杠杆的背景板上，作多个直径不等的圆，每个圆与杠杆的

交点即为力的作用点位置。为了能使动力和阻力都可以任意改变方向（而不都是挂钩码时的竖直向下方向），我们在杠杆的两侧都画上直径不等的圆，至此就形成了完整的实验改进装置，如图6所示。

图5

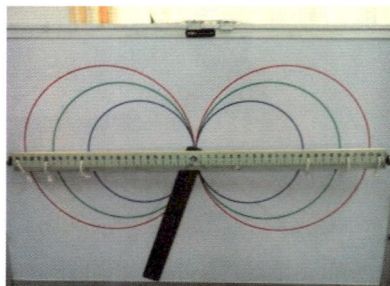

图6

与两种教材的方案相比，我们设计的方案虽然将水平位置作为杠杆的平衡位置，但并没有将动力和阻力都设置成沿垂直于杠杆的方向，这种设计更体现了力臂的普遍性，对学生理解力臂具有很好的促进作用。原先的方案中，力的测量实际是测钩码的重力，而改进后的方案中，学生改用细线拉杠杆，用弹簧测力计测的就是作用在杠杆上的拉力，图7至图9为学生利用该装置进行实验探究的现场。经过实践我们发现，这种测量力臂的方案有效地纠正了"力臂是支点到力的作用点的距离"的错误认识，让学生在真实的情境中认识和理解力臂的概念。这种探究才是真正意义上的探究。

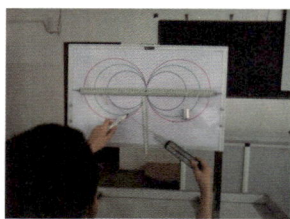

图7

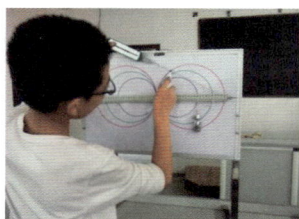

图8

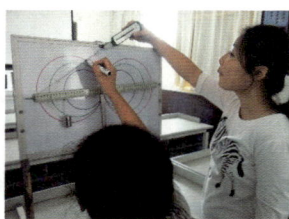

图9

[本文系安徽省教育科学研究重点项目课题"初中物理实验教学的开放性策略研究（课题编号JG13096）"的研究成果之一，原文发表于《中学物理教学参考》2016年第3期]

■ 物理实验教学开放性的案例研究

物理学是一门以实验为主的学科，实验教学应该是课堂教学中重要的组成部分，也是实施新课程三维课程目标的重要载体。在课堂教学中实施演示实验、分组实验、自主实验等探究活动，可以激发学生学习物理学的兴趣，帮助学生揭示物理现象的本质；通过经历实验的探究过程，可以培养学生的探究能力，促进学生对知识规律的理解，同时可以更好地实施知识与技能的教学。

然而在应试教育的背景下，很多学校的老师淡化实验在课堂教学中的作用，实验教学变成老师手把手教学生的一种模仿，一些探究实验变成验证实验，甚至出现"学生预习实验、教师讲解实验、学生练习实验题"的应试教育现象。这些现象忽视了实验教学在物理课堂教学中的作用，实验也失去了其本身的教育功能。以下就一些课例谈谈实验教学的开放性问题。

一、利用开放性实验情境，引入新课教学

【课例】"串联和并联电路"（人教版九年级全一册）

方案1：教师提前布置学生预习。预习内容包括：

（1）什么是串联电路和并联电路？

（2）你了解生活中有哪些串联电路和并联电路？

（3）串联电路和并联电路有哪些不同之处？

（4）串联电路和并联电路各有哪些特点？

课堂教学时，教师首先让学生作出两幅两只小灯泡都发光的电路图，展示学生的作图结果，指出其中一种是串联、另一种是并联，然后让学生利用提供的器材连接串联和并联电路。

这种教学方式存在的问题在于，学生通过预习已经了解了串联和并联电路的特点，很容易作出两种不同的连接电路图，学生实验仅仅完成了从电路图到实物图的组装。从教学效果上看，尽管学生的知识与技能目标达成得很好，但实验并没有起到建构的作用。那么，如果通过以实验为主的方式引入新课呢？

方案2：教师事先没有布置新课的预习，教学中，为每组学生提供两节干电池、两只灯泡、一只开关、若干导线。布置任务：如何连接电路让两只灯泡同时发光？学生自己动手做实验，由于没有预习，该活动没有明确的知识指向，学生在活动中，可能连接成串联电路，也可能连接成并联电路。教师组织学生展示时，分别让学生介绍自己连接的电路，然后组织连接不同电路的同学介绍自己所连电路的特点，再进行比较。这样，在以实验为主的情境中，学生从"让灯泡发光"这个任务开始，逐步深入到对电路的连接方式和特点的学习中。在实验中，学生不仅锻炼了动手能力，还从实验中得到了知识以外的体验和经历，如在不同的连接方式下两种灯泡的发光强弱明显不同，一只灯泡拧掉后另一只的发光结果也不同。这些教育功能都是预习—讲解—练习的教学模式无法实现的。

对于一些以实验为主的物理课，教师不必要求学生预习，应该让学生根据提供的器材，在实验中自发地进入知识规律学习。实验是创设教学情境的最佳方式，最好的教育往往是"润物细无声"的教育。预习可以帮助学生了解知识目标，但对于物理教学来讲，知识与技能绝不是唯一的教学目标。

二、运用开放性探究思路，揭示物理规律

【课例】"磁现象 磁场"（人教版九年级全一册）

本节课的重点和难点在于如何让学生认识磁场的
分布和方向，如何作出磁感线。因此，如何设计实验
是关键。

图1

方案1：展示铁屑在磁铁附近的分布，并根据铁
屑的分布大致作出类似的曲线即为磁感线。为了确定磁场的方向，根据小磁
针在磁场中北极的指向作出磁感线的方向（如图1）。

方案2：利用展示台，将磁铁放在展示台上的一张白纸上，在磁铁附近
不同的位置分别放置小磁针（如图2），用笔在白纸上作出每个小磁针北极的
指向，撤去小磁针后形成一条曲线（如图3）。

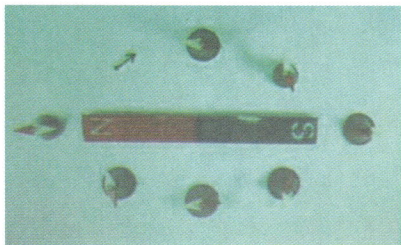
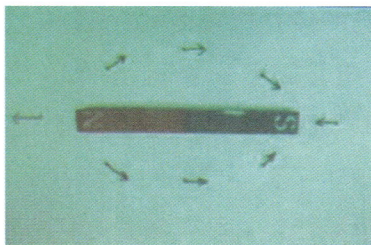

图2　　　　　　　　　　　　　图3

【分析】方案1从学生的感性认识入手，借助铁屑的分布，作出类似的
磁感线，磁感线的方向则是通过任务驱动去探究，利用小磁针确定方向。这
种方案能迅速让学生观察到磁感线可能的形状，但学生存在思维障碍：铁屑
的指向确定吗？小磁针的进一步实验可以确定磁场的方向，但铁屑的分布仍
会是一个疑问。

方案2的探究情境更加开放，不同位置的小磁针可以探究不同位置的磁
场，这些位置的磁场起初对于学生来说是没有规律的，学生在一个熟悉的情
境下，分别作出不同位置的小磁针北极指向后，发现了这些位置的指向是有
规律的。这种方案符合学生的认知特点，强调学生从熟悉的情境中发现新的
规律，对提高学生的逻辑推理能力很有好处。

三、开放性实验教学的操作误区分析

开放性实验教学可以有效地创设教学情境，让学生在建构中学习知识、体验过程、掌握规律、提高能力，在实验教学中，教师要避开两个误区：

误区一：教师过度指导下的伪开放实验

【课例】"探究凸透镜成像的规律"（人教版八年级上册）

方案1：提供探究凸透镜成像的装置，将学生分成三个小组，第一组探究物距大于二倍焦距时的成像特点，第二组探究物距小于二倍焦距、大于一倍焦距时的成像特点，第三组探究物距小于一倍焦距时的成像特点，然后分组总结出凸透镜成像的规律。

方案2：提供探究凸透镜成像的装置，让学生利用所给装置做一次成像实验，看看所成的像有什么特点；学生交流自己的实验结果，教师启发学生总结各自的像有什么共同的规律，怎样获得其他特点的像。

【分析】方案1的设计看似开放，但在教师布置的任务驱动下，学生已经认识到物距可能是凸透镜成像的一个关键因素，学生分成不同的组后，实验就变成了"在不同物距下成什么像"的任务完成过程。在该实验方案中，学生的思维已经被教师布置的任务束缚了方向，不能实现学生自主探究规律的目的。

方案2给学生提供了一个开放的探究情境，学生的探究任务没有明确指向，通过不同学生获得的像来进行讨论，会让学生反思自己实验成的像与别人不同的原因，进而产生进一步探究的驱动力。

误区二：过度开放的学生无效探究实验

一些教师认为，开放的实验就是让学生完全自主地探究，教师的任务就是提供器材。事实上，一些实验探究需要教师认真地设计问题，帮助学生设计实验方案，如果学生完全不清楚该如何探究，那样的探究同样是无效的。

【课例】"力的合成"（人教版高中必修1）

方案1：教师引入合力和分力的概念后，提出问题：合力与分力之间有什么样的关系呢？提供实验装置，让学生自主探究。

方案2：在实验之前，教师层层设问，启发学生思考如何来设计探究求合力的方法。问题包括：

（1）为什么可以用一个力（合力）来代替两个力（分力）？

（2）如何设计实验来观察力的作用效果？

（3）如何使合力的作用效果与两个分力的作用效果相同？

（4）如何记录力的效果？

【分析】显然，方案1在实施时会让学生不知所措，学生不知道提供的木板、白纸和弹簧测力计之间有什么样的联系，因此根本无法进行探究实验。学生如何根据实验目的选取实验器材并设计出实验方案，需要教师积极地建构探究的情境。

方案2通过实验探究前的层层设问，启发学生积极思考，引导学生在问题中思考实验的方案设计，在思考与讨论中了解实验的技术要素，才能更好地进入实验设计和探究中，这样的实验才是有效的。

建构主义理论认为，知识需要通过意义建构的方式获得。在实验教学中，教师需要积极帮助学生建构有效的探究情境，表现在：既要能提供一个开放的实验探究情境，又不能毫无目的地开放。要做到"开而有效，放而不乱"，这取决于物理教师对教学的设计和对实验的组织。只有让学生从开放的探究情境中真正有所体验，在实验探究中有所收获，实验教学才是成功的。

（本文发表于《物理通报》2016年第1期，中国人民大学复印报刊资料《中学物理教与学》2016年第4期全文转载）

■ 基于真实实验的中学物理可视化教学实践研究

可视化原本是科学计算领域中的一个概念，是指将数据转换成图形或图像显示出来。近几年来，随着信息技术手段的日益进步，许多教师在物理教学中开始越来越多地运用信息技术手段来模拟真实的物理过程，包括运用VR、AI等技术。这些技术使一些物理变化的过程变得"可视"，使随时间或空间变化的物理现象或物理量形象地呈现在研究者面前。我们认为，先进的信息技术手段可以实现对微观或抽象物理过程的显示，但这种显示大多是基于虚拟平台上的一种模拟，在反映物理现象和规律方面，真实实验才是可信的，也是信息化手段不能取代的。

因此，我们倡导将可视化理念拓展到物理教学中，追求在实际教学中，通过真实实验的设计，将难以理解的物理概念和规律、不易观察到的现象或过程（包括一些习题的分析）通过实验手段真实地展示出来，使一些物理观念、科学思维的形成过程更直观、更形象。我们认为，这对中学生进行物理专业的学习是有益的，既能促进学科核心素养在教学过程中得到落实，也能提升物理教学的质量。

一、"浮力"系列知识的可视化实验设计

1.浮力方向的可视化演示

进行浮力方向的教学时，通常采用一个漂浮的物体进行分析，根据二力平衡的知识可知浮力与重力是一对平衡力，由于物体受到的重力方向是竖直向下的，从而得出浮力的方向应该是竖直向上这个结论。在这种模型中，由于重力的方向是不可见的，需要学生想象重力的方向来推理浮力的方向，这对学生的想象和推理能力要求较高，学生缺乏对浮力方向的直观认识。

采用可视化的对照实验设计，就会使浮力方向更加直观。如图1所示，一个乒乓球悬挂重锤浸没在水中，在浮力的作用下，悬线呈竖直状态，与容器外悬挂的乒乓球进行对照，两条悬线均为竖直。其中，容器外的细线呈竖直状态可以使重力方向可视化，容器内的细线呈竖直状态使浮力的方向可视化。如图2所示，再将容器倾斜一个角度，静止后发现两条悬线仍为竖直状态，与图1的实验对比，学生很容易理解浮力的方向始终是竖直向上。本实验中，悬线是使物理概念可视化的重要载体，这种设计将学生不能直接观察到的"方向"可视化，使浮力的方向是竖直向上的这一结论更为直观地展示在学生面前。

图1　　　　　　　　　　图2

2.浮力产生原因的可视化设计

浮力产生的原因是液体或气体对浸在其中的物体产生向上的压力与向下

的压力之差。通常的设计如图3所示，将一个底端开口的可乐瓶倒置，将乒乓球放入瓶内，倒入水后，乒乓球被水压在瓶口没有上浮，堵住瓶口，让乒乓球的底部积蓄水后和瓶内水相连，则乒乓球上浮起来。这个实验采用一个乒乓球的两次变化展示浮力的产生，需要学生重点观察水进入底部的过程，分析水进入底部对球的受力有什么不同的影响。可见，球浮起来的分析过程是比较复杂的。图4的设计则采用两个球进行对比，即在开口的可乐瓶里放入两个相同的乒乓球，倒入水后，其中一个乒乓球上浮到水面，另一个被水压在瓶口，只受到水对球向下的压力，即没有受到浮力，这种对比可以很直观区别出两个球底部是否受到水的压力的情况。如果将瓶口封住，则原本被压在瓶口的球也会因为球底部水的进入受到浮力而上浮。通过这个对照实验，将两个球的不同状态定格，让学生有足够的时间思考两个球的受力有何不同，从而提升了浮力产生原因的可视化效果。

图3

图4

二、"滑轮"教学的可视化设计

对于滑轮的认识，有两种常见的教学模式。一种是对滑轮静止时的状态进行分析，将如图5所示的滑轮简化为如图6所示的杠杆，得出支点、动力、阻力以及动力臂和阻力臂。这种方式需要比较强的科学思维能力，缺少对物理知识的建构过程。

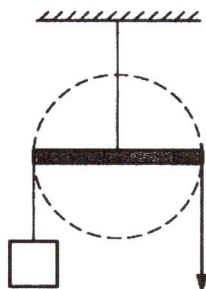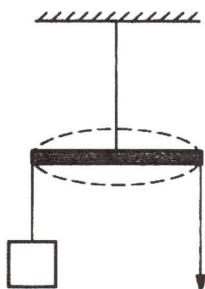

图 5　　　　　　　　图 6

　　另一种是依据建构主义理论，引导学生经历从杠杆到滑轮的逐步演化过程。教学中先建构情境，从已学过的杠杆入手（如图 7），启发学生思考如何解决杠杆在提升物体时提升高度有限的问题。学生讨论后，得到图 8 所示的两个杠杆垂直使用的装置，启发学生思考，该装置在提升物体时，从一个杠杆到另一个杠杆时物体会发生较明显的晃动，为了减小这种晃动，可以考虑增加杠杆的个数，如图 9 所示。继续引导学生思考，如果将许多杠杆连接起来使用，就相当于一个圆面，为了使物体平稳地上升，用一个带滑槽的轮来代替，从而得到滑轮（如图 10）的结构。

　　这种设计基于杠杆在提升物体时的逐步改进，很好地展示了杠杆到滑轮的演变过程，使滑轮的杠杆本质可视化，更具有直观性。学生在教师的逐步引导下，完成了一次从杠杆到滑轮的创新设计过程。这种设计蕴涵着科学（Science）、技术（Technology）、工程（Engineering）、数学（Mathematics）的 STEM 理念。

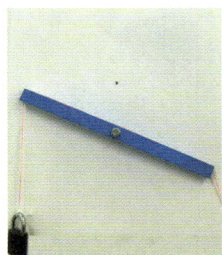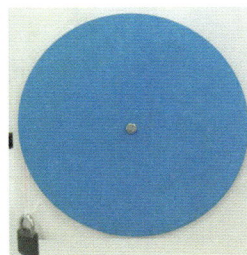

图 7　　　　　　图 8　　　　　　　　图 9　　　　　　图 10

三、"电流与电压的关系"实验数据处理的可视化

该实验中，对同一个电阻来说，通过电阻的电流与电阻两端的电压成正比，不同的电阻，这个比值是不同的。实验时，可以采用透明胶片进行数据处理，具体方法是：在相同的透明胶片上打印相同的直角坐标系，保证每张胶片在叠放时坐标是完全重合的。选用5 Ω、10 Ω和15 Ω的定值电阻，每组学生利用其中一个电阻进行实验。这样一来，不同实验小组所用的电阻有的是相同的，有的是不同的，每组实验测出数据后均在坐标纸上描点作图，分别得到图11、图12和图13的直线。教师将这些实验胶片叠放起来，用投影仪投射到大屏幕上进行比较，就会发现有的直线是重合的，有的直线是不重合的，如图14所示。将实验重合的图线进行对比，可以发现所用电阻是相同的，说明当电阻一定时，通过电阻的电流与电阻两端的电压成正比；图线不重合的小组所用电阻的阻值是不同的，即不同电阻的电压与电流之比不同。

这种在透明胶片上进行描点作图，再将胶片叠放起来进行比较的方法，动态地将相同电阻和不同电阻的电流与电压的关系展示出来，发展了学生的进阶思维能力，实现了科学思维过程的可视化。

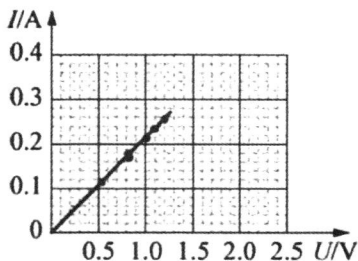

图11

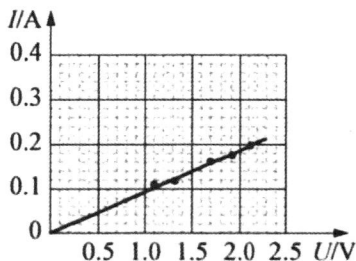

图12

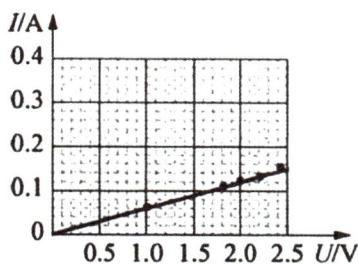

图 13

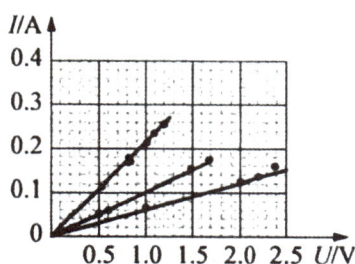

图 14

这种方法还可以运用到"力的分解"的教学。我们知道，一个给定的力原则上可以有无数种分解方式。为了使这个知识可视化，可以在多张胶片相同的位置画出一个相同的力，让学生在各自的胶片上进行分解作图，虽然要分解的力是确定的，但学生的分解会有各种不同的方法。将所有学生的胶片叠放后，由于学生所画的平行四边形是不同的，但被分解的力是重合的，这样就得到图 15 所示的图像。通过这个图，可以将"力的分解有无穷解"这一观点直观地展示出来，实现物理知识的可视化。这种可视化的教学处理，是基于学生自己的作图与对叠加图像的分析，与教师直接讲授相比，知识的呈现更直观。

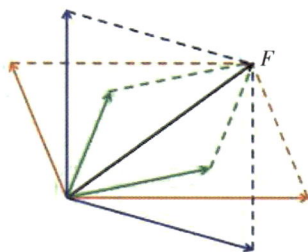

图 15

四、习题情境的可视化

美国麻省理工学院的教授 Walter Lewin 在《经典力学》课程中讲述斜抛运动时，为了证明斜抛运动的分运动是竖直上抛和匀速直线运动，在进行了理论计算（如图 16 所示）之后，设计了一个非常直观有趣的真实实验：将一个能发射小球的装置的发射扣对准前方高处的玩具小猴（图17，为对准小球和小猴，它们的初始位置在一条直线上），发射小球的同时，通过电磁控制小猴下落，小球在运动过程中总是能击中下落的小猴。这个真实实验的展示，使斜抛运动的分运动规律直观可视，理论计算的结果得到直观的证明。

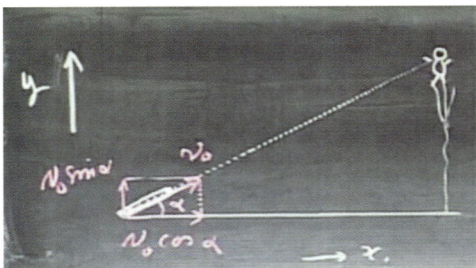

图16

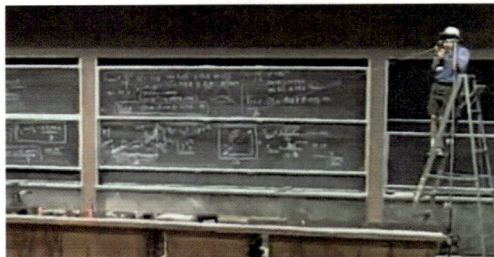

图17

平时的教学中，我们常常会遇到以实验为背景的习题。在进行这类习题教学时，往往需要学生在头脑中想象出题目的实际情境，这是需要逐步培养的。开始阶段如果能通过实验设计使习题的情境真实地展示在学生面前，这对学生解题能力的训练是有益处的。

【例】如图18所示，长为5 m的细绳的两端分别系于竖立在地面上相距为4 m的两杆顶端A、B。绳上挂一个光滑的轻质挂钩，它吊着一个重为12 N的物体。求平衡时绳的张力大小。

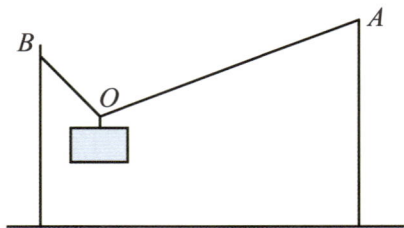

图18

图19

本题的难点在于：物体平衡时挂钩停在绳上的什么位置？显然题图所示的位置并不是最终平衡的位置。当物体平衡时，定滑轮两侧的拉力应该相同，两侧细绳与竖直方向的夹角应该相等，这对学生来说是一个理解上的难点。利用图19所示的实验装置，可以看到挂钩由图示位置运动至平衡位置的过程，这样就可以直观地突破难点。由实验演示可以看出，平衡时两边的绳是关于竖直方向对称的，两侧的细绳上系有完全相同的橡皮筋，可以测量出橡皮筋伸长的长度是相同的，即两侧绳的张力是相同的。很显然，这个实验的设计，使习题所呈现的情境可视，很好地帮助学生理解题意，有效地突破了难点。

　　总之，在物理教学中，教师应该充分发挥真实实验的优势，力求真实地展示物理过程，使物理观念的形成过程、科学思维和实验探究的过程可视化，从而更好地促进物理学科核心素养的有效落实。

（原文发表于《物理教学》2020年第6期）

■ 从基于经验到基于证据的物理可视化教学实践研究

——以"探究凸透镜成像规律"为例

"探究凸透镜成像规律"是初中物理一节重要的实验探究课，在《义务教育物理课程标准（2011年版）》"科学内容"中的要求是："探究并知道凸透镜成像的规律。"该实验在实际教学中往往有不同的设计方案，以下具体分析三种方案。

方案1：非开放环境下给定物距的分组探究

该方案将学生分成若干组，所用透镜的焦距均相同，每组探究一组条件相同的物距，如第一组是探究物距大于两倍焦距的情况，第二组是探究物距大于一倍焦距小于两倍焦距的情况，第三组是探究物距小于焦距的情况，还可以让另两组分别探究物距等于两倍焦距或一倍焦距的情况。每组学生在探究之后，教师将各组数据放在一起进行归纳总结，得出在不同物距下成像的不同结论。这个方案在常规教学中经常被使用，是因为这种教学比较简单快速，在有限的教学时间内，比较容易得出实验结论。

然而，这种教学的问题在于：学生如何知道一倍焦距和二倍焦距是凸透镜成像的重要分界点，也就是说，一倍焦距和二倍焦距是教师基于自己的"经验"给学生的两个特殊值，这两个特殊值对学生来说不是通过探究发现的，因此，这个方案其实是在一种非开放环境下基于教师经验的探究，是一种伪探究。长期以来，这种探究模式一直在一些课堂中出现，这种教学不仅不能提高学生的探究能力，更会让学生觉得，找几个特殊值就可以得到普遍的规律，显然这种设计违背了科学探究的实质。安徽省 2008 年的中考实验题就是针对这种教学进行的一种纠偏。

【2008 年安徽中考卷】我们都做过"探究凸透镜成像规律"的实验，图 1 为该实验的装置图。实验时首先利用太阳光测出所使用的凸透镜的焦距 f。请你认真思考下面的四种实验设计方案后，回答问题：

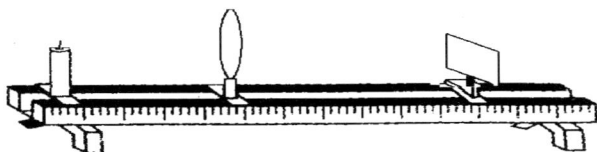

图 1

甲：分别把点燃的蜡烛放在一倍焦距 f 和二倍焦距 $2f$ 处，调整光屏到凸透镜的距离，观察并记录在屏上能否成像以及所成像的特点，经过分析总结得出凸透镜成像的规律。

乙：除甲中的做法外，还应该把蜡烛放在大于 $2f$ 的某一位置和大于 f、小于 $2f$ 的某一位置，观察并记录对应的成像情况，才能总结得出凸透镜成像的规律。

丙：把点燃的蜡烛从距凸透镜较远的位置逐渐移近（或从较近的位置逐渐远离），通过不断调整光屏到凸透镜的距离，观察并记录在屏上能否成像，以及所成像的特点，包括观察所成像随烛焰位置变化而变化的趋势，尤其是在 f 和 $2f$ 处所成像的情况，从而总结得出凸透镜成像的规律。

丁：与丙不同的是，将蜡烛从靠近凸透镜的位置逐渐远离，其他步骤相同。

以上四种方案中，哪些是科学合理的：＿＿＿＿＿＿＿＿（选填"甲""乙""丙""丁"）。

【评析】本题的甲、乙两个选项提供了两种通过特殊物距值的成像特点得到一般成像规律的错误做法，显然，本题所要倡导的是在比较开放的环境下，让学生从尽可能多的实验数据中主动发现规律。通过试题考查的形式，不仅能甄别学生科学探究能力的强弱，更能折射出在实际教学中是否存在基于经验的伪探究模式。

方案2：传统的数据收集方式下的开放式探究

该方案采用开放探究的方式，即不对物距大小做要求，实验之前布置学生利用提供的实验器材进行一次实验，物距由学生自己任意选择，实验中观察得到一次凸透镜成像的结论，记录物距和像距，观察像的特点。由于没有对物距作出要求，故该探究是一种相对开放的环境，全班学生在各自选取的物距条件下完成成像实验，得到的数据包含了各种物距下的成像规律，教师通过学生汇报和数据展示，将全体学生的结论进行归纳总结，从而得出凸透镜成像的规律。

这个方案是在一种比较开放的环境下进行的，由于全班学生都参与了实验，得到的数据较为完整。该方案没有采用经验主义下对二倍焦距和一倍焦距的提前设置，学生通过分析整个数据得到一倍焦距和二倍焦距是凸透镜成像的两个重要分界点，进而得到凸透镜成像的规律。然而，这个方案也存在一些问题，比如每位学生只进行了一次或两次实验，没有完整地进行凸透镜成像的多次实验，故对实验规律的认识是相对片面的，只有将所有学生的结论综合起来，才可以发现规律。因此，本方案更侧重小组间在数据上的共享，在共享中发现规律。

在《义务教育物理课程标准（2011年版）》的"科学探究实例"中，给出了一种类似的探究方案：课堂上，全班学生分成了12个实验小组，每个小组配备一套实验器材，各小组凸透镜的焦距都是15 cm，教师让全班同学共同探究凸透镜成像的规律，物距从6 cm开始，每增加3 cm取一组实验数据，直到39 cm，共12组不同物距的数据（见表1）。教师规定每个小组只测两组数据，不同小组测量不同的物距，使得每组物距的数据都有两个小组测量。表格中所有数据对各小组来说都是共享的，教师要求学生从这些数据中总结出凸透镜成像的规律，这是本次探究活动的重点。

表1 探究凸透镜成像规律实验数据

物距/cm	像的性质			实像的像距/cm
	实像/虚像	正立/倒立	实像的长度/cm	
6				
9				
…				

对以上方案，笔者觉得，其中仍渗透了教师的经验主义，比如物距从6 cm开始，每增加3 cm取一组实验数据，直到39 cm。这种对物距的设定，限制了学生的探究空间，学生会思考为什么不能是小于6 cm的物距，为什么要增加3 cm取一组数据。这些都使本方案的探究环境不是完全开放的，又因为是采用传统手段对学生的实验数据进行收集和整理，也影响了实验数据的完整性。

方案3：大数据背景下基于证据的全面探究

本方案是在智慧课堂模式下基于大数据的一种探究，具体方案是：将全班学生每两人作为一组，每组所用凸透镜的焦距有所不同，每组学生利用本组透镜进行多组物距下凸透镜成像的实验，记录物距、像距及成像的特点。各组学生将本组实验的数据通过PAD发送到教师所用的终端设备，教师在终端设备上收集全班同学的实验数据，形成本次实验探究的"大数据"，并运用Excel软件将所有实验数据进行分类处理，帮助学生主动发现凸透镜成像的规律，见表2。

表2 利用焦距为8 cm的凸透镜记录的实验数据

焦距 f/cm	物距 u/cm	像距 v/cm	像的性质		
			正立/倒立	放大/等大/缩小	虚像/实像
8	5		正立	放大	虚像
8	7		正立	放大	虚像
8	9	72.0	倒立	放大	实像
8	16	16.0	倒立	等大	实像
8	18	14.4	倒立	缩小	实像
8	20	13.3	倒立	缩小	实像

从表2的数据可知，该组同学使用的凸透镜焦距是8 cm，共进行了6次成像实验的数据记录。表3为另一组同学使用焦距为10 cm的凸透镜做实验的结果。

表3　利用焦距为10 cm的凸透镜所记录的实验数据

焦距f/cm	物距u/cm	像距v/cm	像的性质		
			正立/倒立	放大/等大/缩小	虚像/实像
10	6		正立	放大	虚像
10	8		正立	放大	虚像
10	12	60.0	倒立	放大	实像
10	14	35.0	倒立	放大	实像
10	16	26.7	倒立	放大	实像
10	20	19.9	倒立	等大	实像

各组同学将本组的实验数据发送到教师使用的终端后，就形成了不同焦距的凸透镜在各物距下的成像记录"大数据"（约300组），表4为其中的一部分数据。

表4　全体学生利用不同焦距的凸透镜所记录的实验数据（部分）

焦距f/cm	物距u/cm	像距v/cm	像的性质		
			正立/倒立	放大/等大/缩小	虚像/实像
10	21	19.1	倒立	缩小	实像
15	21	52.5	倒立	放大	实像
8	10	40.0	倒立	放大	实像
8	18	14.4	倒立	缩小	实像
15	5		正立	放大	虚像
10	20	20.0	倒立	等大	实像
8	23	12.3	倒立	缩小	实像
15	30	30.2	倒立	等大	实像
8	16	16.1	倒立	等大	实像
8	24	12.0	倒立	缩小	实像
10	24	17.1	倒立	缩小	实像
8	11	29.3	倒立	放大	实像
10	31	14.8	倒立	缩小	实像
10	28	15.6	倒立	缩小	实像

教师运用Excel表格里的排序功能进行不同的处理,可以更完整地呈现凸透镜成像的规律。在实际操作中,我们重点做了以下两种分析:第一,分析焦距相同的成像数据,引导学生发现规律,而且学生发现不同焦距的凸透镜都有相同的规律,使探究更具一般性;第二,物距相同时,随着焦距的不同,成像特点会有所不同(部分数据见表5),帮助学生理解物距并不是决定成像特点的因素,物距与焦距的关系才是决定成像特点的因素。这些数据可以提供给学生深度学习,比如可以探究相同焦距的凸透镜成像时,物距与像距的关系,不同焦距的凸透镜成像时,该关系有何变化,利用Excel软件还可以作出图像进行比较,如图2。

表5　全体学生的数据按物距排序后的实验数据(部分)

焦距 f/cm	物距 u/cm	像距 v/cm	像的性质		
			正立/倒立	放大/等大/缩小	虚像/实像
8	5		正立	放大	虚像
10	5		正立	放大	虚像
15	5		正立	放大	虚像
8	19	13.8	倒立	缩小	实像
10	19	21.1	倒立	放大	实像
15	19	71.3	倒立	放大	实像
8	25	11.8	倒立	缩小	实像
10	20	20.0	倒立	等大	实像
15	25	37.5	倒立	放大	实像

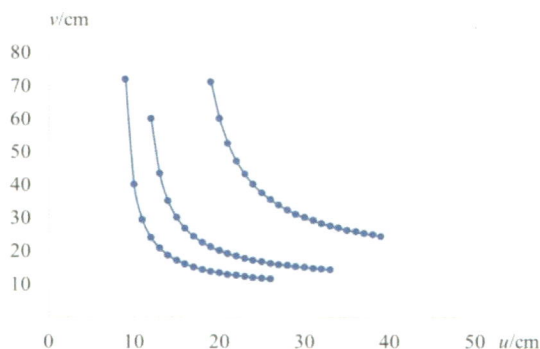

图2　不同焦距下物距与像距的关系图像

以上探究方案的优点是：第一，学生所用的凸透镜焦距不是唯一的，使实验更具有普遍性；第二，每组学生都利用本组凸透镜进行了多次实验，使每组的探究更全面；第三，全班学生的所有实验数据形成本次实验探究的"大数据"，使实验的样本更全面，通过对大数据的处理，便于学生发现普遍规律。显然，这是一种基于证据的实验探究，在大数据的支持下，培养了学生的数据意识和证据意识。

通过第三种方案可以看出，运用智慧教学设备可以将学生的实验数据形成课堂教学的"大数据"，通过信息技术手段对"大数据"进行处理，可以让规律更全面地呈现出来，从而实现科学探究的可视化。物理是一门以实验为主的学科，实验教学一定要是可见的，规律的呈现也一定是能"看得见"的。相信在信息技术手段的加持下，物理教学应该更具有可视性，基于证据的物理教学必将取代基于经验的物理教学。

［本文系 2020 年安徽省教育科学研究项目"基于真实实验的初中物理可视化教学实践研究（课题编号：JK20025）"的阶段性研究成果，原文发表于《物理教师》2022 年第 1 期］

■ "可视化"理念下的物理概念教学实践研究

——以"密度"概念的教学为例

物理学科核心素养强调物理观念的形成，而物理概念是形成物理观念的重要保证，同时也是物理观念的重要组成部分。物理概念的建构过程，必须经历科学探究和科学思维的过程，因此物理概念的教学是完成学科核心素养培养目标的重要载体。笔者认为，在物理概念的教学中，应让概念的建构和学习变得"可见"，让"科学思维"在教学过程中以某种"可视化"的方式呈现出来，我们称其为"可视化"理念。这里以"密度"概念的教学为例，阐述在"可视化"理念下进行物理概念教学的实践。

一、密度概念的引入

初中物理八年级教材中，学生在学习密度概念之前，已经学习了质量的概念和天平的使用，采用什么方式引入密度概念的教学，体现了教师不同的教学理念，也会达到不同的育人目标，以下为三种密度概念教学的引入方案：

方案 1：从物质的特性入手

教师展示用相同容器装着的四种液体，分别是白酒、纯净水、酱油和盐水，请同学分辨，学生根据颜色判断出酱油，根据气味判断出白酒，根据味道判断出水和盐水。教师在学生完成鉴别后，归纳得出不同的物质有不同的特性，这些特性可以作为鉴别物质的依据。

继续展示白纸包着的体积相同的铁块和铝块，引导学生思考用何种方法来鉴别，有学生会提出比较质量或者体积，此时教师启发学生可以通过比较体积或质量来鉴别物质，引出课题。

这种引入以学生在实际生活中常见的物质（如盐水、酱油、水等）为例，让学生根据生活中的经验，归纳得出物质的一些常见特性（如颜色、气味、味道等），并能将物质与某种特性联系起来得到鉴别物质的方法，同时对出现的新问题"如何鉴别铁块和铝块"，展开自己的猜想和推测。显然，这种引入更关注学生对实际生活的已有体验，学生基于感性认识提出猜想和推测，逐步引入对"密度"这一物质特性的学习，体现了从生活走向物理的课程理念。

方案2：从制造认知冲突入手

教师提出问题：铁和木块哪个更重？学生回答后，展示一个小铁块和一个大木块，再问两个物体哪个重？

对于第一个问题，学生普遍的回答是铁更重，显然，这是基于学生在生活中的经验；第二次在看到小铁块和大木块后，显然与学生的已有经验产生了冲突，启发学生对第一次的回答进行反思，即并不是所有情况下铁块都比木块重。在教师的引导下，学生会试着从物理的角度猜测，体积的不同会造成木块有可能比铁块重，学生通过对两个问题的思考会重新审视物体的"重"（即质量）与什么有关？是否与大和小（即"体积"）有关。在两次思考问题的过程中，教师将比较的依据归纳为质量和体积的关系，引入密度概念的新课教学。

以上方案从生活中可能存在的一种错误的经验（铁块比木块重）入手，通过改变物体形状的大小（即体积的大小）造成事实与经验的冲突，让学生反思生活中的经验是否可靠，引导学生从物理学的角度（质量和体积的关系）重新审视生活经验，从而激发学生继续探究的兴趣和动力。

方案3：从质量和体积的关系入手

教师首先拿出两杯水，一杯体积大，一杯体积小，请学生判断哪杯水的质量大？并提问学生根据什么进行判断？学生判断后用天平进行实际比较，得出结论：同为水这种物质，体积越大质量越大。然后安排一个举杠铃比赛的活动，分别展示两个体积相同的杠铃，两位同学进行试举，其中一人很容易举起一个杠铃，另一个杠铃却"其重无比"，学生没能举起。这一活动引起学生的认知冲突，引发思考：两个体积相同的杠铃，为什么不一样"重"呢？教师启发学生从物理学的角度提出问题：物体在体积相同的情况下质量不相同的原因是什么？

教师揭示其中一个杠铃是塑料制成的假杠铃，另一个是由金属制成的真杠铃，启发学生思考，物体的质量不仅与体积大小有关，还与另一个因素有关，这个因素是什么呢？为什么会存在这个因素呢？为此需要研究物体的质量与体积间的关系，从而引入密度概念的教学。

方案3将密度这一特性在生活中表现出来的现象展示在学生面前，引导学生从质量和体积的关系思考不同物质的特性。显然，这种引入方式是从物理学科的本质出发，以物理原始问题为导向，直接启发学生思考物体质量和体积间的关系，突出了物理观念的培养。

以上三种方案提供了不同的物体作为探究对象，由于物体间存在相同和不同的因素，学生所猜测的结果也不同，如表1所示。方案1更具生活化，但只提供了体积相同的铁块和铝块，缺少不同体积的物体。方案2直接选取质量和体积都不同的物体，看似造成了认知冲突，但冲突之后，学生并没有形成完整的探究思路。方案3从比较不同体积的水的质量入手，让学生利用生活经验判断出体积大的那杯水的质量大，然后利用天平进行测量，很好地实现了新旧知识的衔接。学生从"物质相同、体积不同、质量不同"猜测物体的质量与体积有关，到从"体积相同、物质不同、质量不同"猜测物体的质量与种类有关，使探究过程变得可见，学生易于制订探究方案，更符合学科本质。因此，方案3通过比较相同物质不同体积和相同体积不同物质的物体质量，让学生更容易提出需要探究的问题，从而实现了科学探究和科学思维的可视化。

表1　三种引入方案的对比

序号	提供的物体	物体的不同点	猜测结果
方案1	白酒、纯净水、酱油和盐水	颜色、气味、味道	—
	体积相同的铁块、铝块	质量	质量与物质种类有关
方案2	小铁块和大木块	体积、质量	无法判断
方案3	体积不同的水	体积、质量	质量与体积有关
	体积相同的杠铃	质量	质量与物质种类有关

二、密度概念教学的可视化设计

在密度概念的教学中，我们落实开放多元的实验理念，利用多组物体、多种物质、多组数据，展示不同物体的质量和体积的关系，建立课堂内的实验"大数据"，通过大数据获得图像，让学生在图像面前发现规律建构概念，让思维过程变得"可见"，实现科学探究和科学思维的可视化。具体方案如下：

【探究主题】物体的质量和体积的关系。

【实验方案】将全体学生每2人组成1个小组，共20组，每组提供由同一种材料制成的3个体积不同的长方体物块，物块的长宽高已知。不同小组的物块材料可能是不同的，所有物块的种类共3种，分别为铁块、铝块和木块。每组学生根据已知的长宽高计算出物块的体积，利用天平测量出物块的质量，并记录实验数据，这样就形成了全班共20组课堂内的实验"大数据"，这些数据反映了所有物块质量和体积之间的关系。

【数据处理】教师事先准备20张完全相同的透明胶片，每张胶片上打印相同的坐标和刻度，每组学生根据本组的实验数据在坐标上完成描点。学生发现，这些点大致在一条直线上。教师将使用同一种物质实验得到的胶片叠加后，发现所有的点几乎在一条直线上，这些不同小组得到的点可以拟合成一条直线，图1为所有用铁块做实验的小组得到的图像，图2为所有用铝块做实验的小组得到的图像，图3为所有用木块做实验的小组得到的图像，结论为同种物质组成的物体质量和体积之比是相同的。再将不同物质做实验得到的胶片进行叠加，发现不同物质的图像是不重合的，如图4，即不同物质组成的物体质量和体积之比是不同的。启发学生思考，这个比值可以用来区别物质，是物质的一种特性，在物理学中，将质量和体积的比值定义为密度，从而得到密度的概念，图5为概念建构的流程。

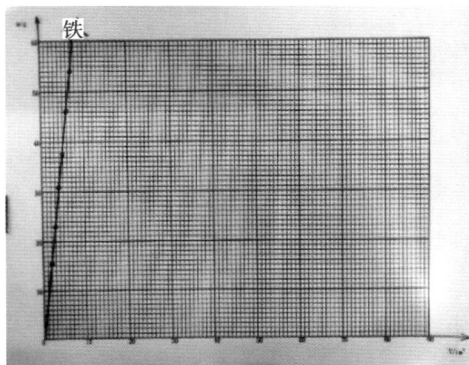

图1

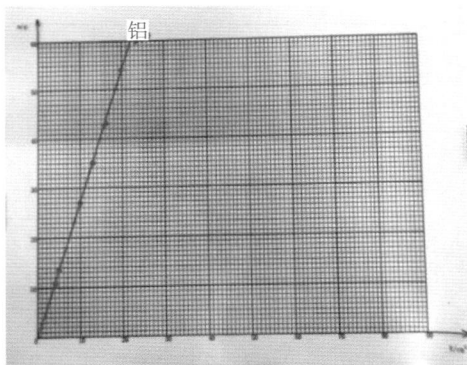

图2

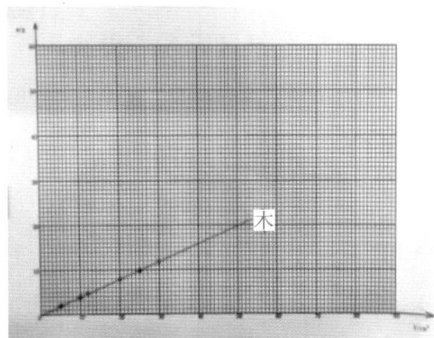

图3

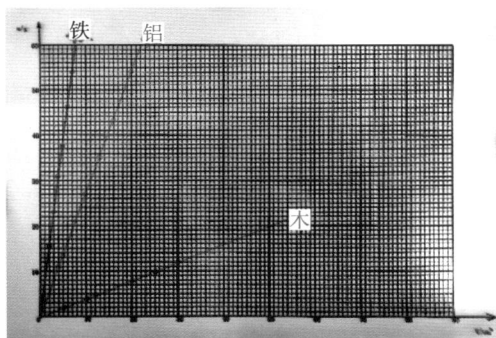

图4

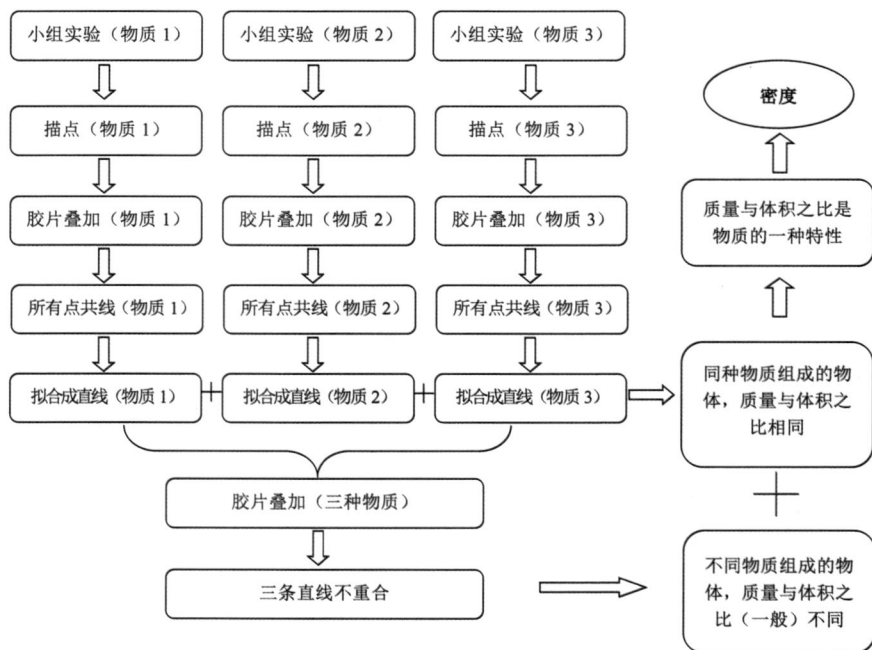

图 5　密度概念建构的流程

很显然，以上设计采用了开放的探究方式，让学生各自研究一种物质组成的物体，得到同种物质组成的物体质量和体积的关系，然后采用胶片叠加的方式，得到不同物质组成的物体质量和体积的关系，这样将所有实验得到的胶片叠加起来，就得到了基于实验"大数据"的规律。由于这个规律是所有实验小组的数据整合而来的，更具说服力和普遍意义。这种建构概念的过程将科学探究和科学思维的过程通过描点作图和胶片叠加的方式呈现出来，从而实现了科学探究和科学思维的可视化。

本探究方案还适用于比值定义的其他物理概念的教学，如电阻的概念、磁感应强度的概念等。运用可视化教学理念设计概念教学，可以让学习变得"可见"，让探究和思维"可见"，也一定会促进学生物理观念的形成，提升学生科学探究和科学思维的能力。

［本文系 2020 年安徽省教育科学研究项目"基于真实实验的初中物理可视化教学实践研究（项目编号：JK20025）"的研究成果之一，原文发表于《中学物理教学参考》2022 年第 4 期］

■ 用可视化教学培养学生核心素养

——以"光的折射"教学为例

物理教学必须以实验为主要载体，通过真实的实验演示和探究，揭示物理规律，形成物理观念，达到核心素养的培育目标。在信息技术手段迅速融入课堂教学的同时，各种仿真模拟实验代替了真实的实验，学生在设计好的实验视频或者动画里，观察由别人演示的实验，这种教学很难让学生获得真实的物理实验体验。因此，我们倡导在真实实验的背景下，研究将物理教学可视化的策略。在人教版八年级上册"光的折射"一节的教学中，我们设计了多元的实验环节，自制了多种实验教具，力图将物理观念可视化，增强物理现象的可视化程度，实现规律应用的可视化，从而提升教学效率，落实核心素养目标的达成。

一、导入环节的可视化教学策略

本节课最常用的导入情景是给学生展示一幅筷子在水里"弯折"的图片（如图1），我们认为，这种导入会给学生带来一种对于折射的错误"前认识"，这是因为我们看到弯折的筷子其实是筷子所成的虚像，并且筷子在水里的形状与光折射时的光路（如图2）从形状上看是相反的，这种导入方式有可能会让学生误解光的折射光路跟筷子在水里的弯折相同。

 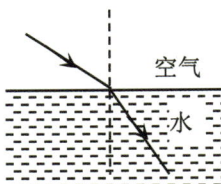  

图1　　　　　　　图2　　　　　　　图3　　　　　　　图4

为了降低学生对折射现象的认识难度，增强教学导入环节的可视化效果，我们设计了"井底之蛙观察井外天空"的教学活动：利用底部透明的容器代表枯井，容器底部有一摄像头代表青蛙的眼睛，在距容器顶部某高度水平放置一张描绘有星空的图片，摄像头可以将图片拍摄后即时展示在大屏幕上（如图3）。往容器中加入水后，摄像头拍到的范围将变大，屏幕上看到的星星变多了（如图4）。这种视觉上的冲击瞬间让学生充满了好奇和疑惑，引发学生的思考：是什么原因让"青蛙"所看到的范围变大了呢？

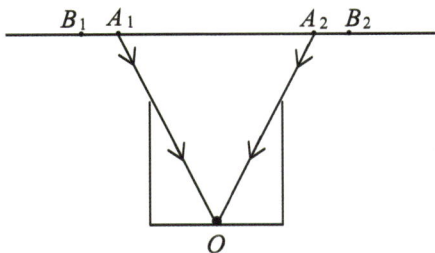 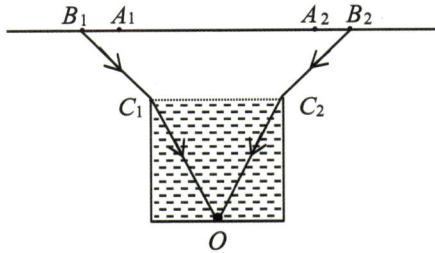

图5　　　　　　　　　　　　　　图6

接下来，教师引导学生尝试画出两种情况下的光路图。在没有加水时，看到的范围是 A_1A_2，运用光的直线传播原理可以画出 A_1O 和 A_2O 两条光路，如图5，这一过程也是在复习光的直线传播原理。加入水之后，看到的范围变成了 B_1B_2，由于光在空气和水中都是沿直线传播的，引导学生分别作出光在空气中的光路 B_1C_1、B_2C_2 及光在水中的光路 C_1O、C_2O，这样，学生自主地作出了光从空气到水中的光路 B_1C_1O 和 B_2C_2O，显然在 C_1 和 C_2 处，光路发生了偏折。这一环节中，学生在运用已有知识（光的直线传播原理）的同时发现了新问题（即光在空气和水的分界面处发生了偏折现象）。教师启发学生思考：光从空气射入水中时，发生了怎样的变化，让学生初步感知光的折射现象。

以上教学过程基于真实的实验，通过学生自主探究将光的折射现象展现在学生面前。这种可视化的设计，抓住了折射的本质，便于学生形成正确的物理观念。

二、演示实验和分组实验的可视化策略

本节课的教学重点是教师演示折射现象和学生分组探究折射规律。为了提升可视化程度，我们利用自制的实验器材进行教学活动的设计，力图实现物理观念培养的可视化、学生科学思维素养培养的可视化，让物理规律不再抽象，学科核心素养的培养目标得以实现。

环节一：利用"光的折射"演示仪（图7），放大演示实验的可视化效果

制作材料：激光笔（强光、线光源）、铁质硬板、亚克力砖。

制作方法：由两块半圆形铁质硬板依靠合页连接而成，组装成可折转的光屏，直径为1 m，同时标注角度和圆半径线，形成圆形光屏；折射介质为厚度1 cm的半圆形亚克力砖，直径为39.5 cm，一面打磨为粗糙面，方便显现光路。

常规教学时，采用演示折转光屏可使光屏上没有折射光路，但"在光屏上看不到折射光路"并不能得出"折射光线、入射光线以及法线在同一平面内"的结论。本教具的设计采用"光屏折转"，但亚克力砖仍与入射光线在同一平面内，通过演示操作的对比可以发现：当左右两块光屏在同一平面内时，折射光线和入射光线的传播路径均可在光屏上呈现（图7）；当两块光屏不在同一平面内时，右边光屏上便看不到折射光线的传播路径（图8）；由于亚克力砖与左边光屏处在同一平面内，因此在亚克力砖上依然可见折射光线（图9）。以此可以说明光在折射时，折射光线与入射光线以及法线在同一平面内，这种对照实验的可视化设计便于学生形成正确的物理观念。通过以上这种放大实验现象的设计，让学生在"三线共面"的学习中，通过真实的实验获得直观的感受，从而对"共面"的理解更加深刻。

图7　　　　　　　　　图8　　　　　　　　　图9

环节二：利用"多功能光学探究装置"，提升学生分组实验的可视化效果

制作材料：激光笔（强光、线光源）、铁质硬板、有机玻璃砖、水槽。

传统的实验装置如图10所示，它的缺点是只能改变入射光的方向，不

图10

能探究折射光线、入射光线和法线之间的关系，而且只能探究光从空气射入一种介质的情况。为了能让学生完整探究光的折射规律，我们自制了"多功能光学探究装置"，其光屏用两块铁质硬板（依靠合页连接）制成，通过改变激光笔的方向，可以改变入射光线的方向。光屏上标注圆形和对应角度，便于测量入射角和折射角的大小，同时光屏的右侧可以向后折转，实现对"折射光线、入射光线以及法线是否在同一平面内"的探究。当前侧放置水槽时，可以探究光从空气射入水中的折射规律，如图11、图12所示。要研究光从空气进入玻璃砖时，可以换用半圆形有机玻璃砖，利用磁铁将其吸附在光屏上，如图13、图14所示。

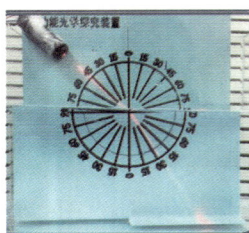

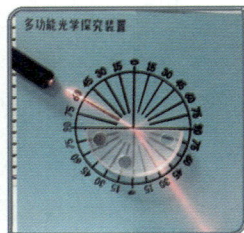

图11　　　　　　图12　　　　　　图13　　　　　　图14

环节三：利用"叉鱼光路演示器"（图15），实现科学思维过程的可视化

制作材料：水槽（亚克力板制成）、塑料小鱼、激光笔、塑料圆筒、细长杆、加湿器、铁架台等。

制作及使用方法：鱼缸底部内侧固定一塑料小鱼，小鱼的顶部开口，鱼缸底部外侧装有激光笔，鱼缸上方右侧利用铁架台装一塑料圆筒，装入适量水后，调节激光笔和圆筒的角度，使激光笔发出的光从小鱼的开口处穿过，经折射后能穿过圆筒，另配有一细长杆，可穿过圆筒到达水中鱼缸底部。

图15

本器材是为了还原"看到鱼"的光路和"叉不到鱼"的过程。位于鱼缸底部的激光笔发出的光路AOB代替我们观察到鱼时，鱼"发出"的光路，如图16，通过加湿器可以使这条光路非常明显，这是人"看到鱼"的光路。在B位置沿光路OB的方向固定一圆管，通过此圆管可以接收到鱼发出的光路OB，即可看到鱼。然而，由于光在O处发生了偏折，加上人的错觉，认为鱼位于顺着BO方向上的D位置（实际为鱼的虚像位置），故沿BOD的方向是叉不到鱼的，我们用细杆沿圆管插入水中到达D位置，用来模拟"叉不到鱼"的过程，如图17所示。

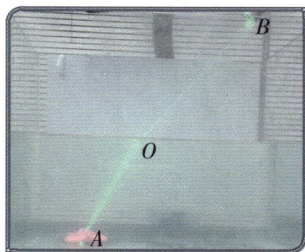
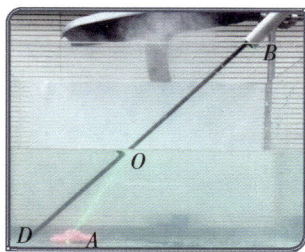

图16   图17

利用这个教具进行对比演示，使看到鱼的光路和叉不到鱼的过程展现在学生面前，还原了物理规律在生活中的应用过程，帮助学生完成分析推理过程，实现科学思维素养培养的可视化。

三、习题情境的可视化策略

本节课的巩固环节，我们设置了如下课堂练习：

图18为一个玻璃制成的三棱镜，请画出光从空气射入三棱镜又射回空气的光路图。

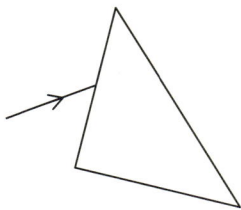

图18

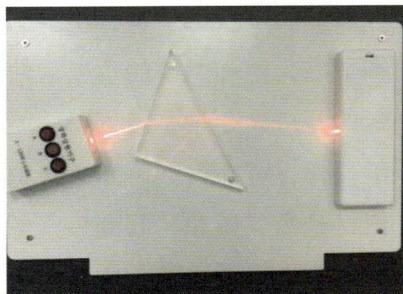

图19

本练习旨在检测学生在学过折射知识以后，会不会根据折射规律进行两次折射光路的判断。学生完成作图后，为帮助学生理解其对光路的作用，再利用图19的真实实验进行对比，帮助学生理解三棱镜对光线的作用，为今后学习光的色散作合理的铺垫。这种将练习情境进行可视化展示的手段，让枯燥的解题变成有趣的探究，提升了学生运用物理观念解决实际问题的能力。

物理学是一门实验学科，初中生往往缺少理性思维的能力，通过真实实验的可视化教学手段，能让学生在感性认识的基础上更深入地理解物理观念，更能体现物理学科的特点，实现物理观念、科学思维及科学探究的可视化，从而更好地培育学科核心素养。

[本文系2020年安徽省教育科学研究项目"基于真实实验的初中物理可视化教学实践研究（课题编号：JK20025）"的研究成果之一，原文发表于《安徽教育科研》2022年第6期]

■ 自制数字化教具　实现可视化教学

——以"超重和失重"为例

《普通高中物理课程标准（2017年版2020年修订）》（以下简称新课标）中，对失重和超重现象的内容要求是："通过实验，认识超重和失重现象"，并提出"通过各种活动，例如乘坐电梯、到游乐场参与有关游乐活动等，体验失重与超重"的活动建议，而在2013年版的课标中则是"通过各种活动，例如乘坐电梯、到游乐场参与有关游乐活动等，了解和体验失重与超重"。可以看出，新课标删去"了解"一词，在2013年版课标的行为动词描述中，"了解"的含义是"再认或回忆知识；识别、辨认事实或证据；举例描述对象的基本特征"，而"认识"则位于"了解"和"理解"之间，由此可以看出，新课标淡化了超重和失重的识记要求，更强调了体验过程的重要性。

　　本文以"超重和失重"一节为例，利用自制数字化教具"电梯DIS实验系统"，在课堂现场进行实时数据采集，利用计算机分析处理，全面展示力与加速度的图像，帮助学生全面认识超重和失重两种现象，了解其运动学特征和力学特征，形成完整的物理观念。这种基于DIS实验的教学，让学生对现象的认识和探究的过程变得可见，同时也符合新课标强调的"数字实验系统是教育信息化发展的需要，更是学生创新能力培养的重要方法和手段"的理念。

一、对人教社两种版本教材"超重和失重"内容的研究

1.人教社两种版本教材的对比

2006年12月第2版	2019年6月第1版
第四章 牛顿运动定律 1.牛顿第一定律 2.实验:探究加速度与力、质量的关系 3.牛顿第二定律 4.力学单位制 5.牛顿第三定律 6.用牛顿运动定律解决问题（一） 7.用牛顿运动定律解决问题（二）	第四章 运动和力的关系 1.牛顿第一定律 2.实验:探究加速度与力、质量的关系 3.牛顿第二定律 4.力学单位制 5.牛顿运动定律的应用 6.超重和失重

上表为两版教材第四章内容对比，在2006年版教材中，"超重和失重"在第7节"用牛顿运动定律解决问题（二）"中以例题2的形式出现（如图1，人的质量为 m ，当电梯以加速度 a 加速上升时，人对地板的压力 F 是多大），并提出问题：电梯启动、制动时，体重计的读数怎样变化？教材中给出的解决方案是：我们根据牛顿运动定律列出方程，找出几个力之间以及它们与加速度之间的关系，这个问题就能解决了。

很显然，该版本教材并没有将超重和失重作为让学生认识的生活现象，而是从一道题目出发，将超重和失重作为应用牛顿运动定律来解决的个例，教学策略则是根据牛顿运动定律列方程进行推理，因此这种教学淡化了学生的真实体验过程。

图1

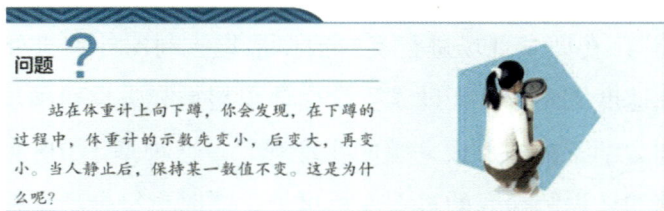

图2

在 2019 年版的教材中,"超重和失重"作为单独的一节内容,独立于"牛顿运动定律的应用"之外。教材首先以问题的形式引出新课教学(如图2),这也符合该版本教材每一节都采用的"问题引出新课"的模式,然后通过实验来逐步揭示超重和失重现象的本质。这表明,新教材并没有将超重和失重作为牛顿运动定律的应用实例,而是从真实的问题出发,强调了学生对两种现象的体验过程和实验探究过程,在探究之后再应用牛顿第二定律进行理论分析,凸显从体验到探究,再从探究到理论验证的学科实践特点。

2.传统的实验方案分析

在人教社 2019 年版教材"超重和失重"一节中,探究环节采用了传统实验和 DIS 实验结合的方式,教材以一个人站在体重计上向下蹲的过程为情境,提出为什么体重计的示数会变化呢?教师在进行教学时,常常会采用演示实验的方式,让一个学生在体重计上进行下蹲或起立的演示,学生观察体重计示数(即视重)的变化情况。这种方案可以在教室里进行,但实验过程非常短暂,示数变化也较快,无法将示数与测量者的运动联系起来。

为了让学生经历更多的体验,也有教师采用让学生在电梯里进行测体重的实验,或者让学生在电梯里用弹簧秤悬挂重物进行测物重的实验,通过观察电梯运动时弹簧秤示数的变化来认识超重和失重现象,再结合牛顿运动定律来分析其本质。但这种实验方案无法在课堂上实际进行,只能安排学生在课前探究或以录制视频的形式在课堂上播放。其次,因为超重和失重时的物体处于动态变化的过程,实验现象稍纵即逝,无法仔细观察体重计示数变化,难以捕捉到实时、稳定的数据,而且即使在电梯匀速上升期间,指针仍会有小幅度的晃动,学生很难从这个实验充分认识超重和失重现象。

3.技术加持实物的实验方案

在上述传统的实验方案中,体重计的示数变化转瞬即逝,存在读数困难的问题。为解决此问题,可以将传统的体重计替换为力传感器,通过计算机将测量数据保存下来并生成相关图像进行分析。教材中的"思考与讨论"栏目中也提供了这一方案,人站在力传感器上完成下蹲动作,观察计算机采集的 $F\text{-}t$ 图像(如图3),分析力传感器上的人"站起"过程中超重和失重的情况，引导学生运用牛顿第二定律深入分析超重和失重的物理原理。显然，这种DIS实验提供了精确且直观的数据支持，解决了传统体重计读数困难的问题，能清晰呈现两种现象的力学特征。

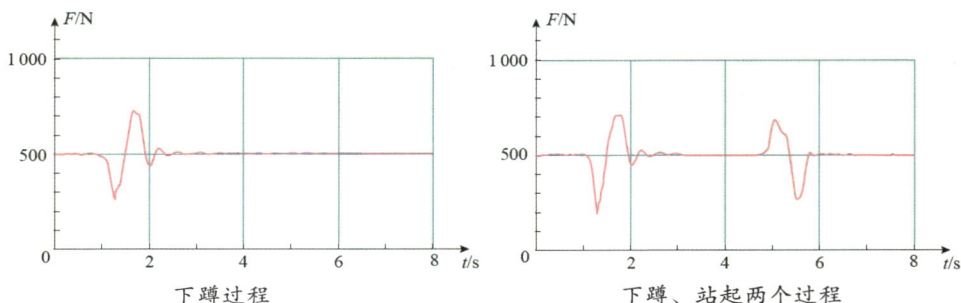

下蹲过程　　　　　　　　　下蹲、站起两个过程

图3

4.实验反思

在以上实验中，无论是利用力传感器在电梯中测量体重，还是在静止的力传感器上进行下蹲和站立运动，都面临一个共同的问题，即只能看到力的大小变化，而对电梯加速、匀速和减速等运动学特征的判断都缺乏精确的数据支持，都是基于实验者的经验做出的模糊定性的判断，学生只观察到两种现象中力的变化数据，并没有定量的运动学数据，因此无法将力的特征与运动学特征关联起来。笔者认为，应该让学生在体验超重和失重现象时也能看到加速度的大小，将力的变化情况与加速度变化情况进行对比，从而让学生真正理解超重和失重现象的本质。

为了解决这一问题，可以运用Phyphox手机软件来测量加速度随时间变

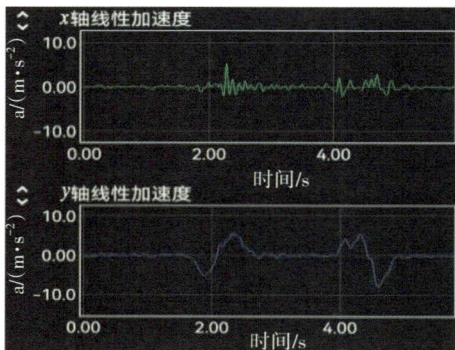

图4

化的图像。将此软件安装在平板电脑或手机等移动设备上，将设备固定在实验者的身上，在体验超重和失重时，使用软件上的加速度计可以绘制出在竖直方向下蹲和起立的a–t图像，如图4所示。图中y轴为竖直方向，软件默认向上为正方向，由图可知，下蹲过程的开始阶

段y轴方向的加速度向下，最后阶段向上，引导学生将加速度的变化和力的变化对应起来。通过这种方案，利用加速度的数据和图像展示超重和失重的运动学特征，而不是仅仅依靠经验，为学生深入理解超重和失重现象提供了证据。该方案通过两套装置分别采集运动过程中加速度和力的数据，两套数据独立呈现，但在手机采集数据时不够稳定且时间较短，也很难保证手机绝对的竖直，所以在下蹲和起立时，水平方向的x轴上也会有较小的加速度。

二、利用自制数字化教具实现"技术+实物"的可视化教学方案

为了解决实验的稳定性，让学生能完整认识超重和失重现象的本质，我们自制了一套"电梯DIS实验系统"教具。在这套教具中，我们利用位移传感器和力传感器分别收集电梯运动时的加速度数据和物体的视重数据，将两组数据同时呈现，极大地方便了学生对超重和失重现象进行运动和力的分析，为学生认识两种现象提供了数据和证据，实现了教学的可视化。

1.利用自制数字化教具探究超重和失重现象

（1）实验装置与原理。

如图5所示，装置配备底座和托盘，底座上安装有位移传感器和力传感器，可将测量数据传送至与之连接的计算机，托盘上放置重物。用一封闭的盒子模拟电梯的轿体（如图6），将图5所示的装置置于轿体内，通过控制传动装置牵引轿体上下运动，在教室里重现在电梯中测量体重的实验。实验时，位移传感器和力传感器分别记录运动过程中的速度、加速度和物体视重的数据，经过计算机处理后，帮助学生认识超重和失重现象的本质。

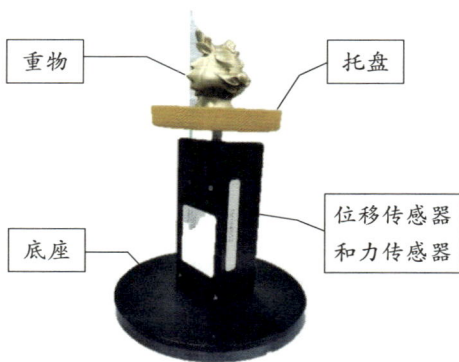

图5

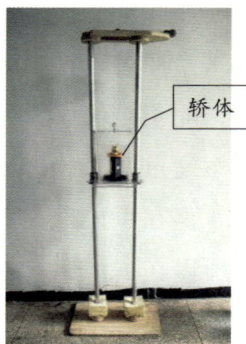

图6

（2）实验过程与数据分析。

实验前，在无重物时，对力传感器进行归零。测量时间设定为10 s，每隔0.05 s记录一组数据。为提高数据的普遍性和准确性，进行多次上下往复运动。位移传感器记录速度和加速度随时间变化的数据，生成速度和加速度随时间变化的图像。在拉动轿体往复运动的同时，与DIS实验系统连接的计算机上实时呈现出 $F-t$、$v-t$、$a-t$ 图像，如图7所示。

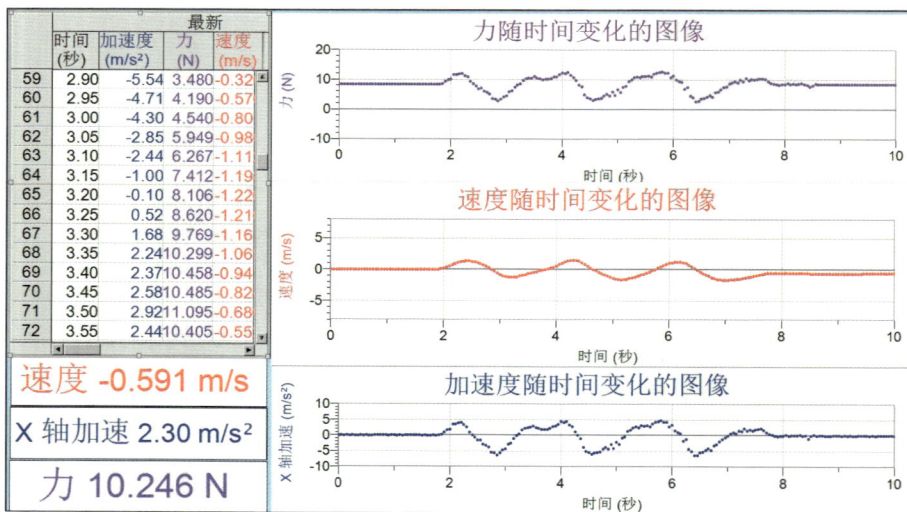

图7

教师引导学生仔细观察图像，通过以下环节建构思维链：

①观察和分析图像：根据图像特点确定物体的实际重力。

②识别超重（失重）状态：通过图像识别，学生可观察到物体在特定时间段内处于超重（失重）状态。

③速度与加速度特性分析：在超重（失重）状态下，物体的速度和加速度具有不同的特点。速度可能向上或向下，可能增大或减小；加速度在超重时为正值，方向向上，在失重时为负值，方向向下。

④实验数据与理论验证：实验数据表明，超重和失重与速度的大小和方向无关，仅与加速度的方向有关。去除速度—时间图像，通过对比力和加速度随时间变化的图像（如图8），可看出力和加速度随时间变化的趋势一致，引导学生发现二者之间可能存在定量关系，进而引入牛顿第二定律进行理论分析。

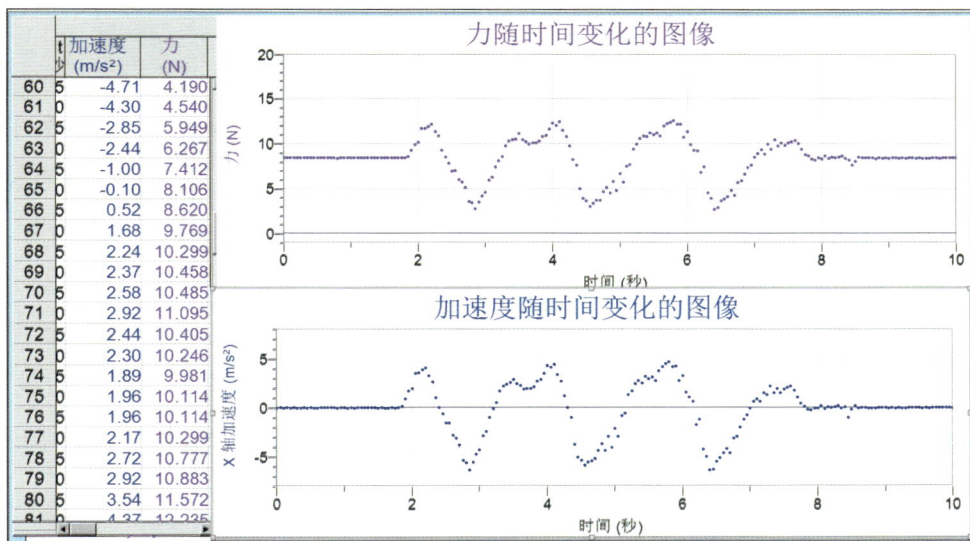

图8

2.寻找超重和失重的原因——理论分析

教师引导学生对重物进行受力分析，如图9，设竖直向上方向为正方向，根据牛顿运动定律推导产生超重和失重的原因。

（1）物体的加速度向上时，由牛顿第二定律得

$$F_N - mg = ma$$

故 $F_N = mg + ma > mg$

由牛顿第三定律得 $F_压 = F_N > mg$

所以是超重现象。

（2）物体的加速度向下时，由牛顿第二定律得

$$F_N - mg = -ma$$

故 $F_N = mg < ma - mg$

由牛顿第三定律得 $F_压 = F_N < mg$

所以是失重现象。

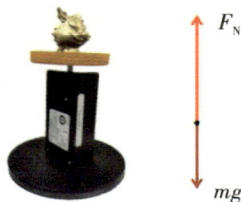

图 9

由上述理论分析可知，加速度是超重和失重产生的原因，只要加速度方向向上（向下），就是超重（失重）现象，而且加速度越大，超重（失重）现象越明显，这是理论分析的结果，事实是否如此呢，引导学生利用实验数据再次验证。

3. 实验数据的二次拟合：与理论分析结果的对比分析

在物理学的研究中，理论分析与实验验证相互印证，构成了科学探究的坚实基础。本研究中，为深入探讨力与加速度之间的关系，我们利用信息技术对实验数据进行了二次处理与分析，即以加速度为横坐标，力为纵坐标，绘制出如图 10 所示的散点图。

通过对散点图的分析，学生可直观地发现实验数据分布趋势呈现线性关系。为进一步验证这一趋势，对散点图进行拟合，得到如图 11 所示的图线。该图线清晰地展示了力与加速度之间的线性关系，为理论分析提供了直观的实验依据。

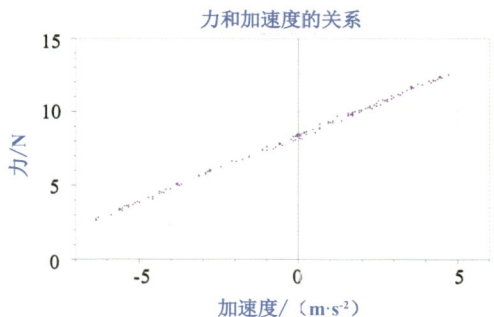

图 10

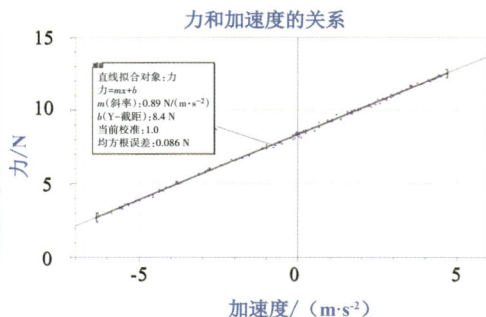

图 11

在本研究中，我们特别引导学生关注加速度为零时力的大小：由图可知，当加速度为零时，力的大小约为8.4 N，此为物体的重力大小。当加速度为正值时，物体处于超重状态，且随着加速度的增大，作用力也随之增大，这与理论分析结果 $F_N = mg + ma > mg$ 一致。反之，当加速度为负值时，物体处于失重状态，且加速度的绝对值越大，作用力越小，这与理论分析结果 $F_N = mg - ma < mg$（a 为加速度的绝对值）完全一致。

进一步分析拟合图线的斜率，可以发现其值近似等于物体的质量 m，引导学生分析这一斜率的重要意义，即在本次实验探究过程中，实验数据支持了牛顿第二定律的正确性，这也是可以用牛顿第二定律来分析推理超重和失重现象的原因。图11反映的信息既是对超重和失重现象本质的阐释，也是对牛顿第二定律的一次数据验证，这种处理有助于学生深入理解超重和失重现象，同时也加深了对牛顿第二定律的理解。整个过程既培养了学生的证据意识，也落实了新课标中"知道证据是物理研究的基础，能使用简单直接的证据表达自己的观点"的学业要求。

三、结论与启示

在超重和失重的教学中，传统的教学模式可能更多地依赖于经验对加速度作出判断，而利用上述自制教具在DIS技术的加持下可以实现基于数据和证据的教学，这种教学强调用科学数据和证据来助力学生对现象的分析，通过定量实验采集大量的数据，绘制出加速度和力随时间变化的图像，以及力与加速度的线性关系图，让学生能够更深入地理解超重和失重的本质，实现了科学探究和科学思维培育的可视化。

［原文发表于《中学物理教学参考》2024年第11期，系2023年安徽省教育装备课题"利用自制教具实现物理教学可视化的实践研究"（项目编号：ZB23021）研究成果之一］

■ 素养导向的中学物理可视化教学
行动研究报告

近年来，我们在物理教学中引入可视化的理念，探索在真实实验的基础上，通过各种手段实现物理观念、科学探究和科学思维的可视化，让学生经历可见的学习和探究过程，让物理的教与学都变得可见，从而改变物理难学、难教、难考的现状，更好地促进学科核心素养的培育，提高物理教学的质量。经过多年的实践，我们探索出在中学阶段可操作的可视化教学策略和路径，开发出一系列可视化教学的案例，通过可视化教学的行动研究促进物理教学质量的提高，提升学生的学科素养。

一、研究缘起

1.看不见的教学

图1是笔者在一所初中学校听课时拍下的情景，课堂上几乎一半的学生是在睡觉的状态，那种场面至今难忘，也不敢遗忘。反思这样的教学，我称之为"看不见"的教学。造成这种"看不见"的教学的原因很多，有教师教学的原因、

图1

学生的原因，还有学科的原因。物理学科是学生感到难学的学科之一，不仅因为物理知识本身的难度，还在于物理学科对学生的思维和探究能力有更高的要求。教师如何能让学生在物理学科上课时不但不睡觉还能喜欢学习呢？提升教学的可视化是我们想到的一种办法。

2. 可视化的优势

亚里士多德说过，在所有的感觉中视觉最好用，它能让我们看清楚事物之间的许多差别。在计算机领域，可视化是利用计算机图形学和图像处理技术，将数据转换成图形或图像在屏幕上显示出来，再进行交互处理的理论、方法和技术。为此，我们引入可视化的理念，希望能从教学的可视化入手，让物理变得容易，让更多的学生喜欢物理、学好物理。

二、什么是可视化教学

1. 可见的教与学

任何一种素养的形成，首先需要依赖于教师对复杂概念及规律的解构，一名优秀教师的教学应该是让学生听得懂、学得会的教学，从这个角度看，教师和教师的教学尤为重要。我所倡导的物理可视化教学理念，是指将学科中难以学习和掌握的内容用易于接受的方式进行展示，基于多种手段来促进物理观念的形成、学科素养的培育，让学生经历可见的学习和探究过程，让物理的教与学变得可见，最终实现物理教学的有效性，提高物理教学的质量。

2. 可视化教学的进阶过程

从可视化的手段来看，我们研究的可视化教学有三个进阶：一是简单地利用图片、视频或仿真等实现浅层的可视化演示；二是利用自制教具实现基于真实实验的可视化，这是我们重点研究的部分；三是在信息化背景下实现"技术加持实物"的深度可视化。图2为可视化教学的进阶图。

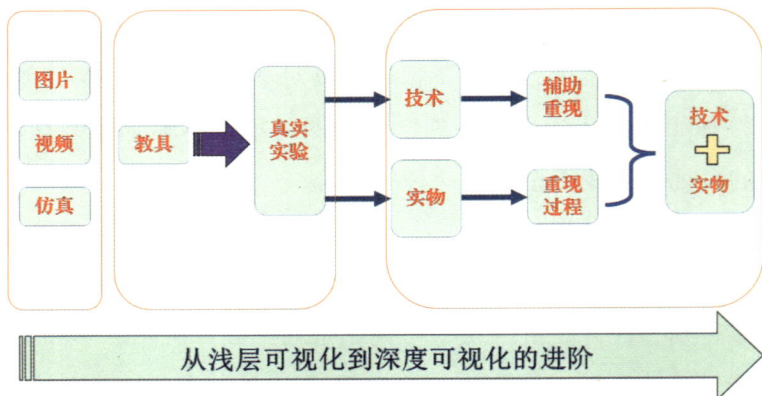

图2

也就是说，我们要研究的可视化是基于学科特点，将物理观念的建构过程、科学思维过程、科学探究过程可视化。

三、研究的理论支撑

1.建构主义理论

瑞士的皮亚杰（J.Piaget）最早提出建构主义理论，该理论认为知识应该是学习者在一定的情境下，借助其他人（包括教师和学习同伴）的帮助，利用必要的学习资料，通过意义建构的方式获得的。所以，教学是否有效的关键在于教师能否通过教学设计帮助学生完成对知识的建构。在物理学科的教学中，情境可以是生活中的现象、实验的过程、小组的合作活动等，教师在教学中要创设合理、直观、科学的情境，让学生在情境中通过科学探究和科学思维，实现物理观念的形成，达到学科素养的培育目标。可视化理念就是要让教师通过教学设计将学生学习所需的情境比较直观地展示在学生面前，帮助学生更容易发现物理规律、理解物理原理。

2.变易理论

变易理论是瑞典马飞龙博士于20世纪90年代末创立的，该理论主张在关注学习内容的关键特征的同时，以学生已有的知识为基础开展变易促进学生学习。笔者阅读了《变易理论与优化课堂教学》一书，它是香港科技大学卢敏玲教授领导的团队对课堂学习研究的成果，主张在变易理论的基础上，聚焦于学生的学习，研究如何运用这一理论来优化课堂教学。根据变易理论，物理学科由于其本身学习内容的难度，更需要教师采取措施让物理的学习变得容易，而可视化教学正是可以让物理变得易学的一种方式，故笔者将其作为一项教学行动的研究，力求探索出物理教学可视化的方法和途径。

3.可见的学习理论

《可见的学习》是约翰·哈蒂（John Hattie）带领的团队经过多年研究形成的研究报告，作者梳理了20世纪70年代末以来主要的教育研究成果，分析了影响学生成绩提高的因素，最终归纳出138个影响学业成就的重要因素，归入学生、家庭、学校、教师、课程和教学策略六个方面，发现教师的影响对学生学习成绩的作用最大。作者主张在"可见的教和可见的学"的理念基础上，建立起一个教和学的新模式。笔者受此启发，研究如何在物理教学中将教学内容和学习内容通过可视化的方式展示在学生面前，从而让教学变得可见，让学习变得可见。

四、研究过程

1.以课题研究为抓手，将可视化教学研究学术化

2012年，我申请立项了安徽省教育科学规划课题"数字化实验（DIS）在中学物理教学中的应用研究"。该课题是蚌埠市第一个数字化实验研究课题，我们研究的主要内容是如何利用数字化实验实现物理教学的可视化。数字化技术可以实现物理教学中许多内容的可视化，如力传感器对力的定量描述、简谐运动的研究、两个相关参数之间函数关系的描述等。我们选取三所不同类型的学校为主要研究对象，在三所学校开设了以数字化实验为主的校本课程，通过市级教研活动辐射到全市各中学。很快，在课题研究的推动下，蚌埠市创建了第一批数字化实验室，举行了数字化教学设计大赛，越来越多的教师开始利用数字化技术实现可视化教学。

实验是实现物理教学可视化的重要手段。2013年，我申请立项了安徽省教育科学规划课题"初中物理实验教学的开放性策略研究"。该课题的主要目的是在初中学校树立正确的实验观念，以实验来实现物理教学的可视化。

2020年，我申请立项了安徽省教育科学规划课题"基于真实实验的初中物理可视化教学实践研究"，将基于真实实验的初中物理可视化教学作为研究重点，形成一批可视化教学案例，自制了一系列可视化教具。研究期间，我发表了数十篇物理教学可视化实践的论文，其中中文核心期刊6篇，1篇被中国人民大学复印报刊资料《中学物理教与学》全文转载。2022年，研究成果《十年实践：基于实现学科育人功能的初中物理可视化教学研究》获得安徽省基础教育成果二等奖。2023年12月，我主持的安徽省教育装备课题"利用自制教具实现物理教学可视化的实践研究"立项，现正在研究过程中。通过这些课题的研究和成果推广，极大地带动了蚌埠市物理教学可视化的研究热情，"可视化教学"逐渐成为蚌埠市物理教学的一个品牌和亮点。

2. 开展自制教具培训与展评活动，提升教师实施可视化教学的能力

教具是实现可视化教学的重要载体，开发创新的实验教具是实施可视化教学的重要保障。为了帮助教师了解教具制作的相关知识，我邀请了北京师范大学第二附属中学的彭梦华老师来蚌埠市进行教具制作的专题报告。彭老师从北京带来了几箱自制教具，通过现场演示和视频展示，与蚌埠市教师分享了他几十年来在自制教具上的成功做法。第二天，我组织了蚌埠市优秀自制教具的展示交流活动，彭老师现场对展示的教具进行点评。这次活动点燃了蚌埠市物理教师自制教具活动的热情，极大提升了蚌埠市教师教具制作的能力。自2021年开始，我连续4年组织开展全市中学物理教师自制教具大赛，共收到百余件作品。这些创新的教具作品凝聚了教师在实施可视化教学中的智慧，充分展示了蚌埠市教师在物理教学可视化上的实践成果。

3. 以教学比赛为平台，促成可视化教学理念的落地

可视化教学理念的落地需要优秀教师的引领，需要优秀课例的示范。近年来，蚌埠市教师在可视化教学理念的引领下，积极探索在教学中如何提高教学的有效性。在参加省市优质课比赛中，参赛教师能在教学设计中贯彻可视化教学的理念，通过自制教具实现物理过程的重现和展示，通过可视化教学设计使核心素养的培育变得可见。教学比赛可以将可视化教学理念扎实落地，这些比赛的优秀案例能将可视化教学理念辐射到全市、全省，让更多的老师主动参与到可视化教学的实践中来，实现课堂教学质量的提升。自第一届安徽省初中和高中优质课评选以来，蚌埠市保持每一届都有老师荣获省一等奖的纪录，至今共有20多名教师荣获省一等奖。在2023年举行的安徽省初、高中优质课评选中，蚌埠市三名教师均以小组第一的成绩荣获省一等奖，充分反映了蚌埠市物理教师在可视化教学实践上的成果。

4.将可视化教学凝练成教学主张，推动全市物理教学质量的整体提升

我们在实践中通过开展课题研究、专项教研、教具大赛、优质课大赛等系列活动，逐步将实践经验形成文本，再凝练为蚌埠市的物理教学主张，引领更多的教师在教学中落实可视化的教学理念，并开发出可视化教学的模式和策略，在全市进行推广，形成从实践到研究再回到实践的闭环（如图3）。通过优秀教师的示范，优秀课例和教具的展示，让可视化教学的实践成果成为全市物理教学的资源，反哺教学实践，从而推动全市物理教学质量的整体提升。

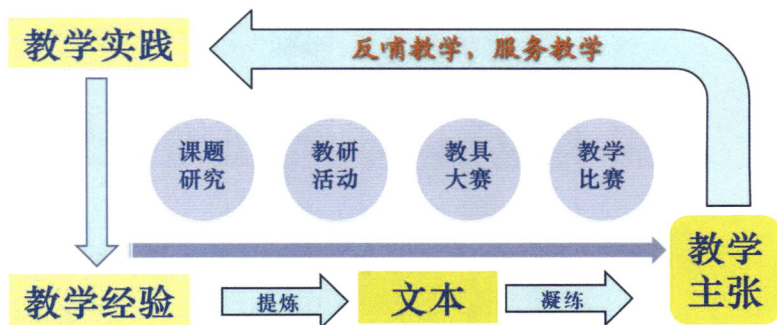

图3

五、基于核心素养的可视化教学实践

经过多年的研究，笔者总结了实施素养导向的可视化教学策略和路径，并在实际教学中积极推广，使成果为全市教师所用，引导全体教师积极参与可视化教学的研究。

1.物理观念的可视化

物理观念是对物理概念、规律的提炼与升华，而物理概念和物理规律则

是形成物理观念的基础，教学中要注意促成学生对概念和规律的深度理解。我们倡导基于真实实验的可视化教学，就是要引导教师在教学中利用真实实验进行课堂教学，实现物理观念教学的可视化，让难以理解的概念和规律变得直观可见，让物理教学能激发学生的学习兴趣，帮助学生形成正确的物理观念。

（1）浮力方向的可视化。在研究浮力方向的可视化教学时，利用图4的实验可以直观地演示浮力方向，将水中的乒乓球和杯外的乒乓球进行对比，两条细线方向一直都是竖直方向，反映了浮力的方向。图5中，容器倾斜后，细线方向不变，说明浮力的方向不变。图6中，采用环状容器，滚动时液面位置不变，浮力方向也不变。以上三组实验，实现了浮力方向的可视化演示。

图4　　　　　　图5　　　　　　　　图6

（2）浮力产生原因的可视化演示。在进行浮力产生原因的教学时，利用两个乒乓球进行对照实验，如图7所示。将两个乒乓球放入倒置的矿泉水瓶中（底部切去），倒入水后，其中一个被压在瓶口，另一个受到浮力漂浮在水面，如图8所示。这个定格画面能帮助学生理解浮力产生的原因是液体对物体向上的压力与向下的压力之差。最后将瓶口堵住，当瓶底的乒乓球底部充满水后，该球上浮到水面，如图9。利用如图10所示的六面都为橡皮膜的长方体装置，可以深度演示浮力产生的原因。将其放入液体中，橡皮膜发生的形变不同，显示压力大小不同。

图7   图8   图9   图10

（3）"力臂"概念建构过程的可视化。力臂是支点到力的作用线的距离，如何进行力臂概念的建构呢？人教版教材中力臂的概念是直接给出的。教学中我们发现，学生经常将力臂误认为是支点到力的作用点的距离。为了帮助学生建构正确的力臂概念，设计了如图11所示的装置：木板可绕固定点转动，因此木板可看作杠杆，固定点 O 可看作支点。在支点右侧任取一点标注为 A 点，在左侧取到 O 点等距的 B 点。以 O 为圆心、OB 为半径画圆，在弧上任取两点标注 C 点和 D 点。在 B 点的正上方任取一点标注为 E 点，在 B 点的正下方任取一点标注为 F 点。将两边的钩码分别挂在 A 和 B 点，使其平衡。将左侧钩码分别更换到 C、D、E、F 点，分别观察杠杆是否平衡，帮助学生理解影响杠杆平衡的因素是 O 点到直线 EF 的距离，从而建构力臂的概念：力臂为支点到力的作用线的距离。

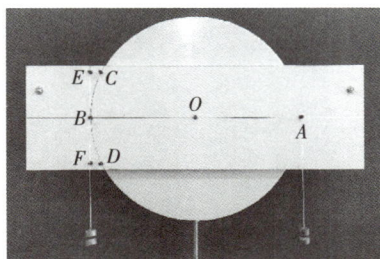 

图11   图12

（4）磁场分布的立体演示。平时教学演示磁场的分布时，学生看到的演示画面都是平面的，图12所示的装置是在胶体中放入铁粉，放入磁体后可以让学生观察磁场的分布是立体的，帮助学生实现对磁场从平面到立体的完整认识。

（5）凸透镜对光的作用立体演示。在进行凸透镜对光的会聚作用教学时，通常只演示平面的情况，如图13所示。教师在黑板上演示是采用线光源，学生看到的只是平面中的会聚，这种演示并没有完整地演示凸透镜对光的会聚作用。在图14所示的装置中，用几个相同的点光源（激光笔）发出平行的立体光束，通过球面凸透镜后会聚在焦点，实现凸透镜对光线会聚作用的立体演示，让学生更完整地认识凸透镜的作用。

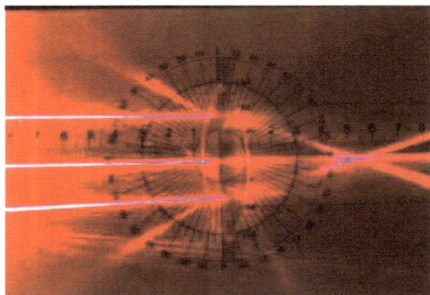 

图13   图14

2.微弱现象或隐形过程的可视化

许多物理过程或现象是微弱的甚至是不可见的，将这些微弱现象放大、隐形过程可见，可以帮助学生更直观地认识物理现象、理解物理规律。

（1）电流经过滑动变阻器的路径可视化演示。电流经过滑动变阻器时，电流的路径是看不见的，为此，我们设计了图15所示的装置。在电阻丝上串联许多小灯泡，电流经过电阻丝时，小灯泡会发光，显示出电流的路径，实现不可见现象的可视化。

图15

（2）凸透镜成像的光路可视化演示。如图16所示，在进行凸透镜成像实验时，通常只能看到像，看不到光的传播路径，学生只能靠想象理解从物体到像的传播路径。如图17所示，在物体上放置几个点光源，发出的光经过喷雾的空间即可看见光的传播路径，从而让学生理解像与物体的关系，即物体上发出的光经过凸透镜折射后都会聚在像上。

图16

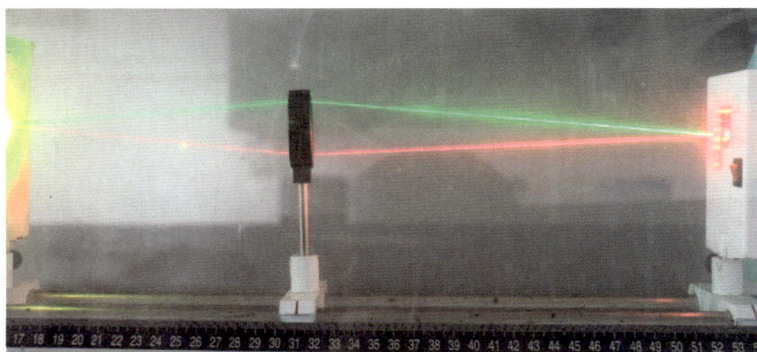

图17

（3）内能变化的可视化演示。在内能的教学中，对做功改变物体内能的演示往往都是定性的，比如摩擦生热现象，学生依靠感受温度的变化来理解做功的过程，对气体对外做功时内能减小更需要依据想象和推理。为此，我们借助单片机、NTC热敏电阻和气压传感器设计了图18所示的教具，通过数码管定量显示做功过程中温度的变化，并通过智慧课堂大屏幕显示温度的实时变化曲线，如图19所示，实现了内能变化的可视化演示。

图18

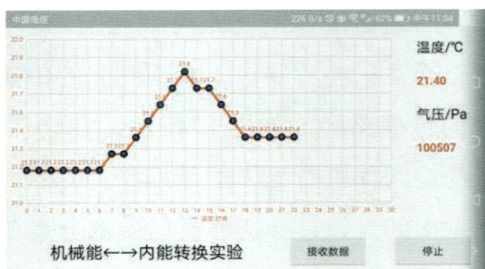

图19

3.科学思维过程的可视化

物理观念的形成必然伴随着科学探究和科学思维的过程，在教学中应该让科学探究变得可见，让思维的进阶变得可见。

（1）速度—时间图像中面积等于位移的可视化过程。在高中物理教材中，对速度—时间图像围成的面积与位移的关系，是通过如下的推理方式：可以想象，如果把整个运动过程分割得非常细，很多小矩形的面积之和就能非常精确地代表物体的位移了（如图20甲~丙）。这时，很多小矩形顶端的"锯齿形"看不出来，这些小矩形合在一起形成了一个梯形 $OABC$（图20丁）。这个梯形的面积就代表做匀变速直线运动的物体在这段时间间隔内的位移。

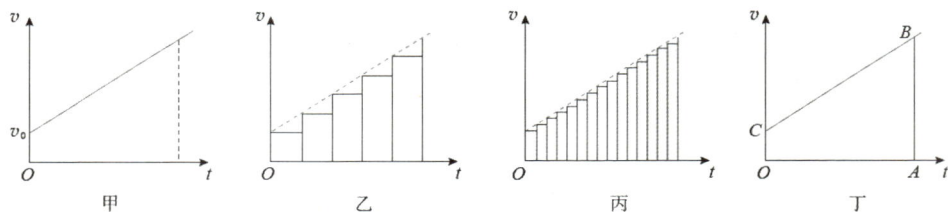

图20

为了能让学生直观感受当小矩形无限多的时候，小矩形的面积之和就等于梯形的面积，我们利用VB软件设计了求矩形面积之和的小程序，改变分割的段数来改变小矩形的个数，设定函数定量显示小矩形的面积之和及梯形的面积。图21为分成5段的界面，5个小矩形的面积之和为184 m^2，梯形的面积为200 m^2；图22为分成100段的界面，100个小矩形的面积之和为

199.21 m²，梯形的面积为200 m²，可以不断改变段数让学生直观感受随着分割的段数越来越多，矩形面积之和越来越接近梯形的面积。这种演示让学生直观看到两个面积之间的对比，为结论提供了证据支撑，实现了科学推理的可视化。

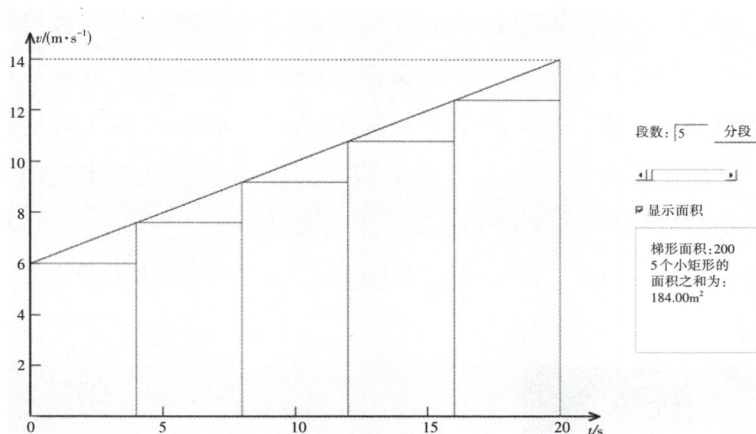

图21

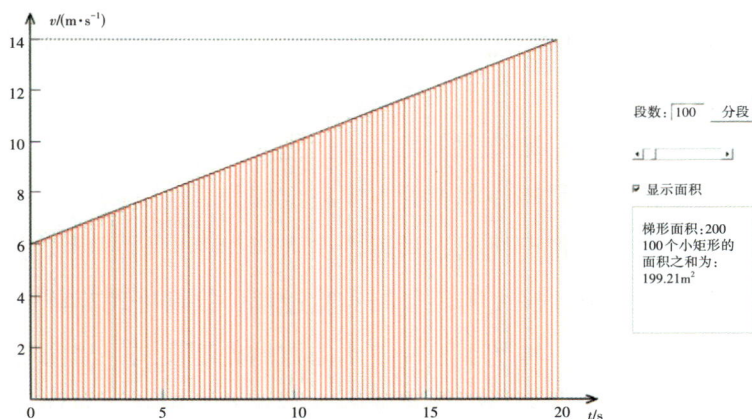

图22

（2）液体压强公式推理的可视化演示。人教版初二物理教材中，关于液体压强公式的推导采用如下的方式：要想得到液面下某处的压强，可以设想这里有一个水平放置的"平面"，这个平面以上的液柱对平面的压力等于液柱所受的重力，所以计算出液柱所受的重力是解决问题的关键。

教学中，学生会思考：为什么只有这个平面以上的液柱对平面有压力？其他液体对这个平面就没有压力吗？为此，我们设计了图23所示的教具，内外两个水槽，内部水槽底部中央有一个大孔，用橡皮膜包裹胶圈底部，堵住中间容器底部大孔，利用这个橡皮膜代替假想的"平面"，平面所受压强大小通过橡皮膜形变程度直接观察。向此内部的水槽注水，橡皮膜向下凸起，说明液体有向下的压强，对橡皮膜产生向下的压力，如图23所示。将一个两端开口的玻璃管插入胶圈，如图24所示，将橡皮膜上方的液体隔离在玻璃管内，橡皮膜形变不变。放掉其余部分的水，仅剩橡皮膜上方的液柱，发现其形变不变，如图25所示，说明橡皮膜（"平面"）所受的向下压力确实只是这个平面上方液柱的压力所致，与其他液体无关，实现了对课本上分析推理的可视化演示。

图23

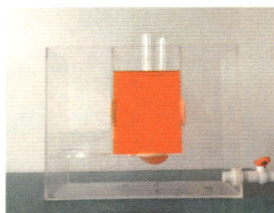
图24

图25

4.科学探究过程的可视化

科学探究是物理学科核心素养的重要组成部分，也是物理学科实验特征的重要体现。我们主张将可视化教学理念引入科学探究的过程，是指在真实实验的基础上，能让科学探究的环节如实验过程、数据处理等可视化。

实践中，我们使用一种基于胶片技术的数据处理模式，来实现通过可见的实验数据引导学生主动发现物理规律的可视化教学模式。具体操作是：教师准备若干张完全相同的透明胶片，每张胶片上打印相同的坐标和刻度，根据不同的实验附上相应的刻度单位；学生实验时，通过将数据描点在胶片上绘制图像，不同的胶片进行不同方式的叠加，引导学生发现图像背后的物理规律。这种数据处理方式既不同于在纸质上作图（无法进行叠加），也不同于用Excel表格自动作图（没有叠加的过程），每一张胶片上的图像都可以看到，将胶片进行叠加的过程就是数据处理和对比的过程，这种叠加其实是将不同图像之间的关系缓慢地展示出来，更容易让学生分析得出结论，实现了科学探究的可视化。

（1）探究物体质量与体积的关系（密度概念的建构）。将学生分成若干组，每一组提供三个体积不同的由同一物质组成的不同物体，小组间的物质有相同的，也有不同的。每组学生分别通过测量体积和质量，将实验数据在坐标系上描点，这些点大致在一条直线上，作出物体质量和体积的图像都为倾斜的直线，如图26所示。

教师将使用相同物质实验得到的胶片集中在一起叠加后，发现直线是重合的，图27至图29分别为铁块、铝块和木块的 m-V 图像。再将不同物质的胶片集中在一起叠加后，这些直线是不重合的，如图30所示。即同种物质组成的物体，质量和体积的比值是一定的，不同物质组成的物体，质量和体积的比值一般是不同的，这个比值可以作为区别不同物质的依据，物理上叫做密度。这种利用胶片叠加的数据处理方式，让学生在叠加过程中，发现不同物体之间的相同和不同之处，从而建构出密度的概念，实现了科学探究和科学思维过程的可视化。

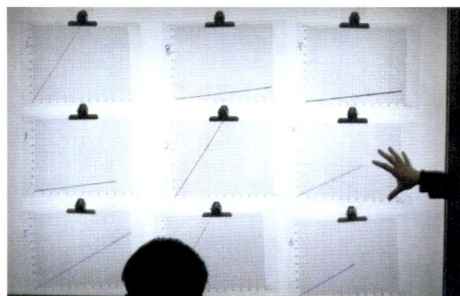

图26

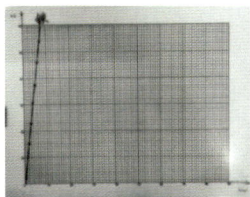

图27

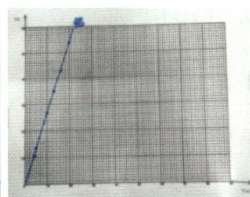

图28

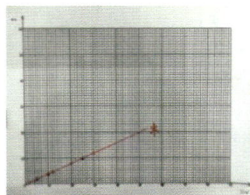

图29

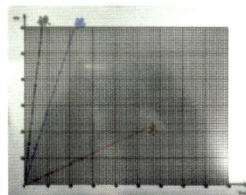

图30

（2）探究电流与电压、电阻的关系（电阻概念或欧姆定律的建构）。在探究电流与电压、电阻的关系的实验时，将学生分成若干组，每组提供一个电阻，各组实验所用的电阻有相同的，也有不同的，分别为 5 Ω、10 Ω 和

15 Ω。每组学生实验后，均在相同的胶片纸上描点作图，由于是同一个电阻，故作出的 I–U 图像均为一条倾斜直线。将所有的实验胶片叠加在一起，发现有些直线是重合的，有些直线是不重合的，如图31所示。重合的直线所用电阻的大小相等，不重合的直线所用电阻的大小不等。引导学生思考得出：当电阻一定时，电流与电压成正比。这个实验还能进一步建构出电阻的概念，即不同电阻的电压与电流之比不同，这个比值用来反映电阻对电流阻碍作用的大小。这种设计动态地将相同电阻和不同电阻的电流与电压的关系展示出来，实现了科学探究的可视化。

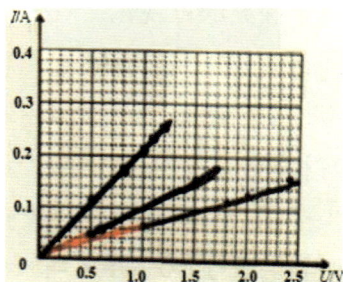

图31

（3）磁感应强度概念的建构。在进行磁感应强度概念的教学时，让学生通过实验测出多组电流元在多个磁感应强度不同的匀强磁场中受到的安培力，将 F 与 IL 的关系描绘在胶片上，用这种胶片叠加的方法展示在同一匀强磁场中 F 与 IL 的比值是相同的，在不同磁场中，这个比值是不同的，如图32所示。物理上把这个比值叫做磁感应强度，从而将磁感应强度的概念建构过程可视化。

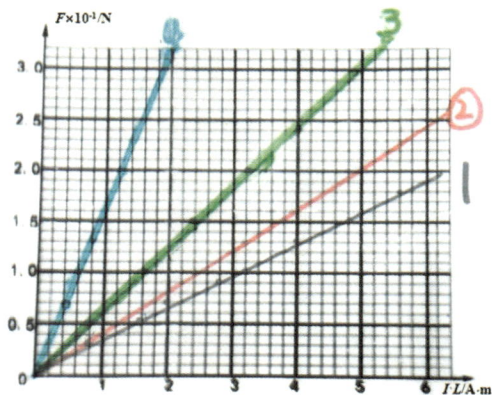

图32

在实践中，我们还将这种模式推广到探究影响滑动摩擦力的因素（动摩擦因数概念的建构）、探究影响电阻大小的因素（电阻率概念的建构）、探究光的折射规律（折射率概念的建构）等相关科学探究的教学中。

5. 习题情境的实物化

我们提倡将一些习题的情境实物化，通过实物演示让学生直观认识题目所考查的规律，增加习题讲解的可视化。如2024年安徽省高考适应性演练物理试卷中有如下的试题：

如图33所示，轻绳1两端分别固定在 M、N 两点（N点在 M 点右上方），轻绳1上套有一个轻质的光滑小环 O，质量为 m 的物块 P 通过另一根轻绳2悬挂在环的下方，处于静止状态，$\angle MON = 60°$。现用一水平向右的力 F 缓慢拉动物块，直到轻绳2与 MN 连线方向垂直。已知重力加速度为 g。下列说法错误的是（   ）

A. 施加拉力 F 前，轻绳1的张力大小为 $\frac{\sqrt{3}}{3}mg$

B. 物块在缓慢移动过程中，轻绳2的延长线始终平分 $\angle MON$

C. 物块在缓慢移动过程中，轻绳2的张力越来越大

D. 物块在缓慢移动过程中，轻绳1的张力可能先增大后减小

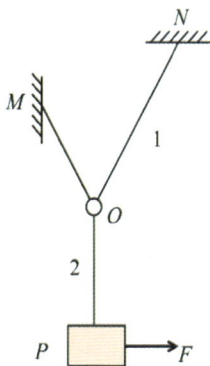

图33   图34

本题的难点之一在于轻绳通过轻质的光滑小环 O，静止时两段绳的拉力大小相等且关于竖直方向对称。为了解决这个难点，可以设计如图34所示的教具，让绳穿过一个滑轮，滑轮下挂重物，静止时发现两侧的绳总是关于竖直方向对称，用量角器可定量显示与竖直方向的角度相等，在绳上还可以

安装测力计或力传感器，定量显示两边力的大小。这种将题目情境实物化的做法，可以更好地帮助学生突破难点、理解规律。

6.技术加持下实物的可视化教学

随着信息技术在教学中的使用，引入信息技术手段可实现可视化教学。利用 Track 软件、GGB 软件、VB 语言、Python 语言及相关的 DIS（数字化）软件，可以对真实的物理过程进行可视化处理，提升物理教学的质量。

（1）简谐运动的可视化教学。在进行简谐运动的教学时，我们设计了频闪照相与数字化实验相结合的可视化教学模式：先用平板电脑拍摄钢球的运动视频，如图 35 所示；输入电脑截取每隔 1/30 s 的一帧照片，将不同时刻的照片按时间展开，得到小球的实际位置与时间关系图像即振动图像，如图 36 所示；然后再让学生通过数字化仪器记录小球的位移与时间的运动关系，利用软件与标准的正弦函数图像进行对比，如图 37 所示，得到简谐运动的图像，实现探究简谐运动规律的可视化。

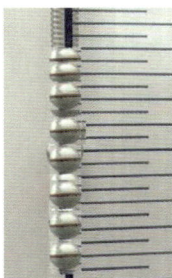
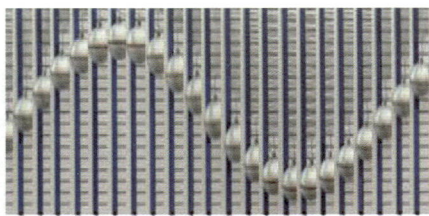
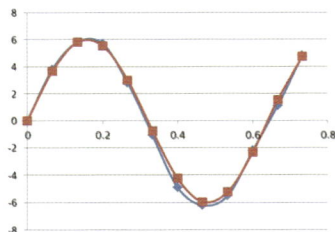

图 35　　　　　　　　图 36　　　　　　　　图 37

（2）利用 Track 软件研究自由落体运动的规律。首先拍摄一段小球自由落体运动的视频，将其导入 Track 软件，利用软件进行相关处理，可以得到小球的位移图像（图 38）和速度图像（图 39）。这种利用信息技术手段处理数据的方式可以让自由落体运的运动规律直观快速地展示出来，是传统手段难以实现的。

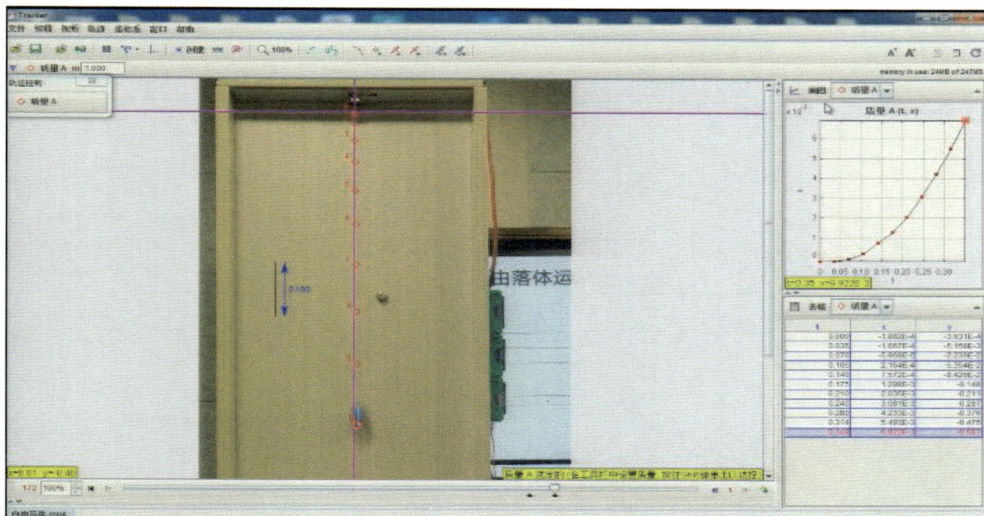

图38

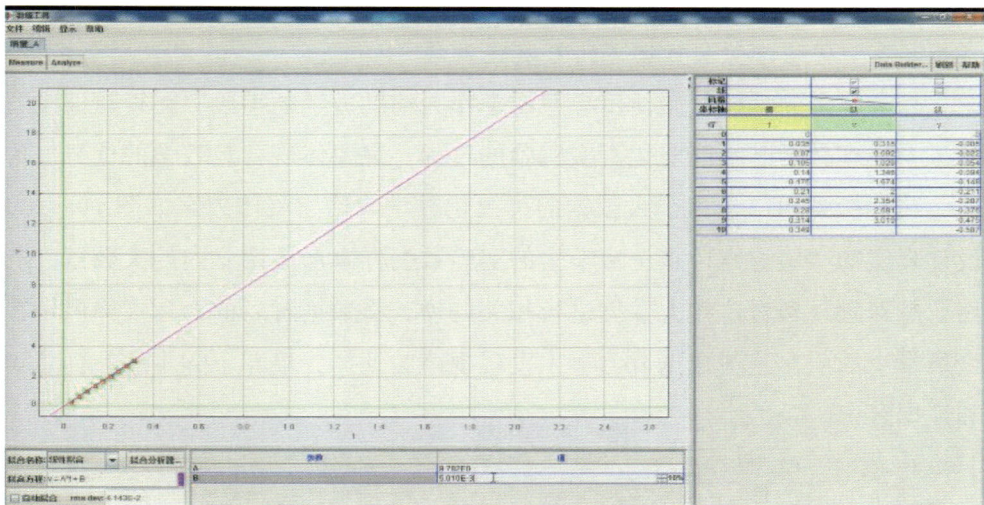

图39

（3）利用Python语言实现运动与图像的动态展示。利用Python语言编程，可以将物体的运动过程和对应的位移图像和速度图像实时动态地展示出来，让学生理解真实的运动和描述运动的图像之间的关系，实现运动教学的可视化。图40显示的做匀变速直线运动的三个物体的速度图像和位移图像与实际运动的对比动画，实际教学中，物体运动的初速度和加速度都可以调整。

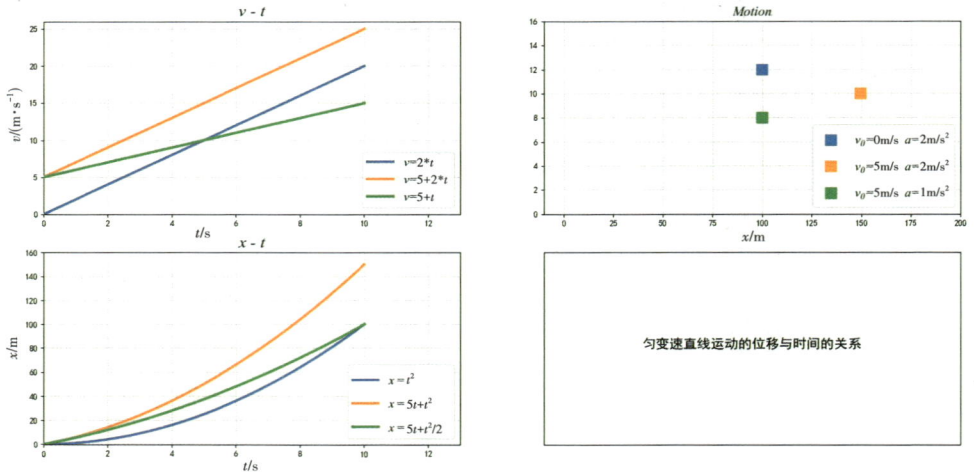

图40

7. 基于智慧课堂大数据下的可视化教学

越来越多的学校开始使用智慧课堂作为辅助教学的手段，在智慧课堂背景下，物理教学既不能弱化真实实验的过程，又要体现智慧教学的优势。为此，我们探索出一条基于大数据的可视化教学策略，具体方案如图41所示。设计真实的实验方案，将全班学生的实验数据样本形成课堂内的大数据，利用智慧课堂设备对这些大数据进行相关处理，将数据背后的物理规律展示在全班学生面前，这些数据成为学生发现规律的证据，培养了学生的数据意识和证据意识。

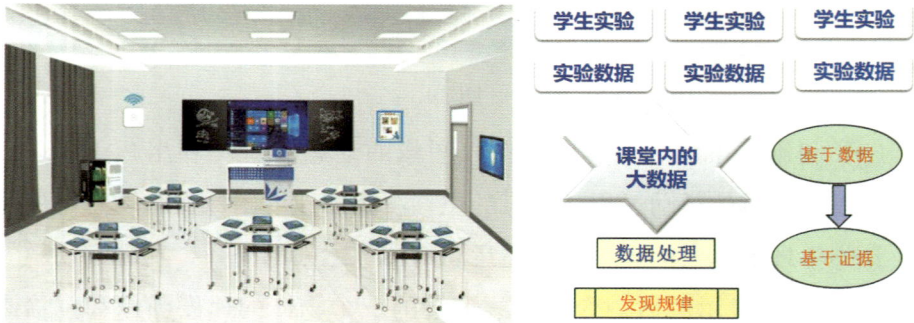

图41

如在探究凸透镜成像的规律时，我们将全班学生每两人作为一组，每组所用凸透镜的焦距有相同的，也有不同的，每组学生利用本组透镜进行实验，记录不同物距下所成像的特点及像距大小，各组学生将本组实验的数据通过PAD发送到教师所用的终端设备（或采用共享文档的形式）。教师在终端设备上收集所有同学的实验数据，形成本次实验探究课堂内的"大数据"（约300组），并运用Excel软件将所有实验数据进行分类处理，帮助学生主动发现凸透镜成像规律。

在实际操作中，我们分别进行了多种排序，如按焦距大小进行排序，按物距大小进行排序，按像的倒立、放大或实像、虚像进行排序，引导学生从排序后的数据中发现规律，帮助学生理解物距并不是决定成像特点的因素，物距与焦距的关系才是决定成像特点的因素。在以往的教学中，教师往往将一倍焦距和两倍焦距作为实验时重要的参考数据，而这两个物距是教师的经验，而非学生的经验。在上述方案中，教师没有设定固定的物距，而是让学生充分实验，得到课堂内的"大数据"，分析后发现规律。这样的教学不是基于教师的经验，而是基于学生的认知，让学生在自己的实验中得到数据，在分析"大数据"的过程中发现规律，将探究的过程可视化，让思维的进阶可视化，从而实现学科素养的提升。

六、研究反思

1.实现现代技术手段与传统实验手段的有机融合

我们发现初中阶段的课堂教学中，采用真实的、现象明显的实验效果非常好，而数字化实验等技术要求较高的手段在初中课堂往往会使课堂教学不够活跃；高中阶段，如果仅仅采用直观实验，不利于学生定量研究某些规律。因此，我们应该在两个不同学段合理地实施可视化教学，避免初中物理课堂过于"研究化"，同时避免高中物理课堂过于"形象化"，这就需要教师合理使用传统实验和数字化实验等信息技术手段，实现定性和定量实验的有机融合。

2. 解决智慧课堂背景下"技术"对可视化教学的束缚

笔者在进行大数据背景下的可视化教学研究中发现，在智慧课堂背景下，一线教师在技术上还得不到有力的支持。例如，学生使用的PAD还不能实现office的编辑功能，这就使学生的PAD不能实现数据的直接传送。目前，为了克服这个问题，我们只能使用共享文档的形式，这使得课堂数据的处理不够迅速。北京大学汪琼教授指出，我们需要督促智能教育产品研发机构和厂商基于教育理论精细化设计产品，增加算法透明度，引导和支持人机协同的因材施教早日实现。可见，要让智慧课堂产品更适合可视化教学，需要学科教师与技术人员的及时沟通，需要相关部门的协调和统筹设计。我们想，要实现这种智慧课堂背景下的可视化教学，需要在产品研发人员与一线教师之间建立及时的沟通和共同研究机制，促使教学能更好地利用技术，技术能更好地为教学服务。

3. 时刻反思技术对学科教学的影响

技术应该是赋能教学和教育的，从多媒体技术、智慧课堂到今天的AI技术，技术的每一次革新都会对教学和教育带来不小的冲击，教师应该主动投入到技术的使用中，但也需反思技术对学科教学带来的可能的不良影响。比如一些教师过度依赖技术，将学生的举手发言变成扫码抢答，将学生的当堂讨论变成"板"（PAD）上发言，这些技术的使用会弱化课堂上真实的交流互动。还有一些课堂将真实的实验变成纯技术的仿真模拟，剥夺了学生进行真实实验的机会，不符合物理学科的教学要求。我们认为，技术对教学必须是加分的，技术的使用必须指向学科教学内容，技术不能代替真实的物理实验，技术更不能弱化学生的探究过程。

4. 开发多元立体的可视化手段

我们在研究过程中倡导以真实实验作为可视化教学的核心，这是因为物理学科是一门以实验为主的学科，而实验渗透到物理学科素养培养的各个层面。然而，在学生的学习过程中，还有一些实验之外的手段可以用来进行可视化教学，如利用思维导图实现思维过程的可视化，利用GeoGebra等软件或程序实现运动过程的可视化，利用视频处理技术实现运动过程的慢速化、定格化等。随着当前人工智能等技术的发展，相信会给可视化教学提供更多的技术支持。我们认为，对物理教学的可视化研究应该不拘泥于一种手段，我们应开发多元立体的可视化教学手段，丰富物理教学内涵，提升物理教学质量，促进学生核心素养的全面提升。

（本文在2023年安徽省中小学教育教学论文评选中荣获中学物理学科一等奖）

教育与教学研究

　　教学研究是隐藏在教学行为背后的一种工作状态，教师在从事教学实践的同时，其实也在同时进行着教学研究工作。每一次教学后的反思，每一次作业后的点评，每一次考试后的评析，每一次听课之后的评课，每一次学期结束后的总结，这些都是碎片化的教学研究。教师可以将教学实践中总结的经验转化为文本形成论文，还可以将这些经验进行系统归纳后，延伸出一个课题或项目进行深入研究。由于平时忙于教学活动，教师往往更多地生活在实践之中，形成的经验也都碎片化地散落在各个角落，久而久之就被淡忘。因此，教师要能从繁杂的实践中沉淀下来，将散落在各处的经验之珠拾起来，串成美丽的项链，这个过程就是教学研究。教师要善于总结实践中的经验，将经验文本化、学术化、成果化，这是教师专业成长的需要。

　　本篇收录的前两篇文章来自早期实践的经验。2004年4月，我承担了蚌埠市第一次利用网络进行的市级公开课"电磁场和电磁波"的教学任务。为了这节课，我自己开发制作了专题网站和论坛，带领学生利用网络进行相关的探究，课后形成了相关的资源，并延伸为一项市级课题"渗透式研究性学习方式在高中物理教学中的运用"。当时，我们称这种网络探究的形式为研究性学习，现在看来，跟今天倡导的项目化学习（PBL）有异曲同工之妙，而这种渗透式研究性学习采用的正是现在提倡的大单元教学理念。

■ 关于信息技术与课程整合的几点思考

2001年教育部印发的《基础教育课程改革纲要（试行）》中提出："大力推进信息技术在教学过程中的普遍应用，促进信息技术与学科课程的整合，逐步实现教学内容的呈现方式、学生的学习方式、教师的教学方式和师生互动方式的变革，充分发挥信息技术的优势，为学生的学习和发展提供丰富多彩的教育环境和有力的学习工具。"在新一轮的课程改革中，信息技术与课程整合无疑成为了课程改革的一个重要组成部分，越来越多的老师投身到课程整合当中，运用信息技术推动课程改革。笔者所在的学校也将信息技术与课程整合作为课改和校本教研的一项重要内容，以此来推动教育信息化的进程。在进行课程整合的实践中，凸显出的几个问题引起了笔者的思考：

一、如何解决课程整合的技术性问题

笔者所在的学校是一所市级示范中学，1998年，学校在全省率先进行了多媒体辅助教学的尝试，带动了计算机辅助教学的开展。那时候，学校有专门的课件制作老师，教师只要收集到自己需要的素材，写出脚本，负责制作的老师就可以做出理想的课件，由于对老师的技术要求不是很高，所以计算机辅助教学在学校开展得如火如荼，取得了骄人的成绩。然而，近年来许多老师却在信息技术与课程整合面前持观望态度，笔者在与同行的交流中了解到，让许多老师望而却步的主要原因还是一些技术方面的问题。目前，课程整合好像对技术层面的要求很高，而教师平时的教学任务繁重，很少有时间系统地独立完成相关的课件制作，学校如果没有足够的相关技术人员支持，课程整合很难顺利进行！笔者思考：技术本身在课程整合中的作用到底有多大？我们是不是把课程整合的门槛设得太高，而使整合变得曲高和寡了呢？学校应该更好地解决技术层面上的问题，为教师进行课程整合提供有力的支持，而教师自己则应当充分利用校本教研和继续教育等机会学习一些必需的课程整合技术，从而更好地投入课程整合的浪潮中。

二、我们需要什么样的整合平台

课程整合的一个常用模式是利用设计好的整合平台来进行，目前普遍采用的是惟存教育网站（http：//www.being.org.cn/）推荐的几种模板，如Web-Quest。WebQuest是美国圣地亚哥州立大学的伯尼·道奇（BernieDodge）等人于1995年开发的一项课程计划。"Web"是"网络"的意思，"Quest"是"寻求""调查"的意思，WebQuest在国内通常被翻译为网络主题探究。We-bQuest是一种"专题调查"活动，在这类活动中，部分或所有与学习者相互作用的信息均来自互联网上的资源。WebQuest采用了不少策略激发学生学习动机。WebQuest要求学生解决的问题能促进高水平的思维，它整合了认知心理学和建构主义的思想，还充分利用了合作学习的形式，这有助于提高学生的动机水平；它提供了傻瓜化的模板，便于教师完成案例的撰写。笔者下载了WebQuest模板进行了相关的整合尝试，发现该模板对老师的技术要求并不是很高，但问题是这一模板更适用于探究类的长期教学实践，而且教师的准备工作非常复杂，显然只能偶尔用之，如果不是为了公开课或者比赛，我想用的机会并不多。那么能不能让整合的平台离我们的实际教学更近一点呢？

目前学校数学组正在进行"Z+Z"智能平台整合数学教学的尝试，该平台操作简单，老师们的兴趣很高，学生也比较喜欢这种教学模式。同样，物理也可以用"几何画板"软件来整合一些章节，国内已经有很多"几何画板"专家做了大量的工作。值得我们思考的是，这样的模式是我们想要的最终的整合吗？这和过去的多媒体辅助教学有什么不同呢？新课程改革到底需要一种什么样的整合平台呢？

三、如何让信息技术真正广泛地应用于课堂教学

当前课程整合的一个普遍现象是大家为了公开课和比赛而准备，一旦到了没有人听课和观摩的常规教学中，一切还是老一套的传统教学模式。那么，如何让课程整合真正地应用于每堂课呢？笔者以为还是应该采取多种整合方式相结合的方法。比如在进行"万有引力定律"一章的教学时，笔者就采取了网络探究式的教学模式，先给出探究的内容和课题，留出适当时间让学生利用互联网进行相关搜索和整理，最后写出研究报告。此外，为了更好地将整合引入课堂教学中，笔者还专门注册申请了个人主页，对每一章都进行了主题备课，重组整合的资源，教学在网络教室进行，实验和动画演示相映成辉，学生的自主学习和教师的在线指导相结合，改变了过去单一的教学模式和呆板的教学氛围。

以上是笔者在进行信息技术与课程整合实践中的几点思考。作为基础教育改革的一个重要载体，信息技术与课程整合对教育的深化改革具有决定性的意义。笔者相信，在广大教育同行的努力下，一定能摸索出适合我国国情的课程整合之路，这必定会是一条百花齐放的整合之路，并将真正改变我们传统的教学模式，推动我国基础教育课程改革深入进行。

（原文发表于《教育信息化》2005年第1期）

■ 渗透式研究性学习模式在高中物理教学中的实施案例

当前，研究性学习已经成为我国高中阶段的一门课程。研究性学习的开展主要有两条途径：一是开设专门的研究性课程，二是在学科内引入研究性学习的模式。当前，研究性学习课程的开展遇到了一些问题：一些课题过大过深使学生甚至教师望而生畏；高考竞争的压力使学校抽不出专门时间开设研究性学习课程；各地教育的差异使不同地区研究性学习的开展存在差异，上海等发达地区可以很好地开展，而在一些不发达地区，研究性学习还停留在一些特殊的场合，并没有得到很好的开展。

物理作为一门自然学科，到处都充满了可实施研究性学习的素材，物理教师理应成为研究性学习的前锋。2004年开始，我们进行了相关方面的研究，并申请了市级课题"渗透式研究性学习方式在高中物理教学中的运用"。我们研究的重点是如何在学科教学中挖掘研究性学习的素材，把研究性学习的模式引入日常课堂教学中，使课堂教学真正充满研究的氛围，使学生真正成为学习的主人，实现在学科教学中分担研究性学习的培养任务，并以高中物理教学为突破，希望获得一些在高中物理教学中进行研究性学习的良好经验，从而找到一种能针对更广泛学生群体的可行性强的模式，让更多的教师和学生真正参与到研究性学习中来。

以下是我们在高中物理教学中进行研究性学习的两个典型案例。

【案例1】万有引力定律

一、实施背景

"万有引力定律"一章以介绍物理学史为主，内容与人们实际生活联系不大，学生对天体运动方面的内容普遍感到陌生和抽象，教材中缺少可供学生动手的实验，如果采用传统的教学模式，以教师讲授为主，学生成为被动的接受者，不易提高学生的学习主动性和学习兴趣。然而，本章蕴含了丰富的研究性学习素材，教材中出现的科学家和科学事件为学生的课题研究提供了广阔空间，而科学家追求真理的献身精神更为德育渗透提供了很好的舞台。

二、课题的选择

进行教学之前，笔者认真地进行了准备，将可供学生进行研究的课题整理出来，作为学生申报研究性学习课题指南发给同学。参考课题如表1所示。

表1　学生申报研究性学习课题指南

章节名称	参考课题
§1 行星的运动	1.我国古代对行星运动的研究； 2.古代欧洲对行星运动的研究； 3.地心说和日心说的斗争； 4.从托勒密到开普勒——行星运动发现史
§2 引力常量的测定	1.扭秤实验的"放大思想"； 2.当代测定引力常量的方法； 3.走进卡文迪许实验室

续　表

章节名称	参考课题
§3 万有引力定律	1.开普勒时代对行星运动原因的解释； 2."月地检验"的设计思想； 3.牛顿的生平与贡献
§4 万有引力在天文学上的应用	1.海王星的发现历史； 2.潮汐的形成原因
§5 人造卫星宇宙速度	1.人类的航天历史； 2.中国的航天事业发展现状； 3.神舟飞船； 4.从"挑战者号"到"哥伦比亚号"； 5.黑洞揭秘
§6 行星、恒星、星系、宇宙	1.人类对宇宙的探索； 2.宇宙大爆炸理论； 3.小行星会撞击地球吗； 4.有外星人吗

三、实施手段

实施前将学生分为10个组，每组5—6人，由小组选定自己的课题，个别课题为各小组必选课题。每小组需分别承担一个课题，利用1—2课时及课外活动时间进行查询，学校提供网络教室和图书馆。各小组成员在查阅收集资料后，在小组内归纳总结，完成小组的初期论文或成果。利用2课时，由各小组介绍在研究中的心得体会，并展示自己小组的成果，如PPT、Word制成电子板报、幻灯片及小组网页。相关内容还可超链接到相关网站上，各小组对其他小组的成果加以讨论，教师给予适当指点，由各小组讨论整理，形成最终的研究成果，利用2课时答辩，给予评价。最后，各小组成果汇总成资料库，上传到学校网站。

四、研究活动对学生素质的培养

本章的研究活动大概进行了10天，除了教师指导，小组间讨论及答辩用去近5课时外，大量的研究活动在课外进行。10天里，学生中最热闹的话题便是"地心说""日心说""黑洞"等，一些好的科普网站网址也在同学间流传。学生们真正动了起来，成为学习真正的主人，活动中培养了学生的科学素养。

1.培养了学生搜集信息和处理信息的能力

互联网作为本研究活动的重要载体，通过本次活动，提高了学生利用互联网获取知识的能力，同时培养了学生使用Powerpoint、Word及Frontpage等应用软件处理资料的能力。

2.培养了学生的科学精神和思想道德素质

本章中哥白尼、布鲁诺、伽利略、开普勒等科学家追求真理的感人事迹，极大地震撼了学生的心灵。科学家为捍卫真理甚至献身科学的精神深深地感染了学生，这对培养学生实事求是的科学态度，树立正确的人生观和价值观都具有深刻的意义。同时，活动中对互联网的使用为教师进行网络道德培养提供了一次绝佳的机会。教师通过本次活动，教育学生认识到网络是一把双刃剑，鼓励学生将网络变成学习的工具，远离网络赌博等不良行为。

3.培养了爱国主义精神和民族忧患意识

活动中通过对中国航天历史的了解，特别是神舟飞船的成功发射，极大地鼓舞了同学们，加深了同学们对祖国的热爱。同时，通过中国与世界航天事业的比较，唤起了同学们的民族忧患意识。一位同学在论文结尾处发出感慨：何时中国人能第一次乘坐中国的飞船，遨游太空？何时中国人才能实现自己的阿波罗计划？

4.培养了学生的团队精神

本章中介绍的第谷和开普勒的合作，亚当斯、勒维烈和加勒的合作，哈雷和牛顿的合作，都使学生意识到现代科技的发展不是某一名科学家孤军奋战的结果，而是群体合作探索的结果。同样，研究过程中各小组成员之间、各小组之间，既有分工又有合作，整个研究过程充满了合作的氛围，这极大地培养了学生的团队合作精神。

【案例2】 电磁场和电磁波

有了"万有引力定律"一章的试验，在"电磁场和电磁波"的教学中，我们采用了网络探究的研究模式。首先由教师和学生自己组成一个网站设计团队，建立专门的研究性学习网站，然后将全班同学分成6个大组，布置研究任务，如表2。

表2　各小组研究性学习课题

小组	探究课题
第一小组	电磁波的发现史
第二小组	光是电磁波吗
第三小组	脑电波是电磁波吗
第四小组	从电磁波到物质波
第五小组	科学家事迹
第六小组	电磁波的应用和防护

通过网络上的资源，各组进行了大量的研究工作，并将自己小组的成果制作成网页在全班展示，并上传到网站上。

我们发现，学生的研究能力大大超过了我们的想象，许多比较前沿的课题学生都大胆地进行了研究；学生在对待网络的态度上令我们惊讶，网络被他们用来作为科学研究的有力工具。在他们面前，网络并不像有些媒体宣传的那样是洪水猛兽，相反却成为他们的良师益友。更重要的是，通过网络主题探究活动的开展，锻炼了学生各方面的综合能力，这一点是我们没有想到的。

以上是我们在实际教学中进行的一些尝试，实践表明，在高中物理教学中开展渗透式研究性学习活动，可以培养和锻炼学生的综合能力，更能促进学生在专门的研究性学习课程中的学习。随着研究性学习的深入开展，我们希望有更多的教师能意识到在学科教学中进行渗透式研究性学习的重要性，在教学中努力创新，使研究性学习能真正走进我们的课堂！

（原文在2006年安徽省中学物理教学论文评选中荣获一等奖，在中国教育学会物理教学专业委员会2006年年会论文评比中荣获二等奖）

■ 新课程背景下如何发挥市级教研活动的作用

教研员是教育领域一个重要而又特殊的群体，这个群体是联系教育主管部门和学校之间的桥梁，也是联系上级教科研部门和一线教师的桥梁。教研员直接面对一线教师，在课程改革的实施过程中，一方面起到承上启下的作用，另一方面也是课程改革的指导者和推动者。新形势下，教研员应该在继承传统教研机制的基础上，不断创新教研形式，使教研活动能更好地促进课程改革。以下是笔者近几年来的一些尝试。

一、利用市教研室的辐射作用，开展面向全市的调研

长期以来，教师对教研室安排的市级教研活动比较重视，市级教研活动成为教研员提升教师素养和加强专业引领的一个重要平台。如何利用市级的教研活动来促进教师的专业成长，是每个教研员必须考虑的问题。新课程改革以来，教研活动的一个重要作用是帮助教师领会课程改革的理念，鼓励并引领教师投身课程改革，提升自己的专业素养。相对于教师的单打独斗，教研室开展的活动能集中教师的集体智慧，发挥团队的作用。近几年来，我们利用市教研室的辐射作用，开展了面向全市的大型调研活动。如2005—2006

年，为了研究初高中的教学衔接问题，我们在全市范围内进行了初高中教学衔接的研究，分别对教师和学生设置不同的问题进行问卷调查，然后分析了解初高中教学的衔接问题，召开不同的座谈会研究对策。这种调查和研究区别于个别教师的研究，既有利于了解我市整体初中的现状，也给高中学校的物理教学提供了必要的资源，既有利于初中教学关注学生进入高中后的学科发展，也能帮助高中教师了解高中新生的学情，更好地进行高中教学。2006年11月高中进入新课程实验后，我们在全市范围内进行了高中新课程实验的调研，分别设置了面向学生和教师的新课程实验调查问卷，最后汇总形成蚌埠市高中新课程实验调研报告，为新课程实验的顺利进行提供了有力的保证。

二、聚焦课堂教学，促进有效课堂教学的研究

课程改革的重要阵地是课堂教学，长期以来，题海战术、应试教育的模式充斥中学课堂，加大了学生的学习负担，也增大了教师的压力，这样的教育模式无疑是与新课程改革倡导的理念背道而驰的。我们认为，课程改革的一个重要体现是提高课堂教学的质量，近几年来，为了促进广大教师对课堂教学有效性的研究，我们开展了一系列聚焦课堂教学的市级教研活动。如面向全体教师的说课比赛、课堂教学优质课比赛、新课程教学设计比赛等大型的市级教研活动。通过这些活动的开展，使越来越多的教师能关注新课程提倡的理念，关注课堂教学，让更多的一线教师能通过比赛这个平台提升自己的业务素养，同时也使一部分优秀教师脱颖而出，优秀教师的成长，又对新课程的实施起到辐射和促进作用。2006—2010年，安徽省举行的三届优质课比赛中，蚌埠市选拔出的教师均获得省一等奖；2007年蚌埠市教师在全国物理教师创新大赛中获得全国二等奖；2008年蚌埠市教师在华东六省一市物理年会上进行了优秀教学展示；2010年蚌埠市教师在第二届全国名师赛中荣获一等奖。通过这些比赛，使越来越多的教师关注课堂教学，各种比赛的研课和磨课的过程，使更多的参与者在理念和实践上都有提升，而这些优秀教师的成长，也为有效课堂教学的研究提供了坚实的保障。为了延伸这种研究，

每次比赛之后，我们都安排优秀课例的展示观摩活动，还定期安排青年教师与优秀教师的课堂教学同课异构。通过这些活动，倡导教师关注课堂教学，成为有效课堂教学的研究者和实践者。

三、创新教研思路，以市级教研活动带动校本教研

新课程背景下，教研室要更好地发挥市级教研活动的作用，还需要在活动中不断创新教研思路，使教研活动贴近教学、贴近课改一线，教研员要做课程改革的参与者、指导者和实践者。近几年，我们尝试开展了系列的创新教研活动，如开展教研员定点联系学校制度，教研员深入定点学校，通过较长时间的听课、评课、示范课教学、专题讲座、座谈研讨等方式，充分地与一线教师深入交流，了解学校教师和学生的一手资料，了解在课程改革中遇到的一些问题，及时发现并推广好的经验和做法。此外，教研室还通过网络教研带动教研工作的顺利开展，通过教研室网站、教师博客、QQ群等网络交流平台，在教研方式上不断创新，更好地促进课程改革。教研室还利用各级课题的开展带动校本教研，如笔者主持立项了安徽省教育科学研究项目"数字化实验在中学物理教学中的应用与研究"，以此为契机，在全市范围内开展数字化实验的实践研究，吸收广大中学物理教师进入课题组，推广数字化手段在蚌埠市中学物理教学中的运用，并定期进行数字化实验的研究课展示和举行数字化的教学设计大赛。通过本课题的研究，几所学校相继建设了数字化实验室，提升了蚌埠市数字化实验的水平，并带动全市物理教师参与到数字化实验辅助教学的实践中来，全面提升蚌埠市中学物理教学的质量。

四、做好初、高中终结性考试的研究，发挥终结性考试的教学导向作用

实施新课程改革以来，安徽省中考和高考都对本省初、高中的教学起着重要的影响。为了发挥考试对教学的正确导向作用，市教研室从不同的层面开展对中考和高考的研究和分析工作。我们多次邀请省命题研究专家进行专题讲座，帮助教师理解试题的命题意图和考查方向，每年的第一学期我们都

举行当年考试试题的分析报告，对整体试卷进行分析，并由阅卷组的老师对阅卷过程中的问题进行分析；第二学期举行当年考试纲要的分析解读和专题复习课的观摩研讨。通过这些系列活动的开展，一方面使蚌埠市的备考工作更加科学，另一方面很好地促进了教师正确地面对终结性考试，发挥终结性考试对教学的导向作用，避免题海战术的应试教育模式。

新课程背景下，教研员应该利用好市级教研活动这一重要的阵地，不断创新教研思路，做新课程改革的引领者、推进者、参与者和实践者，促进本地新课程改革的深入进行。我们相信，当市级教研活动不断创新之际，新课程改革必将离成功更近。

（原文在2010年安徽省中小学教育教学论文评选中荣获中学物理学科一等奖）

■ 功能关系在力学中的应用

功能关系是高中物理一个重要的关系，它揭示了做功和物体能量之间的定量关系。在物理学中，功是一个过程量，与物体的运动过程（即位移）有关，而能量是一个状态量，与物体的运动位置或状态有关。功能关系的核心是"功是能量转化的量度"。具体地说，功能关系有不同的几种形式，在力学中包括合力做功与动能的关系，重力做功与重力势能的关系，重力之外的力做功与机械能的关系，弹力做功与弹性势能的关系等。如何理解这些功能关系，必须了解它的源头，即为什么会有这样的关系？

一、合力做功与动能的关系——动能定理

动能定理是一个重要的功能关系，其内容是"合力做功等于物体动能的增量"，即 $W_合 = \Delta E_k$，这个定理可以由牛顿第二定律推导得出。

如图1，有一质量为 m 的物体，在恒定的合力 F 作用下沿 F 方向发生一段位移 L，速度由 v_1 增加到 v_2。

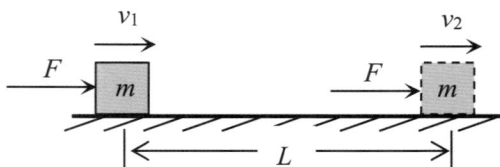

图1

由牛顿第二定律得 $F=ma$，由于 $v_2^2 - v_1^2 = 2aL$，即 $L = \dfrac{v_2^2 - v_1^2}{2a}$，所以 F 对物体做的功 $W = FL = ma \cdot \dfrac{v_2^2 - v_1^2}{2a} = \dfrac{1}{2}mv_2^2 - \dfrac{1}{2}mv_1^2$，即 $W_合 = \Delta E_k$。

即合力在一个过程中对物体做的功等于物体在这个过程中动能的变化。若物体受到变力的作用或做曲线运动时，可以把物体运动过程分割成无数小段，在每一个小段，认为物体受到的是恒力，运动的轨迹是直线，每一小段内动能定理成立，利用累积的方法可以得到在整个过程中动能定理仍然成立。

因此，动能定理的源头是牛顿第二定律，并且比牛顿第二定律使用范围更广。动能定理不仅适用于匀变速直线运动的物体，同样适用于做曲线运动或变力作用的物体。由动能定理这一功能关系，我们又可以推导出其他形式的功能关系。

二、机械能守恒

1.重力做功与重力势能的关系

如图2所示，小球的质量为 m，只在重力作用下从高度为 h_1 的位置下落到高度为 h_2 的位置，重力做功为 $W_G = mg(h_1 - h_2) = mgh_1 - mgh_2 = E_{p1} - E_{p2}$，即 $W_G = -\Delta E_p$，即重力做功等于物体重力势能的减少量。若物体只在重力作用下做曲线运动，根据重力做功与路径无关的特点，上述结论仍成立。

2.机械能守恒定律

根据动能定理，如果只有重力做功，合力做功就是重力做功，即重力做功等于物体动能的增加量。在图2中，$W_G = E_{p1} - E_{p2}$，$\Delta E_k = E_{k2} - E_{k1}$。根据动能定理，有 $E_{p1} - E_{p2} = E_{k2} - E_{k1}$，得到 $E_{p1} + E_{k1} = E_{p2} + E_{k2}$，即小球的机械

能守恒。

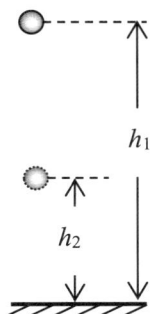

图 2

3.系统内弹力做功与弹性势能的关系

当系统内只有弹力做功时，弹力做功等于系统弹性势能的减少量，上述结论仍成立。

三、机械能不守恒

如果有重力（或系统内弹力）以外的力对物体做功，功能关系又怎样呢？这时合力做的功包括重力做的功和重力（或系统内弹力）之外的力（简称非重力）做的功，即 $W_合 = W_G + W_{非G}$。根据动能定理，$W_合 = \Delta E_k$，故 $W_G + W_{非G} = \Delta E_k$，而 $W_G = -\Delta E_p$，故 $-\Delta E_p + W_{非G} = \Delta E_k$，即 $W_{非G} = \Delta E_k + \Delta E_p = \Delta E_机$。这个式子说明：重力（或系统内弹力）以外的力做功等于机械能的增量，我们可以理解成"机械能不守恒定律"，也可以帮助理解机械能守恒的条件是：只有重力（或系统内弹力）做功。

【例】（2012年安徽高考卷）如图 3 所示，在竖直平面内有一个半径为 R 的圆弧轨道。半径 OA 水平、OB 竖直，一个质量为 m 的小球自 A 正上方 P 点由静止开始自由下落，小球沿轨道到达最高点 B 时恰好对轨道没有压力，已知 $AP=2R$，重力加速度为 g，则小球从 P 到 B 的运动过程中

A.重力做功 $2mgR$

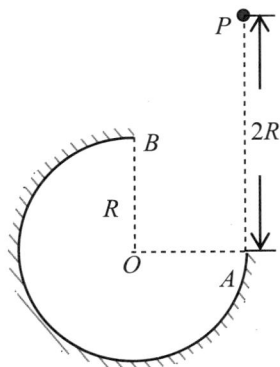

图 3

B.机械能减少 mgR

C.合外力做功 mgR

D.克服摩擦力做功 $\dfrac{1}{2}mgR$

【分析】小球从 P 到 B 的运动过程中，重力做功 $W_G = mgR$，故 A 错。根据动能定理，合外力做功等于动能的增量，即 $W = \dfrac{1}{2}mv_B^2$，根据小球沿轨道到达最高点 B 时恰好对轨道没有压力，由牛顿第二定律：$mg = m\dfrac{v_B^2}{R}$，故 $W = \dfrac{1}{2}mv_B^2 = \dfrac{1}{2}mgR$，故 C 错。该过程中只有重力和摩擦力做功，由动能定理：$W_G + W_f = \dfrac{1}{2}mgR$，则 $W_f = \dfrac{1}{2}mgR - W_G = -\dfrac{1}{2}mgR$，摩擦力是重力之外的力，它做的功等于机械能的增加量，摩擦力做负功，说明机械能的增加量为负值，故机械能减少量为 $\dfrac{1}{2}mgR$，故 B 错。摩擦力做负功，也可以说是物体克服摩擦力做了 $\dfrac{1}{2}mgR$ 的功，故 D 正确。

综上所述，在力学中，重力做功、非重力做功、合力做功都与一种形式的能的变化相对应；同样，在电学中也存在功能关系，如电场力做功和电势能的关系，其关系如表1所示。希望同学们也能追根溯源，理解这些关系的来龙去脉。

表1　各种力做功的功能关系

功	对应的能量变化	功能关系式
重力做功	重力势能的减少量	$W_G = -\Delta E_p = -mg(h_2 - h_1)$
合力做功	动能的增加量	$W_合 = \Delta E_k = \dfrac{1}{2}mv_2^2 - \dfrac{1}{2}mv_1^2$
非重力做功	机械能的增加量	$W_{非G} = \Delta E_机 = \left(\dfrac{1}{2}mv_2^2 + mgh_2\right) - \left(\dfrac{1}{2}mv_1^2 + mgh_1\right)$
电场力做功	电势能的减少量	$W_电 = -\Delta E = -q(\varphi_2 - \varphi_1)$

（原文发表于《青苹果》2015 年第 12 期）

■ 核心素养背景下中学物理教学行为的传承与变革

2017 年，《普通高中物理课程标准（2017 年版）》颁布，正式提出物理学科核心素养的理念。相比以往的三维课程目标，核心素养理念的提出体现了我国物理学科教育目标的发展，实现了从以知识和技能为本位的教育向以能力和素养为本位的教育的转变，培养目标从重物理知识到重物理观念、重解题能力到重解决问题能力的转变。此外，新课标还明确提出了学业质量标准，为学业水平等级考试和高考提供了重要依据。在核心素养的背景下，物理教学和评价必将发生重要的变化。

一、物理学科核心素养的结构

学科核心素养是在中国学生发展核心素养的基础上提出的，是物理学科育人价值的集中体现，是学生通过物理学科的学习而逐步形成的正确价值观念、必备品格和关键能力。如图 1 所示，物理学科的核心素养包括"物理观念""科学思维""科学探究""科学态度与责任"四个方面。

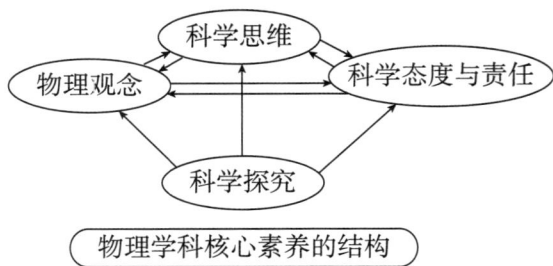

物理学科核心素养的结构

图1

1. 物理观念

"物理观念"包括物质观、运动与相互作用、能量观及时空观等，相比较以往的知识与技能目标，物理观念是物理概念和规律等的提炼与升华，是从物理学视角解释自然现象和解决实际问题的基础。

2. 科学思维

"科学思维"主要包括模型建构、科学推理、科学论证、质疑创新等要素，是从物理学视角对客观事物的本质属性、内在规律及相互关系的认识方式，是基于建构物理模型的抽象概括过程，是分析综合、推理论证等方法在科学领域的具体运用，是基于事实证据和科学推理对不同观点和结论的质疑和批判，并进行检验和验证，进而提出创造性见解的能力与品格。

3. 科学探究

"科学探究"主要包括问题、证据、解释、交流等要素，是指基于观察和实验提出物理问题、形成猜想和假设、设计实验与制订方案、获取和处理信息、基于证据得出结论并作出解释，以及对科学探究过程和结果进行交流、评估、反思的能力。

4. 科学态度与责任

"科学态度与责任"主要包括科学本质、科学态度、社会责任等要素，是指在认识科学本质，认识科学·技术·社会·环境关系的基础上，逐渐形成的探索自然的内在动力，严谨认真、实事求是和持之以恒的科学态度，以及遵守道德规范，保护环境并推动可持续发展的责任感。

物理学科的核心素养是学生在接受物理教育过程中逐步形成的适应个人

终身发展和社会发展需要的必备品格和关键能力，是学生通过物理学习内化的带有物理学科特性的品质，是学生科学素养的重要构成。

二、核心素养背景下物理教学的变化

1. 重视物理观念的建构过程

建构主义理论认为，学习应该是一个积极主动的建构过程，教师的教学要为学生创设良好的学习环境，设置适当的问题情境，引起学生的认知冲突，激发学生的积极思维。教师的教学活动是教师通过创设良好的学习情境，引导学生完成知识的意义建构过程，教学的核心是促进学生积极主动地思维。例如人教版新教材中，每一节均以一个探究问题开始，教师在这个问题的基础上不断创设情境，让学生经历探究的过程，从而完成知识的建构，形成物理观念。如图2为"运动的合成与分解"一节前的问题，该问题的设置会引起学生探究的兴趣，继而在教师的引领下进行探究，最终形成较完整的运动观念。

② 运动的合成与分解

问题？
若人在河中始终保持头朝正前方游向对岸，你认为他会在对岸的正前方到达，还是会偏向上游或下游？为什么？

图2

2. 强调基于真实情境的教学

在物理教学中，应该强调情境的重要性，这是因为物理观念的形成需要真实情境作为载体，而学生是否具有物理观念，更体现在能否运用物理观念来解决真实的问题。例如科学思维素养中的模型建构，源于对真实情境进行抽象和分析，而模型的应用更需要对真实情境进行转化。再如，科学态度与责任也体现在对待真实情境的处理上。黄恕伯老师从教学环节、活动方式、呈现形式、认知行为、教学目的、情境信息、实施场所等方面总结出基于真实情境的教学应该关注的要素，如图3所示。

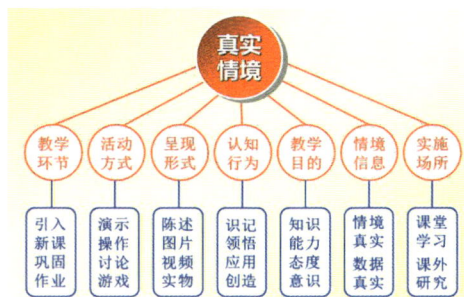

真实情境

教学环节	活动方式	呈现形式	认知行为	教学目的	情境信息	实施场所
引入新课巩固作业	演示操作讨论游戏	陈述图片视频实物	识记领悟应用创造	知识能力态度意识	情境真实数据真实	课堂学习课外研究

图3

值得关注的是，在人教版高中新教材中，专门增加了新情境下的探究内容，如每一册教材的最后都会附有研究样例，这些样例都是在新情境下的科学探究案例：必修一为"球形物体空气阻力大小与速率关系的研究"，必修二为"关于甩手动作的物理原理研究"和"掷标枪动作的物理原理研究"，必修三为"充电宝不同电量时的电动势和内阻研究"，选择性必修一为"单摆周期与重力加速度定量关系的实验研究"和"弹簧振子运动周期的实验研究"，选择性必修二为"半导体薄膜压力传感器特性的实验研究"和"热敏电阻特性的实验研究"，选择性必修三为"燃气灶火力对烧水效率的影响"和"家用燃气热水器不同加热温度时的热效率研究"。显然，教材安排如此丰富的新情境下的探究案例，就是要强调当我们的教学结束时，学生是否真正形成能力，就是要看学生能不能在一个新情境下，独立地完成观念形成之后的真实的探究，只有这样，我们的教学才是成功的，学生的素养培养目标才得以达成。

3.倡导以深度学习为特征的教学

北京师范大学郭华教授认为："深度学习是在教师引领下，学生围绕具有挑战性的学习主题，全身心积极参与、体验成功、获得发展的有意义的学习过程，并具有批判理解、有机整合、建构反思与迁移应用的特征。"在核心素养背景下，深度学习无疑成为最能培养核心素养的学习方式和教学方式之一。郭华教授还提出，要在课堂教学中实现深度学习，必须实现经验和知识的相互转化，使学习内容和已有的经验建立关联，形成知识结构；要让学生在主题活动中成为真正的教学主体，通过教师的引领和帮助，让学生主动去经历知识的发现过程，实现物理观念的主动建构。

在物理教学中，深度学习是指在教师引领下，围绕具有挑战性的物理学习主题，全身心积极参与、体验成功、获得发展的有意义学习过程。如初中物理对于"换向器作用"的探究，就是在学习电动机之后开展的深度学习，学生通过探究进一步了解电动机之所以能持续转动的奥秘，实现物理知识的教育价值和育人价值。因此，深度学习的目标是指向学生，指向物理学科本质，指向"高级"思维能力。

4.加强基于核心素养的大单元教学

在传统的教学中，教学是以课时作为授课的单元，尤其是在应试教育的背景下，教学最关注的是知识点的教学，教学的任务要达到学生能正确求解有关这个知识点的试题为止。在知识点的教学过程中，很少有单元教学的思想，知识点之间是割裂的，学生很难理解各知识点间的内在联系，难以形成结构化的知识体系。

很多老师疑惑，为什么要提出大单元教学理念呢？这是由核心素养背景下的育人目标决定的，我们需要培养的是能够解决实际问题的学生，而不是只会解题的学生。在真实情境中遇到的问题都不是一个单学科、单知识点的问题，要解决这样的问题，就必须采用大单元的教学。虽然教材仍是按照知识的逻辑进行编排，但教师在教学时一定要有单元教学的理念。对于物理学科来说，应该遵循知识原有的逻辑顺序设计教学，但对每一个知识的教学必须将这个知识置于大单元的理念下。比如在讲重力势能时，可以渗透势能的产生都是因为系统内的作用力；在讲动能定理时，要将其作为功能关系的一种；在讲机械能守恒和动量守恒时，要启发学生思考各种守恒的条件和不同表现。教学单元设计不是知识点的简单传授和学生的技能训练，它蕴含着核心素养的培养素材，教师要主动为学生的物理探究能力培养搭建平台，使教学过程成为学生核心素养的培育过程。因此，当前教师要实现从基于知识点的课时设计向基于核心素养培育的单元设计的转变，努力提升自己基于核心素养进行单元教学设计的能力。

需要注意的是，以课时为单位的教学容易导致知识碎片化的问题，而单元教学也必须以课时单位进行教学，解决知识碎片化的关键在于要揭示教学内容之间的关系，从而实现知识的结构化，这就要求教师必须能够看到具体知识背后的大概念，进而围绕大概念组织大单元的教学，要基于教材的整体而设计，要以某个主题为核心，形成结构化的教学单元。

安徽省自2021年开始连续举行安徽省高中新课程新教材优质课评选暨优秀课例汇集活动，这次活动的目的就是促进全省广大普通高中教师深入开展单元（主题）教学研究和实践探索，引领新课程新教材教学改革方向。

5.更加重视实验对学科核心素养培养的巨大作用

物理是一门以实验为主的学科，在物理教学中，我们倡导用真实的实验来揭示物理规律、形成物理观念，教师在教学中利用真实实验进行教学，可以帮助学生形成正确的物理观念。近年来，教育部及安徽省教育厅都会举行教师自制教具大赛和实验说课大赛活动，其目的就是希望倡导一种利用真实实验来促进核心素养达成的教学理念，鼓励教师通过自制实验教具来完成学科核心素养的培养目标。

6.重视信息技术与物理学科教学的深度融合

当前，信息技术已全方位进入教学领域，并与学科教学融合，作为物理教师必须投身其中，寻找信息技术融合教学的方式和手段，实现核心素养背景下的深度融合。例如，利用数字化技术可以使物理实验现象更加明显、实验数据更加精准，可以帮助学生更好地发现比较隐藏的物理规律，更好地形成物理观念。如在进行机械波的教学时，可以利用摄像机将波的过程拍摄下来，然后利用视频编辑技术，通过慢放、回放等功能，帮助学生理解在机械波传播过程中，质点的振动有什么规律，质点运动与波的传播有什么关联，从而更好地完成物理观念和科学探究、科学思维的培养，如图4所示。

图4

在当前智慧教学模式下，物理学科教学又进入了一个新的融合阶段。例如以前进行物理实验教学时，分组实验往往是许多人做实验，但数据只能分析几个典型小组的，即抽样分析得出普遍结论。在智慧教学模式下，我们可以将所有学生的数据进行整合，形成实验大数据，利用计算机技术对大数据进行分析和处理，就可以形成基于所有样本的规律。对于物理学中难以演示的规律和过程，信息技术可以实现一种模拟，比如利用仿真软件可以

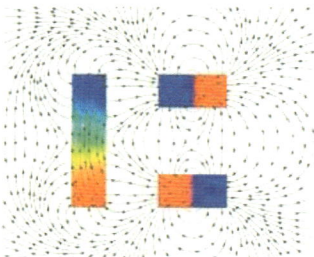

图5

实现对磁感线的模拟，如图5所示。此外，信息技术的发展还为分层教学和精准评价提供了有力支持。

总之，在核心素养背景下，物理教学的形式和本质正发生着转变，物理教学除了继承以往好的做法和实践，还需在核心素养的理念下创新和变革教学方式和教学行为，使学科核心素养得以达成，实现学生能力和素养的提升。

（本文系2021年安徽省第十三批特级教师评审时撰写的《物理学科前沿动态综述报告》）

■ 让研究成为一种生活
——以课题研究为例

教师的教育教学生活通常有两种：一种是显性的教学生活，一种是隐性的研究生活，如图1。教学生活包括备课、上课、作业批阅、测试、阅卷等，研究生活包括教学反思、写论文、做课题等。与这两种生活相对应的，是教师的两种能力：一种是教学能力，一种是研究能力。教师的教学能力通常是显性的，而研究能力则是隐性的。如果我们采用物理中漂浮的冰块模型来描述这两种能力，教师的教学能力是能看见的露在水面上方的冰块，而隐于冰下的则是教师的研究能力。教师的研究能力是支持教师教学能力的力量来源。

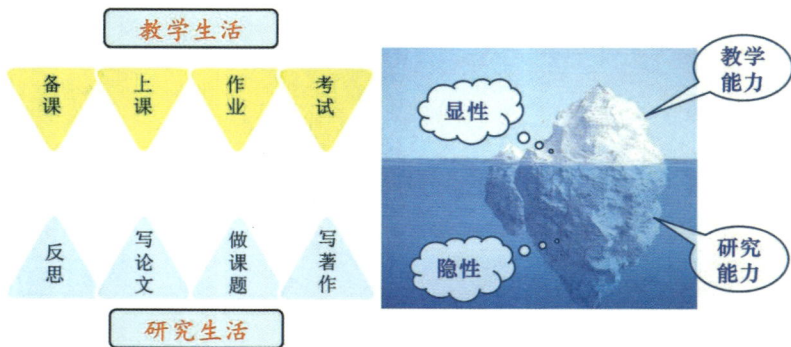

图1

一名教师的研究之路一定是从教学实践开始，在不断实践中形成自己的教学经验，再将这些经验提炼成文本，通过论文写作、课题研究或专著撰写等，不断凝练成自己的教学主张或教学思想，最后反哺实践，服务教学，如图2所示。

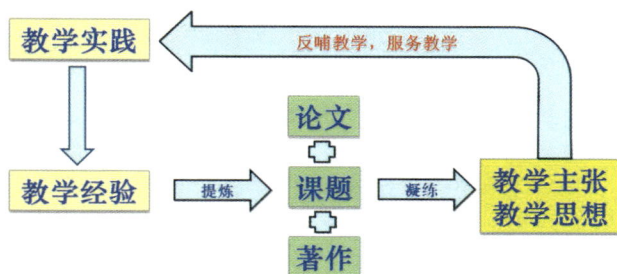

图2　教师的研究之路

同样，对于一所学校来说，管理工作也分为两种：一种是显性的教育教学管理，另一种是隐性的教育科研管理。前者包括教学管理、教案管理、作业管理、考试管理、成绩分析、班主任管理、学生管理等，后者包括教研活动管理、论文管理、课题管理和课程管理等。显然，前者重点在学校的显性表现，后者则关注学校在教科研方面的活动开展情况，无疑后者也是提升学校办学水平和学校内涵的重要支撑。

一、课题研究的相关概念

1.课题（项目）

在《大辞海》中，"课题"是指：①考试的题目。《二十年目睹之怪现状》第十五回："前年冬季，上海格致书院的课题是这里方伯出的。"②研究或讨论的主要问题。本文中的"课题"或"项目"，指的就是研究或讨论的主要问题或亟待解决的重大事项。

2.教育课题

教育课题或者教育科学研究项目是指在教育和教学活动中需要讨论的主要问题或亟待解决的重大事项。

3.研究

在《大辞海》中,"研究"是指"钻研、探求"。《世说新语·文学四》:"殷仲堪精核玄论,人谓莫不研究。"谢庄《奏改定刑狱》:"督邮贱吏,非能异于官长,有案验之名,而无研究之实。"今谓"研究",即用科学方法探求事物的本质和规律。

4.教育课题研究

我们通常说的教育课题研究、研究课题、做课题、做项目都是运用科学的研究方法去探索教育的客观规律的过程,是通过研究来认识教育规律、提高教育教学质量的过程,是提升教师专业能力的过程。课题研究一般源于教学行为,可以从校级课题开始,逐步到市级、省级和国家级课题,课题研究的成果还可以参加各级基础教育成果奖的申报。课题研究的进阶如图3所示。

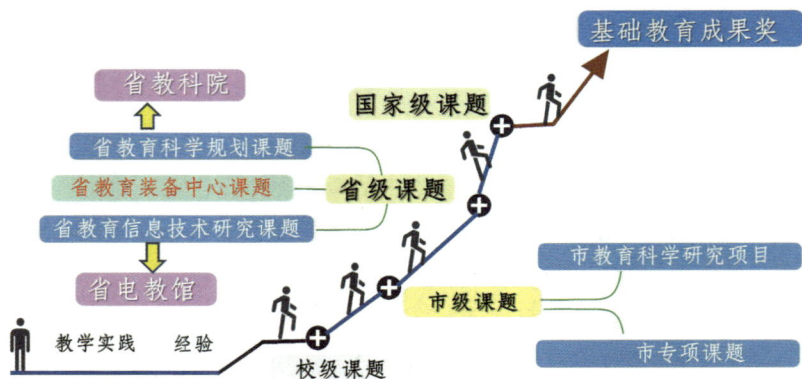

图3 课题研究的进阶

二、教师为什么要做研究

1.教师专业标准的要求

教育教学研究能力是教师专业标准的要求。2012年9月,为构建教师专业标准体系,建设高素质专业化教师队伍,教育部研究制定了《中学教师专业标准(试行)》,其中在"基本理念"和"基本内容"中对教师的研究能力做了如下要求:

一、基本理念 （三）能力为重	把学科知识、教育理论与教育实践有机结合,突出教书育人实践能力;研究中学生,遵循中学生成长规律,提升教育教学专业化水平;坚持实践、反思、再实践、再反思,不断提高专业能力
二、基本内容 "专业能力"维度 （十四）反思与发展 领域	主动收集分析相关信息,不断进行反思,改进教育教学工作;针对教育教学工作中的现实需要与问题,进行探索和研究

2021 年 4 月，教育部印发了《中学教育专业师范生教师职业能力标准（试行）》《小学教育专业师范生教师职业能力标准（试行）》《学前教育专业师范生教师职业能力标准（试行）》《中等职业教育专业师范生教师职业能力标准（试行）》《特殊教育专业师范生教师职业能力标准（试行）》等 5 个文件，其中在《中学教育专业师范生教师职业能力标准（试行）》中对师范生的研究能力做了如下要求：

四、自主发展能力 4.1 注重专业成长 4.1.3【学会研究】	初步掌握学科研究与教育科学研究的基本方法,能用以分析、研究教育教学实践问题,并尝试提出解决问题的思路与方法,具有撰写教育教学研究论文的基本能力

2.教师专业发展的必经之路

课题研究是中学教师职业发展的关键驱动力，它在职称评审中扮演着重要角色，是衡量教师专业能力和学术成就的重要标准。不管是职称晋升还是特级教师、骨干教师、学科带头人的评审，课题研究都是重要的考核内容。

如在《安徽省中小学教师专业技术资格条件》中，对申报"一级教师"的"教研科研条件"有如下要求：

任现职以来，具备下列条件中的一条：

1.高中教师在市级以上公开发行的学术刊物上发表本学科教育教学论文 1 篇以上，或获教育部门组织的论文评选市级一等奖 1 篇以上；初中和小学教师在市级以上公开发行的学术刊物上发表本学科教育教学论文 1 篇以上，或获教育部门组织的论文评选市级二等奖 1 篇以上。乡村教师不作获奖和公开发表论文要求，须提交从事教育教学、关爱留守儿童、班级管理等方面的心得体会或经验总结1篇以上。

2.在公开出版的学术合著中参与撰写2万字以上。

3.参加县级以上教育部门组织的课程资源开发、新课程实验等活动，成果在县以上范围内推广使用或公开出版。

4.参与并完成市级以上教育科学（含规划课题）、电化教育研究、课程改革实验、教师培训研究等课题1项（乡村教师县级以上），有相关个人成果。

由以上条件可以看到，参与并完成1项市级课题即满足教科研条件，与发表1篇市级论文或公开出版学术合著是等同的，可见课题研究的重要地位。

又如在安徽省中小学教师专业技术资格条件（高级教师）中，对教科研的要求如下：

任现职以来，具备下列条件中的一条：

1.高中教师在省级以上公开发行的学术刊物上发表本学科教育教学论文1篇以上，或获教育部门组织的教科研论文评选省级三等奖2篇以上；初中和小学教师在省级以上公开发行的学术刊物上发表本学科教育教学论文1篇以上，或在市级以上公开发行的学术刊物上发表本学科教育教学论文2篇以上，或获教育部门组织的教科研论文评选市级二等奖2篇以上。

2.公开出版教育教学专著（合著中本人撰写的不少于4万字）1部以上。

3.参加经省级以上中小学教材审定委员会审定通过，并列入中小学用书目录的国家课程教材、省级地方教材编写1次以上；或参加市级以上教育部门组织的课程资源开发、新课程实验等活动，成果在市级以上范围内推广使用或公开出版（乡村教师县级以上）。

4.主持并完成市级以上教育科学（含规划课题）、电化教育研究、课程改革实验、教师培训研究等课题1项（乡村教师县级以上）。

5.参加国家教育考试命题工作1次以上。

以上5条中，第4条要求主持并完成1项市级课题，而市级（以蚌埠市为例）课题的结题标准是（三选一）：

1.正式出版（如著作）的相关专著不少于5万字。（课题汇编资料不算）

2.公开出版的学术刊物上发表相关论文不少于1篇。（须课题负责人为第一署名作者）

3.省市级教科研论文获奖不少于2篇。（至少1篇为省级二等奖或市级一等奖，且课题负责人为第一署名作者）

比较来看，开展1项市级课题的研究，对结题论文的要求比与单纯通过论文满足教科研的条件要低，这体现了教育主管部门对主持课题研究的充分重视。同样，在正高级教师和特级教师评审条件中，主持课题研究的经历都是重要的评审条件之一。

课题研究能在职称评定上给教师提供必要的参评条件，更主要的是，通过课题研究，教师能够不断更新知识体系，提高教学能力，发展批判性思维和创新能力。这些研究成果还能直接影响课堂教学行为，提升教学方法的科学性和有效性，成为教师职业发展的重要推动力。

2.提升学校办学质量和办学品质的智力支撑

课题研究能为学校提升教学质量提供智力支撑，促进教师深入分析教学现状，发现并解决问题；开展课题研究能促进教师专业成长，推动教学方法和手段的创新。研究的成果能指导教学实践，也能为制定教育政策提供科学依据，成为提升教学质量的智力支撑。

课题研究在提升学校办学品质中扮演着关键角色。通过课题研究，学校能够深入了解教学过程中存在的问题，探索有效的教学策略，促进课程内容与教学方法的创新。课题研究的过程能促进教师在探索教育教学前沿问题的同时，反思和优化自身的教学策略，提高教师的专业能力，课题研究的成果更能增强学生的学习兴趣和成效，引导学生获得更优质的学习体验，从而提升学习的质量，提升学校的办学品质。学校应该根据自身的发展，鼓励教师开展课题研究，形成一批围绕学校办学理念进行研究的"课题群"，将办学理念通过课题研究落实到每个教研组，逐渐凝练成具有学校自身特色的教科研生态系统。

2023年，东北师大附中有70位同学考入北京大学、清华大学，其中考入北京大学38人、清华大学32人。在东北师大附中优异的成绩背后，我们看到了东北师大附中在课题研究上取得的丰硕成果。2023年，东北师大附中共有24项国家级和省级科研课题获得立项，这些课题覆盖各个学科，既有学科类的课题研究，也有班主任德育方面的课题研究。这些课题聚焦教育前沿领域，关注"跨学科""双减""大单元""思政课程""五育并举"等教育热点，充分说明了课题研究对提升学校教学质量的巨大作用。立项教科研课题见表1。

表1 2023年东北师大附中立项课题名单

序号	课题名称	课题类型
1	显化科学本质的高中科学教学模式建构与实践研究	2023年度全国教育科学规划课题
2	基于HPS理念的物理学科核心素养教学研究	2023年度吉林省社会科学基金项目
3	中学教师绿色低碳发展理念教育素养研究	
4	关于促进人的全面发展和建设创新型省份的研究	吉林省教育科学规划教育强省专项重大课题
5	中华优秀传统文化数字资源的开发与应用研究	吉林省教育科学"十四五"规划2023年度教育数字化专项课题
6	基于情境的五育融合实践研究	吉林省教育科学"十四五"规划2023年度重点课题
7	高中物理科学本质教学的模型建构与优化路径研究	
8	新课程标准下语文课堂教学实效性研究	吉林省教育科学"十四五"规划2023年度一般课题
9	"双减"背景下"二维三级四类"中学心理健康教育课程体系研究	
10	高中化学核心素养视域下大单元教学模式研究	

序号	课题名称	课题类型
11	借助线上工具开发信息学奥赛培训课程的研究	
12	高中英语写作教学的行动研究	
13	思想政治大单元教学提升唯物主义教学实效性研究	
14	基于课程思政的高中地理教学设计实践研究	
15	初中化学跨学科实践活动课程的设计与实施研究	
16	"双减"背景下小学语文"1+X"作业设计策略研究	
17	"素养为本"的化学学科校本教研的研究与实践	
18	初中英语教学微课结合跨学科与综合实践的设计与应用研究	吉林省教育科学"十四五"规划2023年度一般课题
19	时事政治在初中道德与法治课堂中的应用研究	
20	班主任视域下家庭、学校、社会协同育人实践研究	
21	基于化学学科理解的化学聚集思想内涵及其素养功能研究	
22	基于生物学科理解的中学生稳态与平衡学习进阶研究	
23	新时代普通高中拔尖创新人才培养模式研究	
24	中国生物学史的高中生物学课程思政路径和案例研究	

三、如何选题

对于教师来说，做课题研究的第一步是选题，选好题目决定着接下来要研究什么，题目在立项之后不能更改，因此选好题是做课题研究的关键。要选择一个好的课题名称，教师最好选择研究自己熟悉和能把握的内容；选择的课题立意要高，切口要小，落脚点要低，便于开展研究；题目力求做到热中求冷、同中求异；对一线教师建议以学科课题和实践研究为主，避免热门、规模大的课题。

教育课题主要包括学科类、综合类和管理类三大类型。其中学科类课题包括中小学、学前教育、特殊教育、中等职业教育的各学科课程研究及教学研究；综合类课题包括跨学科、跨领域或多学科整合等；管理类课题包括课程与教学管理、学校管理、校本教研、教育教学评价、综合素质评价、教师评价、班主任工作等。建议学科教师选择学科类的课题进行研究，如果是班主任或学校管理者可以选择第二、三类课题。如何才能选好题呢？以下以学科类课题的选择为例。

1. 从教学（育）现场发现问题，形成课题

20世纪70年代，英国课程论专家劳伦斯·斯滕豪斯提出"教师成为研究者"的概念，指出教师作为研究者，是教室的负责人，是教学现场有效的实际观察者。教师要用研究者的方法和思维进行教室内的课程行动研究，而从实验主义者的角度来看，教室正好是检验教育理论的理想实验室。

课题研究的目的之一是解决教育教学中存在的各种具体问题，而教师天天置身于教育和教学现场，最能发现问题，教师要善于将现场发现的问题提炼成要研究的课题。

比如关于"课堂话语"的研究，华东师范大学肖思汉研究了中国课堂上的"回音"话语，他对常使用降调语言、升调语言、结论性语句等多种语言情景作出分析，最后得出：模糊而留有余地的语气是科学论证话语的显著特点。"回音"的功能：一是重构学生和知识之间的关系，让学生对某个知识的表述更准确、更学科化，或者对当下关键的观点拥有所有权；二是重构学生和学生之间的关系，赋予他们社会角色，制造观点上的同盟或对立。"回音"本身就蕴含了两个声音：原本的声音，以及回响的声音。回音的过程反映了两种声音之间的关系，是教师通过语言建构教学的过程。因此，教师可以在自己的课堂中探究这种课堂话语体系，将此作为研究的课题。

以下为2021、2022年安徽省教育科学研究项目中来自教育教学现场的课题。

男性青少年阳刚品质的培养研究——以马鞍山市中小学生为例
小学入学适应期教育的行动研究
安徽省学生心理健康监测、预警及学校预防性服务干预示范研究
中职生心理抑郁和焦虑的音乐治疗实践研究

| 中小学生智慧课堂接受度及其影响因素研究 |
| 指向逻辑思维生长的初中数学"图形与几何"教学实践研究 |

2.从国家层面出台的政策文件中发现课题

（1）立德树人、五育并举。党的二十大报告指出：我们要办好人民满意的教育，全面贯彻党的教育方针，落实立德树人根本任务，培养德智体美劳全面发展的社会主义建设者和接班人，加快建设高质量教育体系，发展素质教育，促进教育公平。

以下为2022年安徽省教育科学研究项目中关于立德树人、五育并举的课题。

| 中小学"美育熏陶行动"校园一体化推进的实践研究 |
| "五育"并举下幼儿园自然教育课程构建的实践研究 |
| 传统节日的"五育"价值及其实现路径研究 |
| 新时代高中"五育并举"管理体系的建构与实践 |
| 田园种植"145"模式为劳动育人提质增效的研究 |
| 小学低年级段"五育"过程性评价实施方式的实践研究 |

（2）课程思政。2016年12月7日至8日，全国高校思想政治工作会议在北京举行，习近平总书记发表重要讲话，强调思想政治工作"要用好课堂教学这个主渠道，提升思想政治教育亲和力和针对性，满足学生成长发展需求和期待，其他各门课都要"守好一段渠、种好责任田"，使各类课程与思想政治理论课同向同行，形成协同效应"。2018年9月10日，习近平总书记在全国教育大会上强调："要努力构建德智体美劳全面培养的教育体系，形成更高水平的人才培养体系。要把立德树人融入思想道德教育、文化知识教育、社会实践教育各环节，贯穿基础教育、职业教育、高等教育各领域，学科体系、教学体系、教材体系、管理体系要围绕这个目标来设计，教师要围绕这个目标来教，学生要围绕这个目标来学。"2019年3月18日，习近平总书记主持召开学校思想政治理论课教师座谈会并发表重要讲话，他强调，"办好思想政治理论课，最根本的是要全面贯彻党的教育方针，解决好培养什么人、怎样培养人、为谁培养人这个根本问题。"2022年7月25日，教育部等十部门关于印发《全面推进"大思政课"建设的工作方案》的通知，通

知要求全面推进"大思政课"的建设。

作为一线教师，应主动开展课程思政教育的研究，探索在学科教学中融入思政元素的策略和路径，这是课题研究非常好的素材。其实，思政教育无处不在，它融入了我们生活的方方面面。足球解说员贺炜曾在世界杯决赛中这样解说：生活可能不像你想象的那么好，但是，也不会像你想象的那么糟，人的脆弱和坚强，都超乎了自己的想象，有时候可能脆弱的一句话就会泪流满面，有时候，你发现自己咬着牙已经走了很长的路，人生当中成功只是一时的，失败却是主旋律，但是如何面对失败却把人分成了不同的样子，有的人会被失败击垮，有的人能够不断地爬起来继续向前，真正的成熟并不是追求完美而是直面自己的缺陷，这才是生活的本质。显然，在一场足球赛的解说中，解说员融入了思政教育，让观众在一场足球赛中感受到了人生，这就是思政的力量。

以下为2022、2023年安徽省教育科学研究项目中关于课程思政的课题。

幼儿园开展思政启蒙教育活动研究
主题链·议题场：大思政格局下初中思政课教学的实践研究
人工智能在高中思政教育中的应用研究
"课程思政"视域下的高中英语教学实践的研究
初级中学体育与健康课程思政资源库建设研究
大中小学思想政治教育一体化视域下的课程思政实践研究
课程思政下的高中语文革命传统校本课程开发与实践
课程思政视域下中职学校主题班会序列化的实践研究
义务教育阶段体育与健康课程思政实施路径研究

（3）"双减"。2021年7月，中共中央办公厅、国务院办公厅印发了《关于进一步减轻义务教育阶段学生作业负担和校外培训负担的意见》，并发出通知，要求各地区各部门结合实际认真贯彻落实。这一政策的实施有助于改善学生的学习环境和生活条件，促进教育公平，提高人民群众的获得感和幸福感。作为教师，应该主动研究如何在"双减"背景下减负提质。

以下为2022、2023年安徽省教育科学研究项目中关于"双减"的课题。

"双减"背景下智慧化STEAM项目赋能课后服务的实践研究
"双减"背景下城市中学提供家庭心理健康教育指导服务研究

"双减"背景下"一核二纵三横"作业管理机制的校本研究
"双减"背景下信息技术赋能的高中语文作业设计与实践研究
"减负提质"视角下小学数学"三环七步"教学方式的实践研究
"双减"背景下高质量小学数学练习课构建策略研究
寻"法"探"度"："双减"背景下小学语文创意表达教学的实践研究
"双减"背景下小学智慧课堂高效作业设计与反馈研究

（4）劳动教育。2020年3月26日，中共中央、国务院发布《关于全面加强新时代大中小学劳动教育的意见》；2020年7月15日，教育部印发的《大中小学劳动教育指导纲要（试行）》指出：劳动教育要纳入人才培养全过程，丰富、拓展劳动教育实施途径。要在学科专业中有机渗透劳动教育。如中小学道德与法治（思想政治）、语文、历史、艺术等学科要有重点地纳入劳动创造人本身、劳动创造历史、劳动创造世界、劳动不分贵贱等马克思主义劳动观，纳入歌颂劳模、歌颂普通劳动者的选文选材，纳入阐释勤劳、节俭、艰苦奋斗等中华民族优良传统的内容，加强对学生辛勤劳动、诚实劳动、合法劳动等方面的教育。数学、科学、地理、技术、体育与健康等学科要注重培养学生劳动的科学态度、规范意识、效率观念和创新精神。

以下为2022、2023年安徽省教育科学研究项目中关于劳动教育的课题。

小学劳动教育家校协同研究
普通高中通用技术学科深度融合劳动教育的实践研究
田园种植"145"模式为劳动育人提质增效的研究
核心素养下小学生日常生活类劳动教育的实践研究
初中语文教学融入劳动教育的实践研究
五育融合视域下中小学思想政治教育与劳动教育协同育人的机制与路径研究
跨学科主题学习视域下数学教学有机融入劳动教育内容的区域实践研究
小学语文教学中劳动教育资源开发与应用研究
在劳动教育中推动学生心理健康发展的探究
"传统·习俗·特色"小学中高年级劳动教育的实践与评价

（5）新课程、新教材、新高考改革（三新）。2014年3月，教育部颁布《关于全面深化课程改革落实立德树人根本任务的意见》；2014年9月，国务院《关于深化考试招生制度改革的实施意见》颁布；2019年6月，国务院办公厅《关于新时代推进普通高中育人方式改革的指导意见》颁布；2020年

10月，中共中央、国务院印发《深化新时代教育评价改革总体方案》。教师处在"三新"改革的第一现场，对新课程、新教材、新高考进行深入研究，能够为政策制定提供科学依据，也能促进改革蓝图落实到学科教学中。

以下为2022、2023年安徽省教育科学研究项目中关于"三新"的课题。

"双新"背景下深度推进普通高中校本课程建设的区域性实践研究
"三新"背景下高中语文大单元教学实践研究
"三新"背景下普通高中历史学科作业设计研究
新高考背景下普通高中数学文理同卷的教学问题与对策研究
"三新"背景下高中数学阅读与写作课程实施研究
"三新"背景下全学科阅读教学对学生核心素养的提升研究
"三新"背景下开展高中数学建模活动的实践研究

（6）新课程标准与核心素养。2016年9月，我国正式发布中国学生发展核心素养，2017年颁布普通高中课程方案及各学科课程标准，2022年颁布义务教育课程方案和各学科课程标准。新课标提出核心素养的培养目标，也为课题研究提供了丰富的素材。

以下为2023年安徽省教育科学研究项目中关于新课程标准与核心素养的课题。

新课标背景下初中物理与化学跨学科融合的实践研究
新课标视域下的初中地理跨学科教学案例研究
新课标理念下中小学戏曲美育联动范式探究
基于新课标用漫画辅助初中生化学学习的项目研究
核心素养导向下初中数学整体教学的行动研究
基于学科核心素养的高中信息技术分层作业设计与实践研究
指向核心素养发展的初中英语项目式教学实践与探究
基于核心素养的小学语文跨学科学习活动设计与实施

3.从当前教育教学的热点话题中发现课题

（1）深度学习。深度学习是指在教师引领下，学生围绕具有挑战性的学习主题，全身心积极参与、体验成功、获得发展的有意义的学习过程。与浅层学习不同的是，深度学习者是以高阶思维的发展和实际问题的解决为目标，形成结构化的知识体系，并将已有的知识迁移到新的情境中。深度学习的目的是提升学生的素养，旨在培养学生在生活中解决问题的能力。各个学科的教学都可以采用深度学习的方法，教师做这样的研究既是一种学习更是一种实践。

以下为2023年安徽省教育科学研究项目中关于深度学习的课题。

运用学习任务群撬动儿童语文深度学习研究
基于深度学习的高中语文阅读教学实践研究
耕读教育活动中促进幼儿深度学习的实践研究
深度学习视角下初中项目化学习的实践研究
深度学习指向下高中生物理建模能力培养的教学实践与研究
基于深度学习视角的小学大单元教学实践研究
深度学习视域下初中数学实验教学策略研究
指向深度学习的高中地理单元教学研究

（2）单元教学。《义务教育课程方案（2022年版）》提出：要推进综合学习，探索大单元教学，积极开展主题化、项目式学习等综合性教学活动，促进学生举一反三、融会贯通，加强知识间的内在关联，促进知识结构化。教师主动开展单元教学的课题研究，能更好地将先进的教育理念融入课堂教学的实践中，也能促进全面育人的目标实现。

以下为2023年安徽省教育科学研究项目中关于单元教学的课题。

以小主题式学习开展初中数学单元整体教学的研究
大概念统领下的小学数学单元整体教学实践与研究
基于STEAM情境的高中物理大单元教学的实践研究
项目化学习在小学语文单元整体教学中的应用研究
"教-学-评"一致性下的高中数学大单元教学的应用研究
基于大观念的高中英语单元整体教学设计实践研究
"结构化"统领的高中数学单元教学案例研究

（3）作业设计。作业是每一位教师每天都要面对的，从布置作业、批改作业到讲评作业。2021年4月12日教育部办公厅发布《关于加强义务教育学校作业管理的通知》，从国家层面用文件的方式对义务教育学校的作业管理提出具体的要求，可见作业设计的重要地位。

我们必须思考，为什么要从国家层面对作业进行要求？原因很多，可能包括作业太多、质量不高、不够创新等，总之，太多的作业不但没有起到促进学生素养提升的作用，还直接让学生承受了过多的学业负担。那么作业如何能做到让学生喜欢又能促进素养的提升呢？图4为一个在国际学校就读的小学生的科学作业——假如地球是个方体，将会发生什么？可以看到，该作业是用展板的形式来呈现，学生通过各种学习的方式，形成自己的观点，用图片、表格和图像来表达观点。显然，这样的作业比一道道题目更能引起学生的兴趣，也更能激发学生探究的欲望，值得我们学习借鉴。

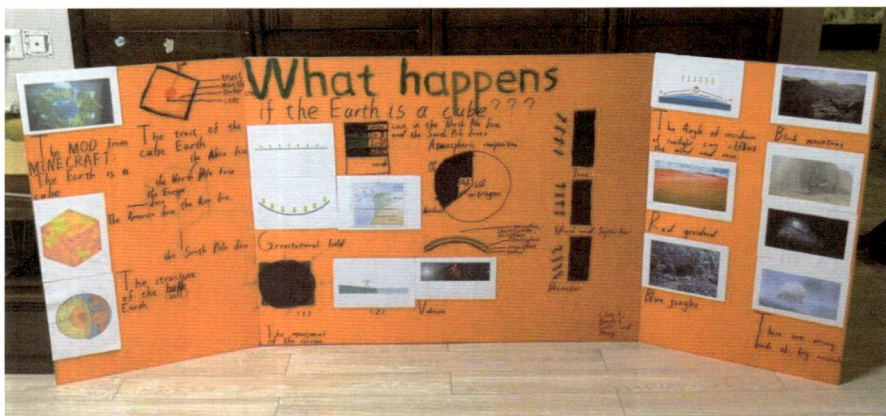

图4　小学科学作业

华东师范大学李政涛教授提出从"课例研究"到"作例研究"是推进教学变革的新路径。作例研究是关于一份作业的教与学的案例研究，它具有独特的内涵、性质、目标和内容。要做好作例研究，需要把握价值原点，明晰作例标准，坚持问题导向，建构作例体系，探究作例理论和凝练中国经验。对于一线教师而言，可以积极地进行本学科的作业设计和作例研究，使之成为一项课题，让作业成为提升素养的重要路径。

以下为2022、2023年安徽省教育科学研究项目中关于作业设计的课题。

小学一、二年级家庭非书面作业设计研究
"双减"政策下初中语文前置性作业设计实践研究
"双减"背景下小学语文单元一体化作业设计及应用研究
"双减"背景下落实"核心素养"培育的初中数学作业设计的实证研究
义务教育阶段美术"1+5"作业设计实践研究
基于大概念教学的初中道德与法治校本作业设计与应用研究
基于"教学评"一体化的高中生物学作业与命题设计实践研究
"双减"背景下小学智慧课堂高效作业设计与反馈研究

（4）大概念（大观念）。新课程提出大概念、大观念的理念，大概念或大观念中的"大"指的不是规模和内容上的大，而是指核心价值大。它是深层次的、可迁移的核心观念，是高度整合的上位概念，是学科的本质内容和思维方式。大概念教学是一种以核心素养为目标的教学改革方式，它强调在教学设计中围绕"大概念"或"大观念"进行单元整体规划，以此来促进学生的深度学习和综合能力的发展。教师可以选取本学科进行大概念的课题研究。

以下为2022、2023年安徽省教育科学研究项目中关于大概念、大单元的课题。

"大概念"视角下小学语文单元整体教学的实践研究
基于学科大概念的小学数学课程综合化教学研究
基于大概念的高中英语单元整体教学实践研究
小学数学"图形与几何"大单元教学与技术深度融合的实践研究
智慧教学环境下中学物理大单元教学实践研究
大概念统领下的初中生物学单元整体教学研究
大概念视域下跨学科项目化作业的实践研究
大概念视域下小学数学跨学科主题教学研究

（5）项目化（式）学习。项目化（式）学习是一种以学生为中心的教学方法和学习方式。它强调通过解决真实、复杂的问题来促进学生能力和素养的提升。教师应在教学中设计好基于本学科的项目，让学生在真实的任务场景中开展围绕如何解决问题的学习。例如初中物理在学习声音的时候，可以设计"乐器和声音"的项目，让学生自制乐器或开展小小音乐会的活动，将声音知识的学习转化为项目活动的开展。

以下为2022、2023年安徽省教育科学研究项目中关于项目化学习的课题。

运用项目式学习开展初中物理课外实践活动的行动研究
深度学习视角下初中项目化学习的实践研究
项目化学习在小学语文单元整体教学中的应用研究
小学劳动教育项目化学习的实施路径与策略研究
运用PBL模式开展园本教研的实践研究
指向核心素养发展的初中英语项目式教学实践与探究

（6）学科实践、跨学科实践。《义务教育课程方案（2022年版）》提出，要强化学科实践，注重"做中学"，引导学生参与学科探究活动，经历发现问题、解决问题、建构知识、运用知识的过程，体会学科思想方法。加强知识学习与学生经验、现实生活、社会实践之间的联系，注重真实情境的创设，增强学生认识真实世界、解决真实问题的能力。

华东师范大学崔允漷教授指出，新一轮课程标准中提出的学科实践是让自主、合作、探究的学习方式实现迭代升级（如图5左）。所谓学科实践是要改变过去错误的教学方法，如物理不碰物体、化学不见变化、生物不懂生命等，要让学生用学科的方法学习学科知识（如图5右）。

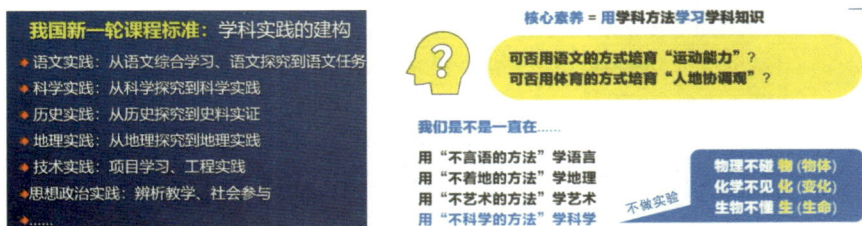

图5　学科实践、跨学科实践示例

跨学科实践更是本次课程标准的重要变化之一，《义务教育课程方案（2022年版）》指出：原则上，各门课程用不少于10%的课时设计跨学科主题学习。各学科的课程标准中都对跨学科实践的开展进行了描述，如物理学科把跨学科实践作为课程内容的第五个一级主题：包括物理学与日常生活、物理学与工程实践、物理学与社会发展。教师可以根据这些主题选取合适的研究课题进行研究。

以下为2022、2023安徽省教育科学研究项目中关于学科实践和跨学科实践的课题。

新课标下初中物理"跨学科实践"的模式构建及案例研究
以初中生物学、化学为主导的跨学科实践活动的案例开发与实施研究
大思政课视野下跨学科实践型课程建设的研究
指向数学核心素养培育的跨学科主题学习实践研究
初中历史跨学科主题学习实践研究
立德树人背景下小学数学跨学科主题学习的实践研究
初中历史跨学科主题学习实践研究

（7）STEM 和 STEAM 教育。STEM 教育主要关注科学（Science）、技术（Technology）、工程（Engineering）和数学（Mathematics）这四个领域的知识和技能的学习。它的目的是培养学生的跨学科学习能力，特别是在科技应用、批判性分析、逻辑解难、创新和协作等方面的能力。STEAM 教育则是在 STEM 的基础上增加了艺术（Arts）这一元素（如图6）。STEAM 教育不仅仅关注科学技术的学习，还强调艺术的重要

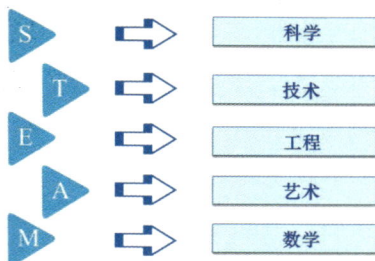

图6

性，认为艺术可以作为 STEM 学习的切入点，为学生提供更多接触 STEM 课程的机会。如物理学科中关于"变阻器"的教学，可以通过如何将一根长的电阻丝变成变阻器的探究过程，渗透工程教育；在学习电动机时，应该引导学生思考如何改变电流的方向使线圈能持续转动，引出换向器，渗透技术与工程教育。

以下为2022、2023年安徽省教育科学研究项目中关于 STEAM 的课题。

STEAM 教育理念下小学科学拓展性活动的设计和实践研究
基于 STEAM 的幼儿园自然角游戏设计与实施研究
基于 STEAM 情境的高中物理大单元教学的实践研究
STEAM 教育理念下小学数学"综合与实践"领域教学模式的研究
幼儿园 STEAM 项目式教学助力幼小衔接的实践研究
STEAM 理念下的初中化学项目式学习设计与实践研究
基于 STEAM 的幼儿园编程教学设计与实践研究

（8）其他热点话题。在选择研究课题时，可以根据自己的兴趣和实际情况，结合当前教育热点话题进行选择。如：智慧教学、课后服务、ChatGPT、思维可视化、情境化、线上教学、教学评一体化、课程内容结构化、技术赋能、学习任务群等。

4.从自己的教学经验和积淀中寻找课题

（1）将碎片化的经验凝练成研究课题。每一位教师都有自己的教学经验，这些经验是碎片化的，经过一段时间积淀之后，可能会发现其中存在共同的问题，如果我们善于发现这些问题，就可以形成一个值得研究的课题。

（2）从一篇论文拓展为研究课题。论文通常是教师在教学经验中选取一个点撰写的文本，如果将这个点变成多个点，就会延伸为一个课题。从一篇论文拓展为一个课题，教师需要围绕主题寻找共性，且要具有很好的归纳推理能力。

（3）从一次教研活动衍生出课题。教研活动是学校或区域多名教师关于某个确定主题的研讨，可以引发各种与教学有关的问题，如果能从这些问题入手，将问题进行整理、归纳和提炼，筛选出具有典型意义和普遍意义的问题，就可以成为一个个课题。这一过程体现了教研活动与科研的紧密结合，即通过教研活动发现问题，进而转化为科研课题进行深入研究。

（4）从一次争论创生出研究课题。教学中对于某一教学理念或观点的争论，反映了不同教师对教学的理解，教师可以将这些讨论提炼成问题进行研究，进而创生出值得研究的教育课题，通过课题研究更好地指导教学实践。

5.选题的原则

（1）价值性——服务教育教学。课题选题既要关注教育教学中普遍存在的问题，又要关注教育教学改革与发展中出现的新情况、新问题，在研究这些问题时，要坚持理论联系实际，以解决实际问题为目标，以服务教育教学活动为导向，体现课题研究的价值。

（2）重要性——对个人、学校和区域。选题必须重视对个人、学校和区域的意义，这是选题的出发点，也是选题的落脚点。课题研究对于教师个人来说，能够提升教师自身的专业素养、提升教学质量、形成个人教学思想等；对学校和区域来说，好的课题研究成果能促进学校的教育质量提升，辐射到其他学校，带动区域内整体教育质量提升。

（3）科学性——符合教育教学规律。课题选题应符合教育教学规律，这是课题研究的基本要求，也是教育科研的基本准则。如在新课程背景下，再去研究如何刷题来应试就不符合教育规律。

（4）创新性——与众不同。课题选题必须体现创新性、独特性，避免低水平重复。如选择一个课改项目（如大概念、项目化等）的课题，可以围绕这个项目体现自己的研究特色，理论是一样的，但研究的主体和客体都不同，要开展一般理论在特殊场域里的实践研究，让课题研究更具创新性。

（5）可行性——力所能及。选题时要考虑到所选课题与自己专业知识和能力水平的匹配，结合自身的教学实践选题，避免选题过大、过难。选题时，要选择那些自己感兴趣的课题，避免选择力不能及的领域和内容。

四、课题研究的一般流程

课题研究有一个系统的流程，涉及从选题到成果推广的多个环节。每个阶段都有其特定的任务和要求，研究者需要严格按照这些步骤来确保研究的质量和效果。一般可分为以下三个阶段：前期设计蓝图阶段，中期研究阶段，后期成果总结阶段。具体节点包括：立项申请（申报）、获准立项（评审）、开题会（专家论证）、中期总结（提交中期报告）、总结成果（结题报告）、结题申请、成果鉴定。图7为课题研究的流程图。

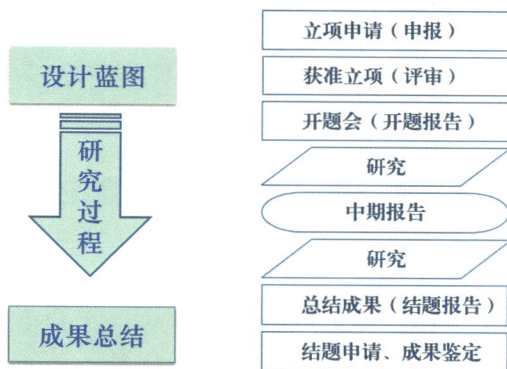

图7　课题研究的流程

1.课题申报

（1）申报条件（以蚌埠市为例）。课题负责人必须是该项目的实际主持者和指导者，并在项目研究中担负实质性的任务。"双负责人"申报的，负责人中至少一人须具有中级以上专业技术职称。负责人同期只能申报一个课题，课题负责人有未完成的课题不得申报。申报时需提交立项申请书和活页论证，活页供匿名评审使用，填写时不得出现课题申请人和课题组成员的姓名、单位名称等信息。

（2）立项申请书。立项申请书包括课题名称、关键词、课题负责人及主要成员信息、课题设计论证、完成本课题的条件分析、预期主要研究成果和课题负责人所在单位意见等内容，其中课题设计论证包括选题依据、研究内容、创新之处和参考文献等申请书中的关键内容（如图8）。完成本课题的条件分析包括：人员情况（课题负责人的主要学术简历，在相关研究领域的学术积累和贡献等，课题组人员结构及分工）、研究基础（课题组前期相关研究成果、核心观点及社会评价等）和条件保障（完成本课题研究的时间保证、资料准备、科研手段和经费保障等）。预期主要研究成果包括论著、论文、研究报告或实践成果，需符合申请结题鉴定时对研究成果的要求。

选题依据
国内外相关研究的综述，本项目独到的理论或实践意义等。

研究内容
核心概念的界定、研究对象、研究目标、框架思路、主要内容、重点难点、具体方法等。

设计论证

创新之处
在理论或实践、研究方法等方面的特色和创新，预计有哪些突破。

参考文献
开展本项目研究的中外主要参考文献调研。

图8

（3）论证活页。论证活页供匿名评审使用，申请人和课题组成员的姓名、单位名称等信息，统一用×××、××××××代替。活页中不能填写成果作者、发表刊物或出版社名称等信息。活页文字表述中不得直接或间接透露个人相关信息或背景资料。课题名称、课题设计论证要与申请书一致，主要包括选题依据、研究内容、创新之处、参考文献和研究基础等。

2.如何开题

申请立项通过之后，课题组须举行开题会，布置课题研究的具体策略和路径。开题是课题研究的开始，负责人需对课题研究的目标、核心概念、内容、方法、组织、分工、进度、预期成果进行详细的阐述，要让课题参与者明确研究的路径、方法和任务。

开题前须撰写开题报告，提供给论证专家和课题组全体成员。开题报告是课题研究的第一份文本材料，要全面反映课题研究的整体情况。开题是将一个研究课题从概念阶段转化为实际操作的关键步骤，更是对课题研究进行论证和完善的过程。它涉及将抽象的想法具体化，并制订出详细的研究计划和行动方案，实现从虚到实、从蓝图到落地的转换。

开题报告主要包括研究目标、内容、方法、组织、分工、进度、经费分配、预期成果等，开题会结束之后还需将开题情况简况（开题时间、地点、参与人员等）填入报告里，若有重大变更也须填写。

3. 研究实践

课题研究要按照开题会论证的计划扎实开展，首先，要明确研究的分工，让所有成员有所研究，知道如何研究；其次，要抓住研究的关键节点，对课题研究的内容进行及时研讨、调整；最后，要及时总结研究成果，将研究成果提炼为文本，形成研究报告。

4. 如何结题

以安徽省教学科学研究项目为例，结题时应提交《安徽省教育科学研究项目成果鉴定申请（审批）表》。内容包括课题结题材料的相关信息、研究工作报告、研究成果简介、课题研究成果的推广、项目负责人，以及参加者取得的相关研究成果及项目负责人所在单位审核意见等，经省规划办审核通过后方可进入结题环节。

（1）研究成果（硬件）。

以蚌埠市教育科学规划课题为例，研究成果须至少满足以下要求中的一项：

1. 正式出版（如著作）的相关专著不少于5万字。（课题资料汇编不算）

2. 公开出版的学术刊物上发表相关论文不少于1篇。（须课题负责人为第一署名作者）

3. 省市级教科研论文获奖不少于2篇。（至少1篇为省级二等奖或市级一等奖，且课题负责人为第一署名作者）

以安徽省教育科学研究项目为例，研究成果至少须满足以下要求中的一项：

1. 正式出版不少于10万字的专著（资料汇编不算）；

2. 在公开出版的学术刊物上发表相关论文不少于2篇（其中项目负责人为第一署名作者的不少于1篇）；

3. 研究报告被政府及有关部门采纳并产生实际效果，或实践成果已获得教育主管部门肯定并在一定范围内推广应用。

所有研究成果均应与项目直接相关且在项目研究时段内，发表的论文或出版的著作应有项目名称、项目编号等标识。

（2）过程性材料（软件）。

过程性资料包括有关文件、调查表、实物（证书等）、教学课例、照片、视频、讲座课件、获奖论文及证书、发表的论文杂志等。相关活动包括各种会议（如开题会、培训会、推进会、中期汇报会等）、阶段性研究成果展示、课题研究的课例展示、结题成果展示的材料。

要用汇编材料和附件充分反映课题研究的过程和成果。

（3）结题需准备的材料（以省级课题为例）。

①项目立项通知；②立项申请书（包括论证活页）；③开题报告；④中期报告；⑤重要变更申请及获准批复；⑥结题成果鉴定书；⑦研究总报告；⑧发表的论文（专著）；⑨成果影响证明材料。

（4）确保课题研究成功的建议。

①过程导向和目标导向并行。课题立项之后，一定要确保课题结题，明确过程导向和目标导向并行，既要以研究过程来提升研究能力，还要以结题为目标，确保课题顺利结题。

②课题研究和论文写作并行。课题研究结题的重要标准是论文，而论文的发表周期较长，所以在课题立项之后，主持人就要谋划论文的写作，做到课题研究与论文写作并行，不能等到研究结束前才总结成果，在课题研究的

过程中就要及时总结经验和提炼成果，形成文本投稿发表。

③课题研究和教学活动并行。课题研究不能独立于教育教学之外，教师的课题研究一定要融入平常的教学活动中，应规划好课题研究与教学活动之间的关系，在教学活动中合理安排课题研究的内容，让课题研究促进教学，教学活动支撑课题研究。

④材料整理要体现结构化特点。材料的目录清单条理清晰、层次分明，整理要体现结构化。以下为笔者主持的安徽省教育科学研究项目"基于真实实验的初中物理可视化教学实践研究"成果鉴定材料总目录。

"基于真实实验的初中物理可视化教学实践研究"成果鉴定材料总目录
一、项目立项通知 ………………………………… 第3页
二、立项申请书（包括论证活页） ………………… 第4页
三、开题报告 ……………………………………… 第18页
四、中期报告 ……………………………………… 第24页
五、成果鉴定书 …………………………………… 第34页
六、研究总结报告 ………………………………… 第48页
七、发表的论文 …………………………………… 第63页
八、课题成果及应用情况 ………………………… 第83页
九、可视化教学课例（更多课例见附件1）………… 第109页
十、可视化教学论文（更多论文见附件2）………… 第124页

⑤充分利用附件丰富课题成果的呈现。在结题汇编材料之外，还可提供课题研究成果的一些附件，如研究实践的案例集、论文集、课堂教学视频集等，使研究成果呈现得更丰富。

（5）结题不成功的原因分析。

课题未通过鉴定的原因有二，一是硬件不满足结题标准（论文），包括以下几种情况：①论文的篇数不足；②未提供发表论文的杂志（封面、目录、内文等）；③发表论文的杂志不符合条件；④论文不是在课题研究的时限内获奖或发表；⑤论文的内容与课题研究严重不符；⑥论文内容的查重比例过高。二是过程性材料严重缺失，包括以下几种情况：①没有汇编材料（仅提供碎片化的材料）；②缺少关键的过程性材料（如开题报告、中期报告等）。

　　课题研究是一项长期的工作，课题研究过程是一次关于教育和教学的集体教研活动，是教师自主学习和专业成长的过程，是一次对教育和教学进行诊断和优化的过程，也是研究实践、总结经验、提炼观点、形成文本、凝练成果的过程。教学研究，应该成为教师乐于参与的一种生活。愿更多的教师能在这种研究生活中不断成长，成为最好的老师，成就最好的教育！

命题与考试评价

　　考试承担着立德树人、服务选才和引导教学的根本任务，考试评价是教育教学过程中的重要一环，也是诊断教学的重要手段。作为一名教育工作者，除了具有扎实的教学能力和研究能力之外，还应该具有能命制符合课程标准要求的试题和试卷的能力。命题是一种技术，也是一种艺术，能命好题是教师教科研能力的一种具体体现。同样，作为一名优秀的教师，还必须培养自己分析试题或评析试卷的能力，要研究试题背后命题者的意图，通过数据分析了解学生在考试中出现的问题，从而诊断出教学中可能存在的问题，正确导向教学，体现教学评的统一。

■ 试题命制的技术与策略

写给命题者：

1. 命题是一种创作，试题是一件作品，很高兴，你是这件作品的作者！

2. 命题是一门遗憾的艺术，很遗憾，你是这个遗憾的缔造者，也是遗憾的承受者！

一、中考命题与高考命题的顶层设计

1. 教育部关于加强初中学业水平考试命题工作的意见

2019年11月22日，教育部颁布《关于加强初中学业水平考试命题工作的意见》，意见指出考试命题对学校教育教学具有重要引导作用，是健全立德树人落实机制、扭转不科学教育评价导向的关键环节，对于全面贯彻党的教育方针和发展素质教育具有重要意义。当前，初中学业水平考试命题工作还存在试题质量不够高、管理不完善、保障机制不健全等问题，亟待加以解决。为深入贯彻全国教育大会精神，落实《中共中央 国务院关于深化教育教学改革全面提高义务教育质量的意见》有关要求，深化基础教育评价改革，促进提高育人水平，意见中明确提出以下要求：

（1）依据课程标准科学命题。各地要将义务教育课程设置方案所设定的除综合实践活动外的全部科目纳入初中学业水平考试范围，促进学生认真学好每门课程，完成国家规定的义务教育学业。考试具体方式由省级教育行政部门依据学科特点确定。取消初中学业水平考试大纲，严格依据义务教育课程标准命题，不得超标命题。

（2）发挥引导教育教学的作用。考试命题要注重引导学校落实德智体美劳全面培养的教育体系，引导教师积极探索基于情境、问题导向、深度思维、高度参与的教育教学模式，引导学生自主、合作、探究学习，充分发挥考试对推动教育教学改革、提高学生综合素质、促进学生全面健康成长的重要导向作用。

（3）提升试题科学化水平。试题命制既要注重考查基础知识、基本技能，又要注重考查思维过程、创新意识和分析问题、解决问题的能力。结合不同学科特点，合理设置试题结构，减少机械记忆试题和客观性试题比例，提高探究性、开放性、综合性试题比例，积极探索跨学科命题。拓宽试题材料选择范围，丰富材料类型，确保材料的权威性，杜绝政治性和科学性错误。充分考虑城乡学生学习和生活实际，增强情境创设的真实性、典型性和适切性，提高试题情境设计水平。规范试题语言文字，防止出现表述错误和歧义。客观性试题要有确定的答案。

2.义务教育六科超标超前培训负面清单（试行）

2020年5月8日，教育部办公厅发布《关于印发义务教育六科超标超前培训负面清单（试行）的通知》，其中物理学科的典型问题如表1。

表1 物理学科超标超前培训负面清单

一级主题	二级主题	超标准内容
1.物质	1.1 物质的形态和变化	用统计观点认识温度 液体的表面张力
	1.2 物质的属性	平均密度 混合密度的复杂计算
	1.3 物质的结构与物体的尺度	估测油酸分子的大小
	1.4 新材料及其应用	—

一级主题	二级主题	超标准内容
2.运动和相互作用	2.1 多种多样的运动形式	圆周运动相关运算 匀变速运动 曲线运动
	2.2 机械运动和力	"位移"矢量的概念 相对速度的计算 加速度概念 非同一直线上力的平衡问题 牛顿第三定律 互成角度力的合成 滑动摩擦力的计算公式 胡克定律 弹簧串联或裁切问题 空心、含杂质等物体的浮沉问题 动能定理 简单机械与浮力、压强的综合问题 复杂的滑轮组及计算
	2.3 声和光	光的全反射现象 光的折射定律及公式 介质的折射率 两个及以上凸透镜成像的讨论以及透镜组成像的讨论 透镜成像公式 多普勒效应
	2.4 电和磁	感应起电 通电导线在磁场中受到安培力的大小问题及计算 左、右手定则及复杂应用 楞次定律 感应电流大小
3.能量	3.1 能量、能量的转化和转移	功的计算中,力与运动方向出现非垂直或非一直线上的情况 正功和负功的概念

续 表

一级主题	二级主题	超标准内容
3.能量	3.2 机械能	动能、势能和机械能的定量计算
		机械能守恒定律及应用
	3.3 内能	分子热运动的平均动能
		分子力与分子间距离关系
		气体实验定律
	3.4 电磁能	电阻定律
		混联电路及计算
		非纯电阻电路及计算
		滑动变阻器的分压式接法
		光的电磁本性
	3.5 能量守恒	利用热力学第一定律计算
	3.6 能源与可持续发展	原子核的衰变及半衰期

根据以上清单，初中阶段的命题应该规避清单上的内容，这是落实"双减"政策的重要保证，对义务教育的教学起到很好的导向作用。

3.教育部组织开展全国中考命题评估

为贯彻落实2018年全国教育大会精神，深入推进中考改革，进一步提高中考命题质量，教育部于2018年启动全国中考命题评估工作。教育部基础教育司负责人指出，考试命题工作具有重要导向作用，直接影响义务教育教学，要更加注重育人导向，严格依据国家义务教育课程方案和课程标准命题，合理把握试题难度，避免超范围、超标准命题，注重考查学生分析问题和解决问题的能力。要通过评估对命题工作进行"体检"，保障命题的正确方向、落实国家课程标准、提高命题质量。

4.中国高考评价体系

目前我国高考评价体系可以用"一核四层四翼"来概括，可以回答为什么考、考什么、怎么考的问题。"一核"是指立德树人、服务选拔、导向教学的核心；"四层"是指必备知识、关键能力、学科素养、核心价值的四层考查内容；"四翼"解决的是怎么考的问题，试题要注重基础性、应用性、创新性、综合性，着力考查学生独立思考的能力、分析问题的能力和解决问题的能力。

中国高考评价体系的建构是素质教育要求在高考中的体现，也为高考命题、考试评价提供了依据，是发挥高考正向指挥棒作用、完善立德树人体制机制的重要举措。

5.义务教育与普通高中物理课程标准

2018年1月16日，教育部颁布普通高中课程方案和语文等学科课程标准（2017年版）；2022年4月21日，颁布义务教育课程标准（2022年版）。在颁布的新课程标准中，不但凝练了学科核心素养，还研制了学业质量标准。新课标指出，核心素养是课程育人价值的集中体现，是学生通过课程学习逐步形成的适应个人终身发展和社会发展需要的正确价值观、必备品格和关键能力。物理课程要培养的核心素养，主要包括物理观念、科学思维、科学探究、科学态度与责任，见图1。这就要求中考和高考必须依标命题，强化考试评价与课程标准、教学的一致性，体现立德树人、服务选才、引导教学的评价理念。

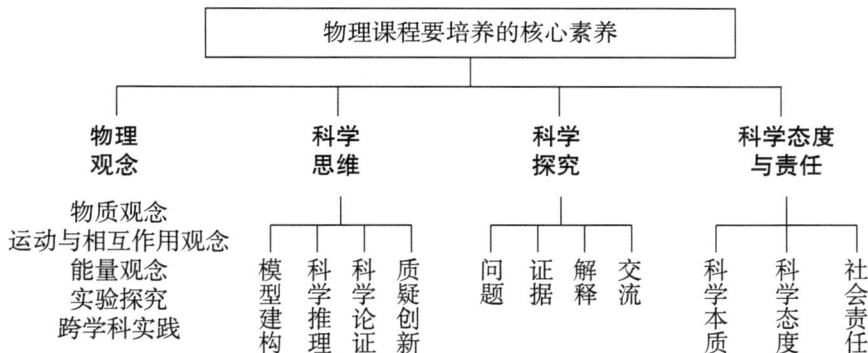

图1　物理课程要培养的核心素养

二、试题结构的基本要素

1.试题结构

一道试题的构成包括显性和隐性两部分：从显性角度来看，试题包含情境、设问和答题卷三部分；从隐性角度来看，试题的背后还包含了试题的立意、参考答案评分标准及双向细目表（多维细目表）。从命题的顺序来看，先要研制试题的双向细目表或多维细目表，确定考查目标和内容；然后确定试题的立意及考查的角度；最后是通过选择试题素材进行情境设置，继而完成设问形成试题。试题的研制过程中，还可以不断对试题和双向细目表进行修订完善，具体试题结构见图2。

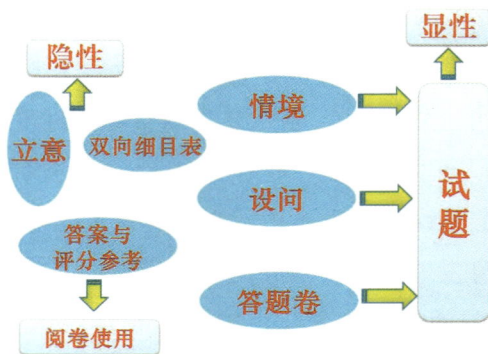

图2　试题结构

2.双向细目表（多维细目表）

试题的双向细目表或多维细目表被称为命题的灵魂，一般在命题前制定，也可在命题过程中不断完善。

（1）双向细目表：表2为一种常见的双向细目表，反映命题者通过试题想考查的内容和认知层次，以及对可能的考情作出的预测。

表2　双向细目表示例

题型	题号	分值	考查内容	认知层次	估计平均分	估计难度系数	实测平均分	实测难度系数
填空题	1	2	速度的计算	A				
填空题	2	2	机械效率、机械功的计算	B				

（2）多维细目表：在学科核心素养发布之后，命题需要研制多维细目表，包括试题要考查的核心素养及关键能力。多维细目表能更完整地反映试题与核心素养之间的关联。表3为一种常见的多维细目表。

表3 多维细目表示例

题号	题型	分值	考查内容	一级主题	二级主题	物理观念	科学思维	科学探究	科学态度与责任	认知层次	考试水平	预估难度系数	难易程度	预估均分
1	填空题	2	运动和静止的相对性	运动和相互作用	多种多样的运动形式	√			√	知道	A	0.9	容易	1.8
2	填空题	2	乐音的三要素	运动和相互作用	声和光	√	√		√	了解	A	0.9	容易	1.8

3.试题的构成要素

（1）立意。

立意反映的是试题的考查目的，是试题的核心和主题。立意要能正确实现考试目的，体现能力考查的主旨；立意一定要准确，每题的考查目标应独立、完整；立意要突出重点，考查目标要有层次和相关性。

立意一般分为知识立意、能力立意与素养立意，知识立意是基础，考查的是对知识的陈述能力；能力立意和素养立意是方向，主要考查分析问题、解决问题的能力，考查解决问题的策略。通俗地说，立意就是这道题要考什么。

①知识立意。这类试题主要以记忆性的结论或者公式的运用为主，重点考查学生的学科知识面，能起到降低试卷难度的作用。

【2021年安徽中考卷】在我国"祝融号"火星车的顶部，有一个叫集热窗的装置，里面装有一种叫正十一烷的物质。这种物质在白天温度高时为液态，夜间温度低时会＿＿＿＿（填物态变化名称）放热，从而起到控温作用。

【2023年全国高考新课标卷】船上的人和水下的潜水员都能听见轮船

的鸣笛声。声波在空气中和在水中传播时的（　　　）

A.波速和波长均不同　　　B.频率和波速均不同

C.波长和周期均不同　　　D.周期和频率均不同

这两道试题分别考查了液化和声波在不同介质中传播时波速、波长、频率及周期的特点，旨在考查陈述性知识，属于记忆性能力的考查，这种知识立意的试题比较简单，能有效提高试题的得分率，在试卷中属于容易试题。

②能力立意。这类试题主要注重考查学生运用知识解决问题的能力，而非单纯的知识记忆，强调理解、分析、评价和创新等高阶思维技能。

【2016年安徽中考卷】关于凸透镜成像实验，完成以下内容：

图中 O 为凸透镜的光心，F 为焦点，请画出烛焰上的 S 点发出的三条光线经凸透镜后的出射光线，并确定像的位置 S'。

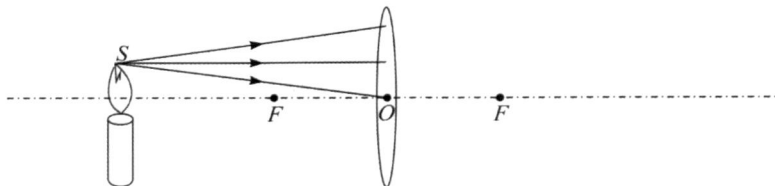

本题考查学生是否理解凸透镜对光的会聚作用及凸透镜成像的规律，能否将凸透镜成像的能力的理解"内化"为物理观念，并能运用该物理观念（物体发出的光经过凸透镜后一定会聚在"实像"上）解决实际问题，属于能力立意的试题。

③素养立意。素养立意是考查在新情境中运用物理观念解决实际问题的策略，相比于能力立意更侧重考查学生的学科素养。

【2005年安徽中考卷】人们常用"冰山一角"来形容事物显露出来的仅仅是其很小的一部分，更多的还隐藏在表面现象之下。事实上，冰山浮在海水中的确只露"一角"。那么这露出的"一角"到底占冰山大小的多

少呢？请你用物理知识通过计算和简要的文字具体说明。

（已知$\rho_{冰}=0.9\times10^3\ kg/m^3$，$\rho_{海水}=1.03\times10^3\ kg/m^3$）

这是一道经典的素养立意的试题，学生需根据题意建构漂浮的物理模型，运用漂浮的条件实现对问题的解决方案。试题同时考查了运用物理语言进行分析论证的能力。素养立意的试题特点是"门槛高、落地易"，即学生需要较高的学科素养发现解题的策略，一旦形成解题的策略，解题（计算）的过程往往比较简单。因此，我们需要在教学中培养学生从真实情境到物理模型的建构能力，而不仅是计算能力。

（2）情境。

情境是实现立意的材料和介质，是解题所需要的信息的呈现，关系着立意的表达程度。科学家是在复杂的生活情境中将复杂问题简化为模型，通过实验等方法探索发现其规律，而试题所要考查的正是科学家已经发现的规律。因此，命题者需要将这些规律隐藏在较为复杂的情境中，让学生经历科学家类似的发现过程。不同的是，当时科学家面对的情境要复杂得多，命题者必须设置合适的情境，在教学中也是类似的情况，教师必须设置适合学生探究学习的情境进行教学。科学家、命题者和解题者之间的关系如图3所示。

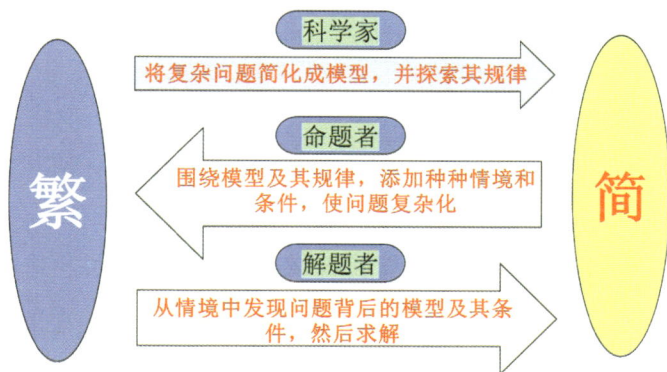

图3　科学家、命题者和解题者之间的关系

①对情境设置的要求。首先，情境设置要服从立意，根据立意的要求剪

裁、选择有关知识内容，要尽量避免无用信息；其次，命题者须根据学生的生活经验和理解程序设计情境；再次，情境必须是科学、可信的；最后，情境要新颖，有相当的信息量和一定的深度。

②常见的试题情境。试题的情境可以分为两类：第一类是"生活实践情境"，这类情境与日常生活以及生产实践密切相关，考查学生运用物理观念解释生活中的现象、解决生产实践中实际问题的能力。第二类是"学习探索情境"，这类情境通常来自物理学科内，源于真实的研究过程或实际的探索过程，涵盖学生在学习和探究过程中所涉及的学科问题。在一套试卷中，需要合理配置这两种情境的比例，二者都要兼顾，以考查学生在不同情境中解决问题的能力。

A.来自生活的情境。

【2021年全国高考甲卷】"旋转纽扣"是一种传统游戏。如图，先将纽扣绕几圈，使穿过纽扣的两股细绳拧在一起，然后用力反复拉绳的两端，纽扣正转和反转会交替出现。拉动多次后，纽扣绕其中心的转速可达50 r/s，此时纽扣上距离中心1 cm处的点向心加速度大小约为（　　　）

A.10 m/s^2

B.100 m/s^2

C.1 000 m/s^2

D.10 000 m/s^2

【2022年安徽中考卷】乐队演奏时，有经验的听众仅凭音乐声也能分辨出乐器的种类。这是由于不同乐器在演奏时发出声音的_____（选填"响度""音调"或"音色"）不同。

【2023年全国高考新课标卷】将扁平的石子向水面快速抛出，石子可能会在水面上一跳一跳地飞向远方，俗称"打水漂"。要使石子从水面跳起产生"水漂"效果，石子接触水面时的速度方向与水面的夹角不能大于θ。为了观察到"水漂"，一同学将一石子从距水面高度为h处水平抛出，抛出速度的最小值为多少？（不计石子在空中飞行时的空气阻力，重力加

速度大小为 g)

以上试题均选取了生活中的素材，贴近学生实际，引导学生从生活中发现问题、提出问题，逐步从"解题"走向"解决问题"。新课标物理学科的核心素养为物理观念、科学思维、科学探究、科学态度与责任，核心素养是学生在解决真实、复杂问题过程中的综合表现，更强调学生综合运用物理知识解决实际问题的能力。因此，命题时要突出真实问题情境的设计，选取鲜活素材，引导课堂教学与生活情境的关联，注重培养学生的物理学科核心素养。

B.体育类情境。

【2019年全国高考乙卷】如图，篮球架下的运动员原地垂直起跳扣篮，离地后重心上升的最大高度为 H。上升第一个 $\dfrac{H}{4}$ 所用的时间为 t_1，第四个 $\dfrac{H}{4}$ 所用的时间为 t_2。不计空气阻力，则 $\dfrac{t_2}{t_1}$ 满足（　　）

A.$1<\dfrac{t_2}{t_1}<2$　　　　B.$2<\dfrac{t_2}{t_1}<3$

C.$3<\dfrac{t_2}{t_1}<4$　　　　D.$4<\dfrac{t_2}{t_1}<5$

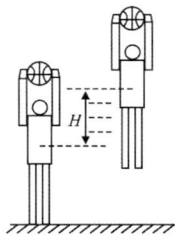

【2022年全国高考甲卷】北京2022年冬奥会首钢滑雪大跳台局部示意图如图所示。运动员从 a 处由静止自由滑下，到 b 处起跳，c 点为 a、b 之间的最低点，a、c 两处的高度差为 h。要求运动员经过 c 点时对滑雪板的压力不大于自身所受重力的 k 倍，运动过程中将运动员视为质点并忽略所有阻力，则 c 点处这一段圆弧雪道的半径不应小于（　　）

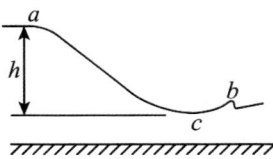

A.$\dfrac{h}{k+1}$　　　B.$\dfrac{h}{k}$　　　C.$\dfrac{2h}{k}$　　　D.$\dfrac{2h}{k-1}$

【2023年全国高考甲卷】一同学将铅球水平推出，不计空气阻力和转动的影响，铅球在平抛运动过程中（　　）

A.机械能一直增加　　　　　　B.加速度保持不变

C.速度大小保持不变　　　D.被推出后瞬间动能最大

【2023年全国高考乙卷】一同学将排球自O点垫起，排球竖直向上运动，随后下落回到O点。设排球在运动过程中所受空气阻力大小和速度大小成正比。则该排球（　　　）

A.上升时间等于下落时间　　　B.被垫起后瞬间的速度最大

C.达到最高点时加速度为零　　　D.下落过程中做匀加速运动

以上四题利用扣篮、滑雪、推铅球和打排球等与体育运动相关的情境设置问题，引导学生热爱体育运动、积极参加体育锻炼，倡导热爱体育的生活理念，增强体育健康意识，促进学生德智体美劳全面发展。党的二十大报告强调培养德智体美劳全面发展的社会主义建设者和接班人，命题时应该注重发挥试题的引导作用，引导学生在运动过程中思考物理规律在运动中的体现，提升运动的科学性和准确性，激发锻炼热情，健康身心。

C.劳动类情境。

【2021年安徽中考卷】如图，小雯在做家务劳动时，用平行于水平地面的力推沙发，沙发有相对地面运动的趋势，但它没有被推动。在上述过程中（　　　）

A.地面对沙发没有摩擦力的作用

B.人对沙发的推力与地面对沙发的摩擦力大小相等

C.人对沙发的推力与沙发对人的推力是一对平衡力

D.沙发受到的重力与地面对沙发的支持力是一对相互作用力

【2023年安徽中考卷】小宇在拖地时，拖把头沿图中v所示方向运动，则拖把头对地面压力的方向、地面对拖把头摩擦力的方向分别为（　　　）

A.垂直地面向下、与v所示方向相反

B.垂直地面向下、与v所示方向相同

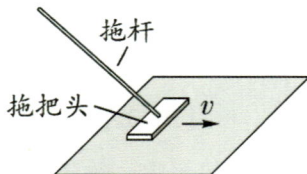

C. 沿拖杆斜向下、与 v 所示方向相同

D. 沿拖杆斜向下、与 v 所示方向相反

这两道试题均选取学生平时劳动的情境，旨在引导学生利用物理规律解决劳动中的实际问题，体现劳动的重要性，引导教师加强对学生的劳动教育，弘扬劳动精神，实现五育并举的育人理念。

D. 生产实践类情境。

【2017年安徽高中会考试卷】如图所示，在起重机的拉力作用下，质量为 $2.0×10^3$ kg 的物体竖直向上做匀加速直线运动，由静止开始 4 s 内上升的高度为 4 m。不计空气阻力，g 取 10 m/s²。求物体在该过程中：

①加速度的大小；

②所受拉力的大小。

【2019年全国高考丙卷】用卡车运输质量为 m 的匀质圆筒状工件，为使工件保持固定，将其置于两光滑斜面之间，如图所示。两斜面 I、II 固定在车上，倾角分别为 30° 和 60°。重力加速度为 g。当卡车沿平直公路匀速行驶时，圆筒对斜面 I、II 压力的大小分别为 F_1、F_2，则（　　　　）

A. $F_1 = \dfrac{\sqrt{3}}{3} mg$，$F_2 = \dfrac{\sqrt{3}}{3} mg$

B. $F_1 = \dfrac{\sqrt{3}}{2} mg$，$F_2 = \dfrac{\sqrt{3}}{3} mg$

C. $F_1 = \dfrac{1}{2} mg$，$F_2 = \dfrac{\sqrt{3}}{2} mg$

D. $F_1 = \dfrac{\sqrt{3}}{2} mg$，$F_2 = \dfrac{1}{2} mg$

这两道试题均选取了生产实践中的情境，让学生体会生产实践中蕴含的丰富物理规律，凸显物理学科从实践中来、到实践中去的科学魅力。

E.科学技术类情境。

【2022年全国高考乙卷】2022年3月，中国航天员翟志刚、王亚平、叶光富在离地球表面约400 km的"天宫二号"空间站上通过天地连线，为同学们上了一堂精彩的科学课。通过直播画面可以看到，在近地圆轨道上飞行的"天宫二号"中，航天员可以自由地飘浮，这表明他们（ 　　）

A.所受地球引力的大小近似为零

B.所受地球引力与飞船对其作用力两者的合力近似为零

C.所受地球引力的大小与其随飞船运动所需向心力的大小近似相等

D.在地球表面上所受引力的大小小于其随飞船运动所需向心力的大小

【2023年全国高考新课标卷】2023年5月，世界现役运输能力最大的货运飞船"天舟六号"，携带约5 800 kg的物资进入距离地面约400 km的轨道，顺利对接中国空间站后近似做匀速圆周运动。对接后，这批物资（ 　　）

A.质量比静止在地面上时小

B.所受合力比静止在地面上时小

C.所受地球引力比静止在地面上时大

D.做圆周运动的角速度大小比地球自转角速度大

【2023年安徽省中考卷】2023年5月17日，我国成功发射第56颗北斗导航卫星。在进入地球同步轨道后，以地面为参照物，该卫星是静止的，这说明物体的运动和静止是_____（选填"相对"或"绝对"）的。

这三道试题均选取了考试当年我国重大的科技成就作为呈现情境，这种情境可以引导学生增强科技自立的信心，树立高远的科学志向和科技强国的社会责任感，回应新时代对科技创新人才培养的关注，充分发挥考试的育人功能。

F.中华优秀传统文化类情境。

【2021年全国高考广东卷】算盘是我国古老的计算工具，中心带孔的相同算珠可在算盘的固定导杆上滑动，使用前算珠需要归零，如图所示，

水平放置的算盘中有甲、乙两颗算珠未在归零位置，甲靠边框b，甲、乙相隔$s_1 = 3.5 \times 10^{-2}$ m，乙与边框a相隔$s_2 = 2.0 \times 10^{-2}$ m，算珠与导杆间的动摩擦因数$\mu = 0.1$。现用手指将甲以0.4 m/s的初速度拨出，甲、乙碰撞后甲的速度大小为0.1 m/s，方向不变，碰撞时间极短且不计，重力加速度g取10 m/s^2。

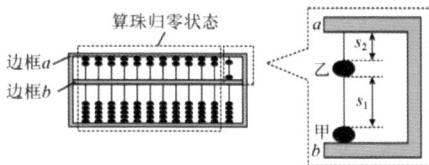

（1）通过计算，判断乙算珠能否滑动到边框a；

（2）求甲算珠从拨出到停下所需的时间。

【2022年安徽中考卷】我国古代科技著作《天工开物》中，对釜的铸造有"铁化如水，以泥固纯铁柄勺从嘴受注"（如图）这样的记载。其中"铁化如水"描述的物态变化是_____。

这两道试题分别选取了我国古老的计算工具——算盘和古代科技著作《天工开物》中的素材，弘扬了博大精深的中华优秀传统文化。这类情境可以引导学生坚定中国特色社会主义文化自信，在学习与思考中切实感受传统文化所蕴含的科学与智慧，加强文化浸润，增强文化自信。

G.物理学史类情境。

【2013全国高考新课标Ⅰ卷】在物理学发展过程中，观测、实验、假说和逻辑推理等方法都起到了重要作用。下列叙述符合史实的是（　　）

A.奥斯特在实验中观察到电流的磁效应，该效应解释了电和磁之间存在联系

B.安培根据通电螺线管的磁场和条形磁铁的磁场的相似性，提出了分子电流假说

C.法拉第在实验中观察到，在通有恒定电流的静止导线附近的固定导线圈中，会出现感应电流

D.楞次在分析了许多实验事实后提出，感应电流应具有这样的方向，即感应电流的磁场总要阻碍引起感应电流的磁通量的变化

【2013全国高考新课标Ⅱ卷】下图是伽利略1604年做斜面实验时的一页手稿照片，照片左上角的三列数据如右表。表中第二列是时间，第三列是物体沿斜面运动的距离，第一列是伽利略在分析实验数据时添加的。根据表中的数据，伽利略可以得出的结论是（　　　　）

A.物体具有惯性

B.斜面倾角一定时，加速度与质量无关

C.物体运动的距离与时间的平方成正比

D.物体运动的加速度与重力加速度成正比

1	1	32
4	2	130
9	3	298
16	4	526
25	5	824
36	6	1 192
49	7	1 600
64	8	2 104

这两道试题选取物理学发展过程中比较重要的事件、发明和发现为情境，考查物理学家的贡献、物理学史实、主要实验、物理学的方法、重要发明和发现等。从物理学科核心素养的角度来看，物理学史的情境可以很好地渗透科学态度与责任的教育，对教学有很好的导向作用。

H.跨学科类情境。

【2013年安徽中考卷】古诗"花气袭人知骤暖"的意思是，从花的芳香气味变浓可以知道周边的气温突然升高。从物理学的角度分析，这是因为温度越高，＿＿＿＿＿＿＿＿。

本题以古诗词为情境，考查学生运用物理知识解释诗词中描述的现象的

能力，体现了物理与语文的跨学科综合。

【2023年安徽中考卷】图为我国晋代顾恺之所绘《斫（zhuó）琴图》的局部，展示了古代乐师调整琴弦长度的情景。调整琴弦的长度，主要是为了改变乐音的_____（选填"音调""响度"或"音色"）。

本题情境综合了历史、美术、音乐、语文、物理等学科，通过历史上的一幅画，考查乐音的知识。

【2012年全国高考大纲卷】一探险队员在探险时遇到一山沟，山沟的一侧竖直，另一侧的坡面呈抛物线形状。此队员从山沟的竖直一侧，以速度v_0沿水平方向跳向另一侧坡面。如图所示，以沟底的O点为原点建立坐标系xOy。已知，山沟竖直一侧的高度为$2h$，坡面的抛物线方程为$y = \dfrac{1}{2h}x^2$，探险队员的质量为m。人视为质点，忽略空气阻力，重力加速度为g。

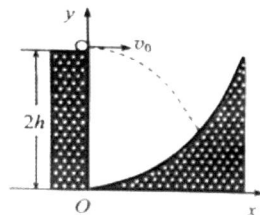

（1）求此人落到坡面时的动能；

（2）此人水平跳出的速度为多大时，他落在坡面时的动能最小？动能的最小值为多少？

本题以数学中的抛物线为情境，体现数学与物理的综合。

I.学习探索类情境。

这类试题通常以物理学科的知识为情境，以原始物理问题的呈现为特点，考查学生运用物理观念创新解决实际问题的能力。

【2022年全国高考北京卷】类比是研究问题的常用方法。

（1）情境1：物体从静止开始下落，除受到重力作用外，还受到一个与运动方向相反的空气阻力$f = kv$（k为常量）的作用。其速率v随时间t的

变化规律可用方程 $G - kv = m\dfrac{\Delta v}{\Delta t}$（①式）描述，其中 m 为物体质量，G 为其重力。求物体下落的最大速率 v_m。

（2）情境2：如图甲所示，电源电动势为 E，线圈自感系数为 L，电路中的总电阻为 R。闭合开关 S，发现电路中电流 I 随时间 t 的变化规律与情境1中物体速率 v 随时间 t 的变化规律类似。类比①式，写出电流 I 随时间 t 变化的方程；并在图乙中定性画出 $I - t$ 图线。

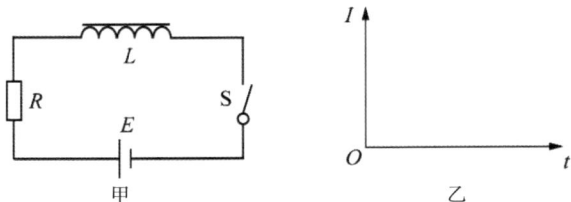

甲　　　　　　　　　乙

（3）类比情境1和情境2中的能量转化情况，完成下表。

情境1	情境2
物体重力势能的减少量	
物体动能的增加量	
	电阻 R 上消耗的电能

本题以物理学中重要的研究方法——"类比推理"为例，体现对科学思维素养的考查。试题选取了物理学科中两个重要的知识情境，通过情境设置创新问题考查学生关键能力的同时，能够考查学生灵活运用物理观念解决问题的能力。

③避免无效情境对试题的影响。情境对试题的立意和考查目标的达成来说都很重要，所谓"无情境不命题"，但也不能为了情境而设置情境，无效的情境会让试题变得臃肿，也会淡化试题的评价功能。

【2014年全国高考四川卷】石墨烯是近些年发现的一种新材料，其超高强度及超强导电、导热等非凡的物理化学性质有望使21世纪的世界发生革命性的变化，其发现者由此获得2010年诺贝尔物理学奖。用石墨烯制作超级缆绳，人类搭建"太空电梯"的梦想有望在本世纪实现。科学家

们设想，通过地球同步轨道站向地面垂下一条缆绳至赤道基站，电梯仓沿着这条缆绳运行，实现外太空和地球之间便捷的物资交换。

（1）若"太空电梯"将货物从赤道基站运到距地面高度为 h_1 的同步轨道站，求轨道站内质量为 m_1 的货物相对地心运动的动能。设地球自转角速度为 ω，地球半径为 R。

（2）当电梯仓停在距地面高度 $h_2 = 4R$ 的站点时，求仓内质量 $m_2 = 50\ \mathrm{kg}$ 的人对水平地板的压力大小。取地面附近重力加速度 $g = 10\ \mathrm{m/s^2}$，地球自转角速度 $\omega = 7.3 \times 10^{-5}\ \mathrm{rad/s}$，地球半径 $R = 6.4 \times 10^3\ \mathrm{km}$。

本题考查的是万有引力定律、牛顿运动定律等知识，而题干中对石墨烯的特点进行了详细的描述，石墨烯作为缆绳的制作材料，与试题考查的知识关联不大，属于无效情境，可进行删减。

（3）设问。

设问是试题的呈现形式，也是对学生答题的具体要求，关系着试题立意实现的程度，从试题的评价角度来看，设问是命题者将立意转化为问题的最后一步。对设问的具体要求包括：设问要围绕试题立意、根据情境合理设置问题；设问要针对考查的重点内容，并能涵盖其他内容；设问的方式要新颖、巧妙；设问的语言要准确、简洁；要追求多元化、创新的设问方式。

曾有这样的试题："如图所示，为某座桥_____的标志牌，则该桥允许通过的汽车的最大重力为_____N。"某学生第一空的答案是"制作"，从语法的角度，这个答案也是可以的，但不是从物理学的视角回答的，也不是命题者所希望的回答。可见本题在设置问题时出现了设问不明确的情况，可改为："为了大桥的安全，图示的标志牌限制了过桥汽车的_____。"

再如："踢出的足球在空中飞行是由于具有_____，足球在草坪上滚动一会儿后停下来是由于_____。"第一问是考查惯性，但学生回答成"速度"也是合理的，第二问考查摩擦力的作用，但学生答为"速度减小"也合理。可见试题设问时，所考查的点一定要清晰，指向不明的设问会给学生答题带来困惑，也会给阅卷带来麻烦。

①非开放性的试题设问尽可能指向明确，避免出现多种答案。

【2019年安徽中考卷】小明使用天平测小石块的质量。测量前，他将天平放在水平桌面上，然后进行天平横梁平衡的调节，调节完成后指针静止时的位置和游码的位置如图甲所示。

（1）请你指出小明调节天平横梁平衡的过程中遗漏的操作步骤：____；

（2）完成遗漏的操作步骤后，为了调节横梁平衡，他需向_____（选填"左"或"右"）调节平衡螺母，使指针指到分度盘中央刻度线或在中央刻度线两侧等幅摆动；

（3）调节横梁平衡后，小明将小石块放在左盘，在右盘中加减砝码并调节游码在标尺上的位置，直到横梁恢复平衡。这时右盘中的砝码情况和游码在标尺上的位置如图乙所示，则小石块的质量为_____g。

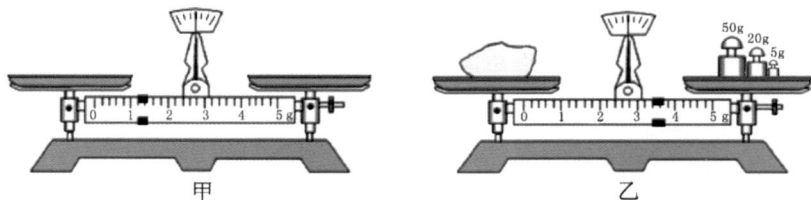

本题第（1）问，设问是"指出遗漏的操作步骤"，阅卷时发现有两种答案：一是"将游码移到标尺左端的零刻度线处"，二是"未将游码移到标尺左端的零刻度线处"。这两种答案应该都是正确的，但为什么会出现两种表述完全相反的答案呢？这是因为不同的学生对"指出遗漏的步骤"的理解会有所不同。若将此问改为"写出该过程中遗漏的步骤是：_____。"答案将是唯一的"将游码移到标尺左端的零刻度线处"。

②设问不仅要针对考查问题的答案，还应考查学生作答的过程。

【2011年安徽中考卷】在伏安法测量电阻R阻值的实验中：

（1）为了完成实验，请将右图连成一个完整的实验电路图，并使滑动变阻器连入电路的阻值最大。

（2）实验测得的数据如下表，请你根据表中的数据计算出 R 的阻值，要求在横线上写出计算过程，结果保留一位小数。

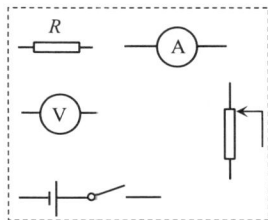

实验次数	1	2	3
U/V	1.2	2.4	2.8
I/A	0.12	0.24	0.27

_____ ○

本题第（2）问，让学生在横线上写出计算过程，即考查学生进行数据处理的过程，与只写结果相比，这种设问更能真实考查学生的数据处理能力。

③试题应有多元的设问方式，考查学生的多种能力。

【2015年安徽中考卷】（1）如图甲，n 个相同的电阻 R 并联，其总电阻可以用一个等效电阻 R' 表示（如图乙），请根据并联电路中电流、电压的规律和欧姆定律推证：$R' = \dfrac{1}{n}R$。

（2）如图丙，A、B 之间的电压 $U = 220\ V$，通过导线为远处的 M、N 之间的用电器供电，由于距离很远，导线 AM 和 BN 的电阻不可忽略，它们的总电阻用图丙中的 r 表示，$r = 4\ \Omega$。若 M、N 之间并联10个阻值为 $R = 400\ \Omega$ 的相同电阻，求通过导线 AM 的电流大小。

（3）试分析说明：在图丙的电路中，M、N 之间并联的用电器越多，每一个用电器的实际功率越小。

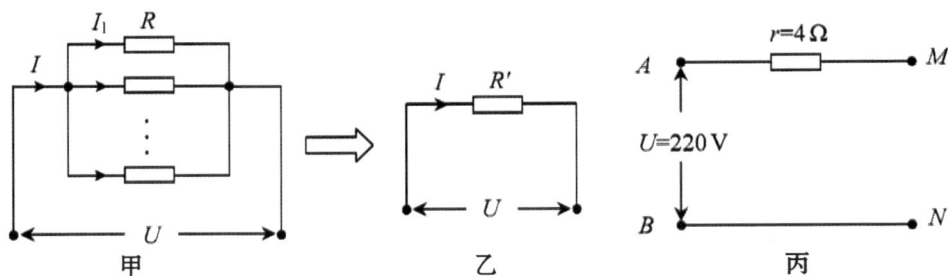

本题为当年中考卷的最后一题，值得注意的是，本题没有题干，包含了三个小问，每一小问看似独立，却有关联，第（1）问以推证的设问方式考查推理论证能力；第（2）问以计算的设问方式考查计算能力，同时要用到第（1）问的结论；第（3）问以分析说明的设问方式考查分析推理能力，同时用到第（1）问的结论。从第（1）问的推理到第（2）问的计算，过渡到第（3）问的分析说明，本题通过多元的设问方式揭示生活中的一种用电现象，由一种定量的计算过渡到一种普遍的现象，考查了类比推理和演绎推理，实现了对科学思维的全面考查，见表4。

表4　试题设问与考查的知识、素养与能力

序号	设问方式	考查知识	素养与能力
第(1)问	推证	并联电路、欧姆定律	建构模型（并联电阻）、推理论证
第(2)问	计算	并联电阻[第（1）问的结论]、串联电路、欧姆定律	建构模型（串联电路）、计算
第(3)问	分析说明	串联电路、欧姆定律、电功率	分析推理

④设问应该正确地引导教学。设问是终结性考试对教学最直接的评价，试题考什么就是通过设问来实现的，因此设问必须能正确地引导教学。命题时必须思考：如何通过设问引导教学？如何通过设问考查能力？如何创新设问方式？

【2021年安徽中考卷】中国空间站"天和"核心舱首次采用了大面积可展收柔性太阳能电池翼，单翼的发电功率可达9 kW，从能量转化的角度

分析，"9 kW"表示的物理意义是：＿＿＿＿＿＿＿＿。

本题以"'天和'核心舱采用的大面积可展收柔性太阳能电池翼"为情境，强调对必备知识和关键能力（功率的知识、能量的观念）的考查，突出对物理核心素养（物理观念——功率的理解）的考查，试题以新情境下如何运用物理观念进行科学描述作为考查点，渗透前沿科技、民族自豪感、爱国主义情怀，引导教学关注物理概念、物理规律的建构过程。本题难度系数仅为0.10，是整卷得分率最低的试题，反映出教学中存在忽视核心概念教学的问题。

学生的错误包括：一个电池翼可发电9 kW；太阳能转化了9 kW的电能；一个单翼所接收的太阳能可转化为9 kW的电能；每小时可吸收太阳能并转化成9 kW的电能；在一定时间内产生的电能为9 kW；1小时内单翼做功9 kW；该太阳能电池翼的单翼每秒可将太阳能转化为9 000 J的电能。这些都说明学生在功率这一概念的理解上存在不足，也反映了教学的缺失。因此，本题很好地引导教学要重视核心概念的建构及物理观念的形成与运用。

（4）答案与评分参考。

答案与评分参考是试题构成的重要部分，没有答案与评分参考就不能称其为完整的试题。试题的答案应符合以下要求：选择题的答案要唯一，具有排他性；答案与评分参考的关系要一致；解答主观题时，正确的等效解法均给分。

试题的评分参考应符合以下要求：主观题要鼓励考生有创见地答题；评分的可操作性强，易于控制评分误差。如：其他合理答案均可给分。参考答案不必给出每一项可能的正确解法，阅卷时可由阅卷组确定评分细则。

试题的评分参考有两种赋分方式，第一种是按步骤赋分，即确定完成每一步所得的分数。以下为某计算题的答案与评分标准：

根据杠杆平衡条件，有 $F_1 l_1 = F_2 l_2$⋯⋯⋯⋯（2分）

将 $F_2 = mg = 30$ N，$l_1 = OA = 0.03$ m，$l_2 = OB = 0.30$ m代入

可得 $F_1 = 300$ N ⋯⋯⋯⋯⋯⋯⋯⋯（2分）

第二种是按式赋分，在每一个式子后面用序号按顺序标注，最后说明各式的分值。某些试题的解题过程不只需要写出正确的公式，也需要分析说明或推理的部分，这部分要赋多少分，则需阅卷组制定细则。以下为某计算题的答案与评分标准：

运动员从 A 到 B 做平抛运动，设初速度为 v_0，

则 $H = \dfrac{1}{2}gt^2$ ①

又有 $L = v_0 t$ ②

解得 $v_0 = 25 \text{ m/s}$ ③

①~③式各 2 分，共 6 分。

（5）答题卡（卷）。

答题卡包含选择题和非选择题两部分，选择题部分一般为涂卡答题，而非选择题的答题区域则需要以横线或空白的形式呈现。答题卡的要求是一定要与试题卷一一对应，要留下足够的答题空间，避免出现试题卷设问与答题卡设空不一致的情况。图 4 为物理学科的部分答题卡。

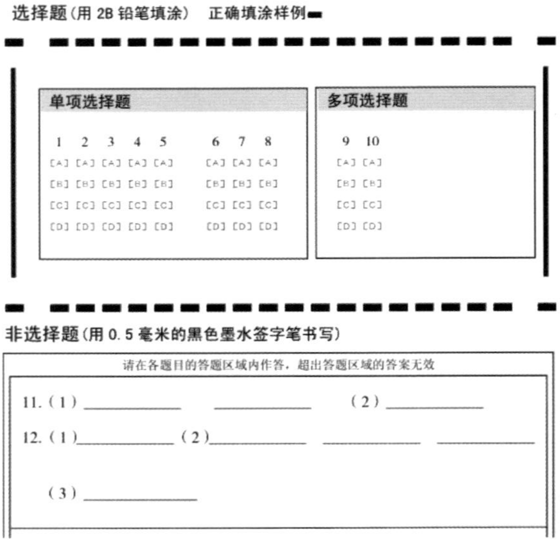

图 4　答题卡

三、命制试题的基本原则

考试不仅是教学评估的重要手段，更是引领学生思维、能力发展的指挥棒。命制试题的目标在于通过考试衡量与提升学生的知识掌握和技能应用，同时需考量题目的有效性、难度、覆盖面及创新性。一般来说，试题命制须遵循以下基本原则。

1.政治性原则

试题命制首先要确保政治导向正确，即试题内容必须遵循国家教育方针，弘扬社会主义核心价值观，反映时代精神，促进学生全面发展。通过科学合理的试题设计，引导学生形成正确的世界观、人生观和价值观。因为试题面对的是广大学生、家长，试题文本的留存会持续很长的时间，所以在命制试题时，试题决不能出现政治性的错误，这也是试题命制的一道红线。2024年3月，某地的初中语文试卷中出现"美化侵华日军"的现代文阅读材料，给社会造成了不良影响。

2.科学性原则

试题的内容不发生知识性错误是保证测量科学的前提，一般通过由各方专家组成的命题组以及严格的试题审定程序来保证试题不出现科学性问题。

【2018年全国高考I卷】下列说法错误的是（　　　　）

A.蔗糖、果糖和麦芽糖均为双糖

B.酶是一类具有高选择催化性能的蛋白质

C.植物油含不饱和脂肪酸酯，能使 Br_2/CCl_4 褪色

D.淀粉和纤维素水解的最终产物均为葡萄糖

本题从生物和化学两个学科的角度来分析，出现了两个正确选项。当时的回应是：经专家组认真评议认为，2018年全国高考I卷理科综合第8题本身无问题，但不同群体从不同角度，对试题的B项选择有不同的理解，综合各方面意见，考虑到高中教学实际，将在制定评分细则时明确对该题单选A

或者单选 B 选项的作答均给 6 分。本题涉及两个学科，从各自学科的视角只有一个更合适，但对学生来说，他们同时具有一定的化学和生物知识，故对他们来说，两种视角都可能给答题带来影响。

3.准确性原则

试题的准确性主要指试题内容与学科测量目标的一致性问题，必须遵循课程标准的内容和要求命题。试题内容应较完整考查学科的重点知识和能力要求，才能保证测量的有效性。

4.公平性原则

试题的公平性原则是指考查的内容，试题选取的素材、参考答案和评分参考要考虑到全体学生，防止偏异，避免因种族、民族、地域、风俗、性别等社会各部门、行业间的差异引起不公正的结果。如 2008 年四川汶川大地震后，当年的部分试卷中出现以地震为情境的试题，这对在地震中失去亲人的学生来说是不适宜的。

5.规范性原则

试题表述要科学、严谨，应使用语法规范的语言；要使用国家规定的专业术语和计量单位；图、表要清晰、准确、规范；指导语言要明确、简洁、合理。

【蚌埠市 2018—2019 学年度第一学期九年级期末试卷】如图甲、乙所示，在探究"物质的吸、放热能力"实验中，分别在两个相同的烧杯中盛有水和某种液体，用两个相同酒精灯对其加热。

（1）实验中应该控制水和液体的初温和_____都相等。

（2）加热过程中，发现要使它们上升相同的温度，需给水加热的时间要长一些，这是因为_____。

（3）停止加热后，水和液体在相同时间内放出的热量相等，温度随时间变化如图丙所示，分析图像可以得出该液体的比热容为_____ J/（kg·℃）。[水的比热容为 $4.2×10^3$ J/（kg·℃）]

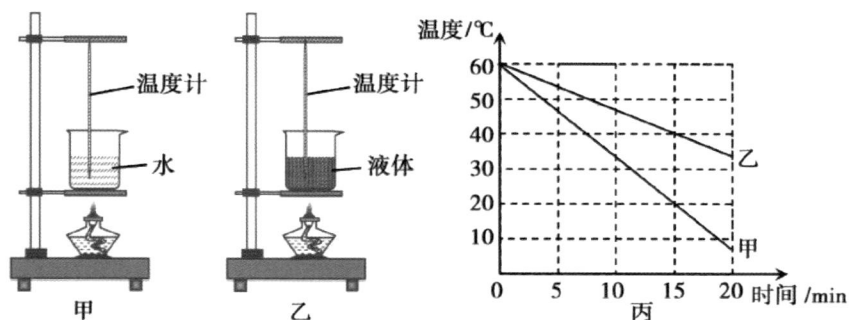

本题中的甲图实验对应的是丙图中的乙直线，乙图实验对应的是丙图中的甲直线，这种错位的设置会给答题者带来困扰，丙图中用"甲、乙"标注直线也不规范，可以将丙图中的"甲、乙"改为用字母表示。

四、选择题的命制

选择题在试卷中占据重要地位，以客观、简洁的形式出现，能够高效地评估学生对课程知识的掌握程度。通过精心设计的选项，选择题不仅考查学生的记忆和理解能力，还能测试学生分析、判断和综合等更高层次的思维技能。试卷结构中，选择题通常用于快速筛选和评估学生的基础水平，为后续更深入的题目打下基础。同时，由于其标准化的特点，选择题有助于实现评分的一致性和公正性，是大规模考试中不可或缺的题型。国际上的标准考试常常采用大量的选择题进行测试，通过量化的数据实现对学生能力的评价。

1.选择题的考查优点

选择题考查信息量大，知识点覆盖面广，设置的选项可以有较为广泛的情景，四个选项可以是一个知识点，也可以是四个知识点。选项可以对学生的作答有提示作用，可使考生的思维易于定向集中，排除无关因素的干扰。

【2021年安徽中考卷】下列说法正确的是（　　　）

A.在气体中，流速越大的位置压强越大

B.跳远运动员起跳前要助跑是为了增大惯性

C.导体在磁场中运动时一定会产生感应电流

D.家庭电路发生火灾时，要先切断电源，不能直接泼水灭火

本题为典型的考查四个知识点的选择题，增大了试卷的知识覆盖面。

【2022年安徽中考卷】把凸透镜正对着太阳，在距凸透镜10 cm的光屏上得到一个最小、最亮的光斑；若将一支点燃的蜡烛放在此凸透镜前30 cm处，在凸透镜的另一侧调节光屏的位置，可得到烛焰清晰的（ 　　　）

　　A.倒立、缩小的实像　　　　　　B.倒立、放大的实像

　　C.倒立、等大的实像　　　　　　D.正立、放大的虚像

本题四个选项都围绕一个问题——凸透镜的成像的特点，具有鲜明的排他性。

2.选择题的考查缺点

选项可能会限制考生的思维活动，不易考查考生的思维过程和表达能力，也不能防止考生通过猜测来答题。此外，较难的选择题会出现区分度低的情况。

【2023年安徽中考卷】图示为某电动机的原理图，EF、PQ为螺线管，$abcd$为电动机的线圈，OO'为转轴。闭合开关，从O点沿转轴观察，线圈顺时针转动，则

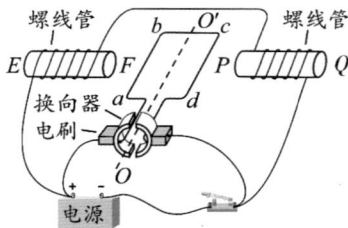

　　A.螺线管F端为N极，P端为N极

　　B.螺线管F端为S极，P端为S极

　　C.若将电源的正负极对调，从O点沿转轴观察，线圈仍顺时针转动

　　D.若将电源的正负极对调，从O点沿转轴观察，线圈将逆时针转动

本题的答题结果分析见表5，说明总分高的学生对此题的作答得分没有

总分低的学生高。从答题情况看，根据抽样统计（实考总人数的10%），错选D的占比约为50%（如图5）。究其原因，主要是因为选择题这一题型存在自身的弊端（学生可能用猜的方式作答，尤其是不会此题的学生），总分高的学生只分析了一种因素（线圈电流方向改变或磁场方向改变），因此会错选D，而总分低的学生猜对的概率也有25%。当然，也不能因为区分度低于零而忽视了本题的学科评价价值。

表5　2023年安徽中考卷第17题答题结果分析

平均分	难度	区分度	前27%平均分	后27%平均分
0.583	0.291 5	−0.007 7	0.581	0.596

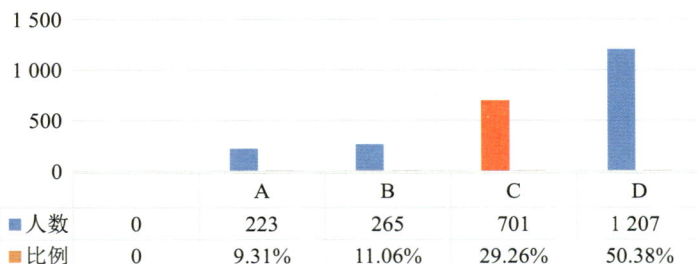

图5　2023年安徽中考卷第17题答题选项抽样统计

3.选择题在整卷中的作用

选择题在试卷中占有一定的权重，便于试卷标准化；选择题的难度一般要比整卷难度低，对全卷难度具有调控作用。

4.选择题的命制要求

（1）题干应包括做出正确选择所必需的全部条件，选项不再做条件上的论述，即各个选项是互相独立的；

（2）题干的表述准确、简洁，不出现与答案无关的线索；

（3）题干与各选项的内容在知识上要契合；

（4）选择题要慎用否定结构，如需要选错误的，尽量使用"错误的是"，而慎用"不正确的是"或"不对的是"，如要使用，应在"不"字下面加着重号。如果是多选题，则不宜采用否定结构；

【2019年全国高考北京卷】光电管是一种利用光照射产生电流的装置，当入射光照在管中金属板上时，可能形成光电流。表中给出了6次实验的结果。

组别	次	入射光子的能量/eV	相对光强	光电流大小/mA	逸出光电子的最大动能/eV
第一组	1	4.0	弱	29	0.9
	2	4.0	中	43	0.9
	3	4.0	强	60	0.9
第二组	4	6.0	弱	27	2.9
	5	6.0	中	40	2.9
	6	6.0	强	55	2.9

由表中数据得出的论断中不正确的是（　　　）

A. 两组实验采用了不同频率的入射光

B. 两组实验所用的金属板材质不同

C. 若入射光子的能量为 5.0 eV，逸出光电子的最大动能为 1.9 eV

D. 若入射光子的能量为 5.0 eV，相对光强越强，光电流越大

本题的答案是B。两组实验所用的金属板材质不同（不正确），正确的结论应该是两组实验所用的金属板材质相同。可见，这种用选错误选项的答题方式有时候会给学生增添做题的难度，容易造成会的学生答错的现象。

（5）干扰项（错误项）应能反映考生的典型错误，对教学有很好的导向作用。

【2020年届蚌埠市高三第三次质量检查考试】（多选）如图所示，质量为 M 的木板静止在光滑水平面上，木板左端固定一轻质挡板，一根轻弹簧左端固定在挡板上，质量为 m 的小物块从木板最右端以速度 v_0 滑上木板，压缩弹簧，然后被弹回，运动到木板最右端时与木板相对静止。已知物块与木板之间的动摩擦因数为 μ，整个过程中弹簧的形变均在弹性限度内，则

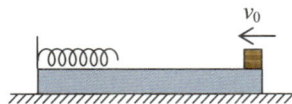

A. 木板先加速再减速，最终做匀速运动

B. 整个过程中弹簧弹性势能的最大值为 $\dfrac{Mmv_0^2}{4(M+m)}$

C. 整个过程中木板和弹簧对物块的冲量大小为 $\dfrac{Mmv_0}{M+m}$

D. 弹簧压缩到最短时，物块到木板最右端的距离为 $\dfrac{Mmv_0^2}{2\mu(M+m)g}$

本题答案为 A、B，此题难度系数为 0.21（全卷最难），区分度为 0.06（全卷最低）。答题的情况统计如图 6 所示，从图中可以看出，错选 D 的比例最高，反映出学生普遍存在的问题，即在图示的情境中，克服摩擦力做的功与相对位移的关系；此外，C 选项的设置指向学生可能容易发生的错误，即忽视了物体所受重力的冲量，认为在竖直方向上，合力的冲量为零，故木板对物体的摩擦力冲量等于物体动量的变化。

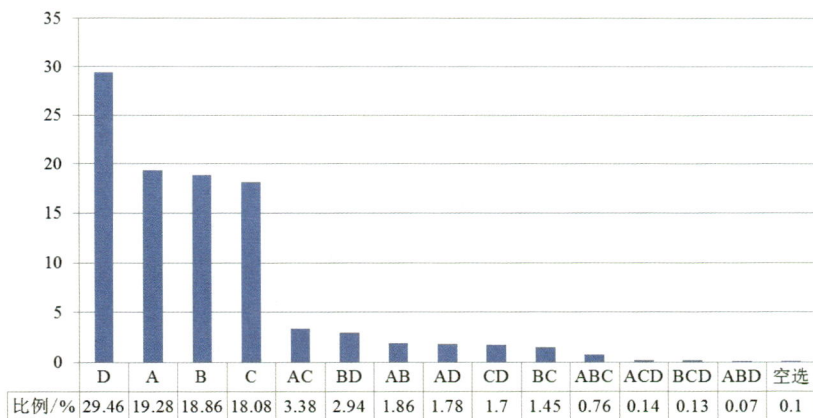

比例/%	D	A	B	C	AC	BD	AB	AD	CD	BC	ABC	ACD	BCD	ABD	空选
	29.46	19.28	18.86	18.08	3.38	2.94	1.86	1.78	1.7	1.45	0.76	0.14	0.13	0.07	0.1

图 6　答题结果统计

（6）正确选项和错误选项都应在逻辑上与题干一致。正确选项和错误选项的长度、结构等应尽量相近，要尽量避免出现"三长一短"或"三短一长"的现象。当然，有时候正确的选项要想完全无歧义，就必须用较多的文字叙述，这也是选择题的一个弊端。

5. 选择题编制的规范原则

（1）选项中同时有文字和图时，文字和图应该统一为一个选项。

如：留心周围的生活情景，你会时刻从中感受到物理知识的无穷魅力。请判断如图所示四个情景中哪个说法是正确的（　　　）

 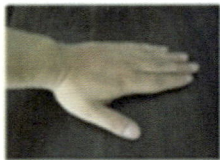  

A   B   C   D

A.如果脚与地面没有摩擦，走路会变得很轻松

B.手拍桌子感到疼，是因为力的作用是相互的

C.驾驶员系安全带是为了减小行驶中人的惯性

D.苹果在下落过程中只受重力作用

本题有两组 ABCD 选项，显然不符合试题的规范，有以下两种修改方案：

方案1：将图和选项合二为一。

 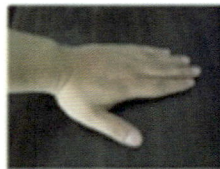  

A.如果脚与地面没有摩擦，走路会变得很轻松　　B.手拍桌子感到疼，是因为力的作用是相互的　　C.驾驶员系安全带是为了减小行驶中人的惯性　　D.苹果在下落过程中只受重力作用

方案2：图用文字标注，结合图来设计选项。

甲   乙   丙   丁

A. 图甲中, 如果脚与地面没有摩擦, 走路会变得很轻松

B. 图乙中, 手拍桌子感到疼, 是因为力的作用是相互的

C. 图丙中, 驾驶员系安全带是为了减小行驶中人的惯性

D. 图丁中, 苹果在下落过程中只受重力作用

（2）选项只有图时, 各图就是选项, 不用在图下再标注第几题图。

【2023 年全国高考乙卷】小车在水平地面上沿轨道从左向右运动, 动能一直增加。如果用带箭头的线段表示小车在轨道上相应位置处所受合力, 下列四幅图可能正确的是（　　）

本题的四幅图即为选项, 故在每个图下标注 ABCD 即可。

【2020 年安徽省高中学业水平测试卷】下面四幅图中, 分别标出了带电粒子刚进入磁场时所受洛伦兹力的方向, 其中正确的是（　　）

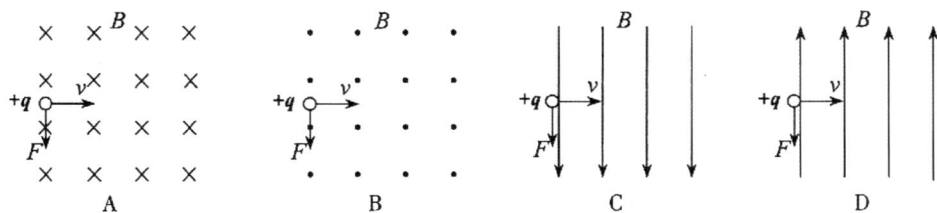

第 39 题图

由于图为选项, 故下面标注的"第 39 题图"应删去。

（3）可以用单选的方式实现多选。在单项选择题中, 如果想设置成多个答案正确, 可以用组合的方式实现。

以下是某同学对几种现象的分析和认识: ①淋湿了的小狗用力抖动身

体，利用惯性抖落身上的水；②植物通过光合作用，将化学能转化为太阳能；③小鸟"站"在高压线上不会触电，利用了鸟爪绝缘性好的特点；④松树的叶子演变成针状，采取减小蒸发面积的方法减少水分的散失。其中合理的是（　　）

  A.①②   B.③④   C.②③   D.①④

五、非选择题的命制

非选择题在物理试卷中占据着核心地位，因为它们能全面地评价学生对物理知识的掌握程度和理解深度。这些题目通常要求学生不仅记忆和回忆物理概念，还要深入分析、批判性思考和创造性解决问题。通过这类题目的练习，学生能够将抽象的物理理论与具体的实际情境相结合，加深对物理法则的理解和应用。

1.非选择题的类型

目前中、高考的物理学科非选择题主要包括填空题、计算与推导题、实验题、作图题等。实验题则是主要以填空和作图的形式呈现。

2.非选择题的命制要求

（1）填空题要求考生填空的一般是关键性的内容，若用符号、数字等应有所提示。一道填空题中可以有几个空位，2020年之前安徽省中考物理有3道是两空的填空题，2020年之后填空题都为一空。

【2018年安徽中考卷】一台额定功率为2 000 W的电热水器，水箱内装有50 kg的水，要把这箱水从20 ℃加热到60 ℃，热水器正常工作需要___s；若水吸收的热量完全由燃烧天然气提供，则需要完全燃烧_____m³的天然气 [不计能量损失，已知$c_水$=4.2×10³ J/（kg·℃），$q_{天然气}$=4.2×10⁷ J/m³]。

【2020年安徽中考卷】某同学家使用燃气热水器，平均每天需将100 kg的水从18 ℃加热到58 ℃。若天然气完全燃烧放出热量的70%被水吸收，则热水器平均每天消耗天然气_____m³[$c_水$=4.2×10³ J/（kg·℃），$q_{天然气}$=4.0×10⁷ J/m³]。

以上两题都考查了热学部分比较重要的公式和计算，但前者为两空的设置，为学生答题做了铺垫，后者为一空，若没有前者第一空的铺垫，试题难度会增加。

（2）为方便考生解答试题，要编写好试题的指导语，对每道试题的设问要求都应当有所说明。如在填空题后提示选填什么，或结果需保留几位小数等。

（3）主观题占分比例较大时，评卷中容易产生评分误差，以致影响考试信度。因而可以采取一道大题中又分成若干小题，小题之间所用的条件互有联系，但小题的解题过程既可独立也可以相互联系，尽量不因前面小题的错误影响后面小题的作答。要注意试题解答的长度与复杂性，试题的复杂程度和难度有一定的梯度，有难有易。一般采取先易后难的设置方式，符合学生答题的习惯。

（4）在命制试题的同时，还要写出试题答案及评分参考。评分参考应规定每一问题的分值，在评分过程中应坚持同样的评分方法。若试题解答并未包括全部解法（如计算题的多种解法），要注明其他合理答案也应给分，或注明合理的评分细则。非选择题对阅卷老师的要求较高，存在主观评分误差，应在参考答案和评分标准中给出详细的解答过程，并对可能的其他答案给予说明，即其他合理或等效解答均可得分。若为开放性答案，可给出赋分的相应层次，鼓励创新答题。

六、试题的难度控制

一道试题的难度或一张试卷的难度是一个相对值，需要命题人根据实际情况进行合理的设置。通常关注的数据包括：平均分、难度系数、优秀率、及格率、区分度等。

1. 反映试题难易的参数——平均分和难度

（1）平均分是指参加考试的全体考生的平均得分；难度系数指均分与满分的比值。这两个数据通常可以衡量区域内学生整体的得分情况，也可反映试卷在本区域的难易程度，给命题者提供试卷在区域内的评价结果。统计时需关注学科整卷的难度、试卷各小题的难度。图7为蚌埠市2023年中考各科的难度，反映了各科试卷的难易程度，也从侧面反映了各学科的整体质量对比。

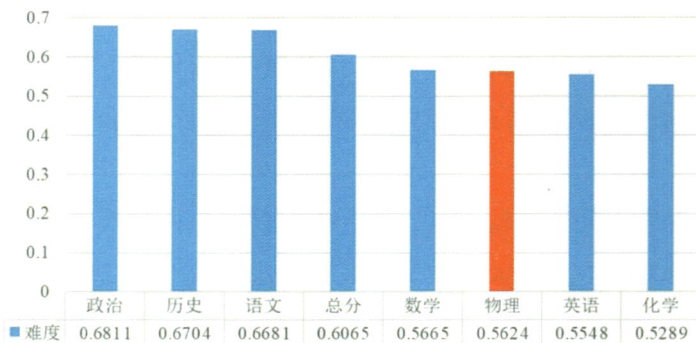

	政治	历史	语文	总分	数学	物理	英语	化学
难度	0.6811	0.6704	0.6681	0.6065	0.5665	0.5624	0.5548	0.5289

图7　蚌埠市2023年中考各科难度统计

（2）图8为近19年蚌埠市中考物理的难度统计，反映了全市物理学科教学的整体趋势及试卷难度的整体变化趋势。

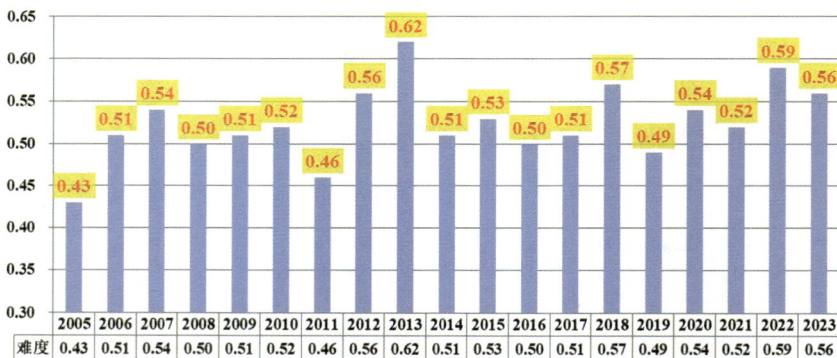

	2005	2006	2007	2008	2009	2010	2011	2012	2013	2014	2015	2016	2017	2018	2019	2020	2021	2022	2023
难度	0.43	0.51	0.54	0.50	0.51	0.52	0.46	0.56	0.62	0.51	0.53	0.50	0.51	0.57	0.49	0.54	0.52	0.59	0.56

图8　2005—2023年蚌埠市中考物理学科难度统计

（3）表6至表9为近4年安徽省中考物理难度低于0.5的试题统计（以蚌埠市为例）。

①2020年中考物理难度系数低于0.50的试题（36分）。

表6　2020年安徽省中考物理学科难度系数低于0.50的试题分析

题号	题型	分值	双向细目表	难度
题8	填空题	2	杠杆平衡条件的计算	0.21
题6	填空题	2	机械效率、机械功的计算	0.34

题号	题型	分值	双向细目表	难度
题9	填空题	4	热量的计算	0.39
题22	计算与推导题	9	串、并联电路的应用	0.40
题15	选择题	2	受力分析(平衡力与作用力)	0.43
题23	计算与推导题	9	压强、浮力的计算	0.43
题7	填空题	2	焦耳定律的计算	0.49
题18	实验题	6	磁生电实验(语言描述)	0.49

从题型看，难度大的试题以计算题为主，仅有2题为非计算题。

②2021年中考物理难度系数低于0.50的试题（30分）。

表7　2021年安徽省中考物理学科难度系数低于0.50的试题分析

题号	题型	分值	双向细目表	难度
题10	填空题	2	电热的计算	0.4
题23	计算题	8	电功率综合	0.44
题8	填空题	2	机械效率的计算	0.45
题17	选择题	2	动态电路	0.49
题2	填空题	2	熔化	0.5
题13	选择题	2	机械能转化	0.5

与2020年相比，整卷的难题系数发生了变化，可以看出，试卷同时关注了计算能力和物理思维品质在选拔功能上的体现。

③2022年中考物理难度系数低于0.50的试题（18分）。

表8　2022年安徽省中考物理学科难度系数低于0.50的试题分析

题号	题型	分值	双向细目表	难度
题10	填空题	2	电热的计算	0.4
题23	计算题	8	电功率综合	0.44
题8	填空题	2	机械效率的计算	0.45
题17	选择题	2	动态电路	0.49
题2	填空题	2	熔化	0.5
题13	选择题	2	机械能转化	0.5

整卷难度最大的都是计算类型的试题。

④2023年中考物理难度系数低于0.50的试题（24分）。

表9 2023年安徽省中考物理学科难度系数低于0.50的试题分析

题号	题型	分值	双向细目表	难度
题23	计算与推导题	8	二力平衡、浮力、密度的综合分析与计算	0.23
题17	选择题	2	电流的磁效应、磁场对电流的作用	0.29
题9	填空题	2	并联电路的特点、欧姆定律	0.31
题19（1）	实验题	2	探究平面镜、凸透镜成像的特点	0.34
题5	填空题	2	压力和压强的计算	0.44
题10	填空题	2	并联电路的特点、欧姆定律	0.45
题22	计算与推导题	6	吸热的计算、电功率的计算、能量转化	0.49

可以看出，2023年最难的试题中，有3道为非计算的试题，这体现了计算和思维两种能力都在选拔功能上发挥了作用。从四年的变化趋势可以看出，以计算能力和思维能力作为难度大的试题，可以很好地实现试题的选拔功能，两种题型的比重不同，也会对全卷的难度产生不同的影响。

2.优秀率和及格率

优秀率是指优秀人数与总人数的比值，及格率是及格人数和总人数的比值。通常情况下，优秀率可以反映优秀学生的情况，体现了整卷的选拔功能；及格率则反映整体的达标情况，能体现整卷的合格评价功能。图9为蚌埠市2023年中考各科的优秀率，从图中数据可知，物理学科的优秀率接近20%，与总分优秀率10.64%相比，反映出物理学科优秀学生人数要比总分优秀人数多。

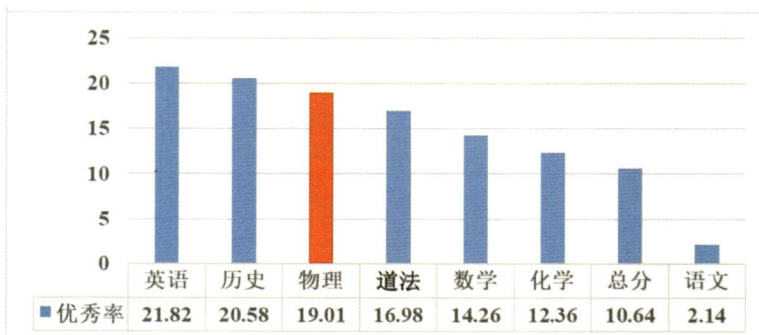

	英语	历史	物理	道法	数学	化学	总分	语文
优秀率	21.82	20.58	19.01	16.98	14.26	12.36	10.64	2.14

图9 蚌埠市2023年中考各科的优秀率

图10为蚌埠市2023年中考各科的及格率，从数据可知，物理学科的及格率低于总分的及格率，反映出物理学科不合格的人数较多，这与优秀率的数据正好相反，反映出学生物理学科学习的两极分化情况较为严重。

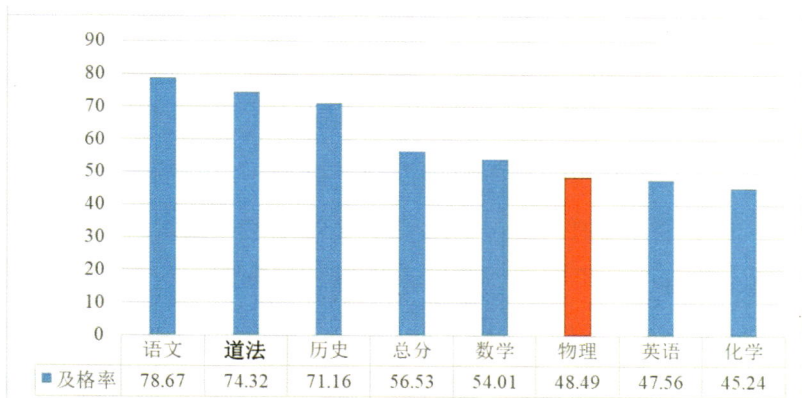

	语文	道法	历史	总分	数学	物理	英语	化学
及格率	78.67	74.32	71.16	56.53	54.01	48.49	47.56	45.24

图10　蚌埠市2023年中考各科的及格率

3.区分度

将全体考生的总分从高到低排列，总分最高的27%考生定为高分组，总分最低的27%考生定为低分组，分别统计两组考生在某道题目上的难度，两个难度之差就是这道题的区分度，用D表示。通常D为正值，称为积极区分；D为负值，称为消极区分；D值为0，称为无区分作用。具有积极区分作用的试题，其D值越大，区分的效果越好。

对物理学科的试卷来说，计算题都是区分度最高的试题，说明对于高分段和低分段的两类学生来说，计算能力是最容易区分的一种能力。

有些试题的区分度过低，要分析产生的原因，寻找可以改进的措施。

【2011年安徽中考卷】在原子内部，核外电子绕原子核运动会形成一种环形电流，该环形电流产生的磁场使物质微粒（原子）的两侧相当于两个磁极。若图中箭头表示的是电子绕原子核运动的方向，则环形电流的左侧应该为_____（选填"N"或"S"）极。

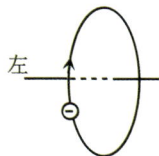

本题当年的难度为0.35，属难题，但区分度为-0.08，说明总分高的学生此题的得分率低于总分低的学生，这是因为本题考查了两个知识点：一是知道电子运动的方向与电流的方向相反，二是能根据右手螺旋定则来判断磁场的方向。这两个知识点中包含几个方向之间的关系，分别为电子运动的方向、电流的方向和磁场的方向，三个方向相互关联，若有一个关联错了，则不能正确答出磁极的极性。故对高分段的学生来说，本题若只理解了一个方向，则仍会答错，而对于完全不会做的学生来说，答对的概率也为50%，这样就会出现区分度为负值的情况。这与本题的题型设置有关，由于是一空的设置，而且是二选一的设问，学生可以通过随机猜测进行答题，故无法评价学生在解题过程中对哪两个方向的关联理解正确或错误，也无法判断答对的学生是否真正地理解了要考查的知识。为改变这种情况，可将本题改为以下设问方式：

在原子内部，核外电子绕原子核运动会形成一种环形电流，该环形电流产生的磁场使物质微粒（原子）的两侧相当于两个磁极。若图中箭头表示的是电子绕原子核运动的方向，则电子运动形成的环形电流方向与图示箭头方向_____（选填"相同"或"相反"），环形电流的左侧应该为_____（选填"N"或"S"）极。

上述设问的第一问提示了学生先要分析电子运动方向与电流方向之间的关系，为第二问做了铺垫，避免学生将电子方向当成电流方向进行判断的错误，可以有效地避免区分度过低的情况。

七、试题命制的素材来源

素材是试题命制的基石，其质量直接影响题目的真实性和评价的有效性。命题时要精选能提供丰富情境的素材，使试题更具教育价值。

1.现行使用的教材
教材是课程专家和教学专家的集体智慧结晶，经过多轮使用和修改，其文字叙述及排版等都具有权威性，具有极高的科学价值和评价价值。利用教材中的资源作为命题素材，可以很好地引导教学重视教材，也可以让试题更接近教学，对教学有很好的导向性。学生对取材于教材的试题会感觉比较熟悉，可以降低做题的门槛。

如人民教育出版社初中物理教材中关于液体压强公式的推导，是设想液体中有一个"平面"，平面所受的压力等于平面上方液柱所受的重力，继而推出液体的压强公式。以下为根据此内容改编的试题：

【2013年安徽中考卷】在研究液面下深度为 h 的液体压强时，可以设想这里有一个水平放置的"平面"，这个平面以上的液柱对平面的压力等于液柱所受的重力。如图所示，设"平面"的面积为 S，液体的密度为 ρ，用压强公式就能求出该处液体的压强。若减小所选"平面"的面积 S，该处的液体压强将如何变化（　　　）

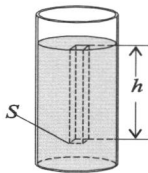

　　A.增大　　　　B.减小　　　　C.不变　　　　D.无法判断

可以看出，本题的这种设问让学生分析面积的变化是否影响液体压强，从而形成对液体内部压强的完整认识。这种命题是对教材中内容的拓展与延伸，弥补了教材没有对面积 S 进行说明的缺憾，丰富了液体压强公式的推导过程。

再如人民教育出版社2017年版高中物理必修第二册第102—105页新增加了《课题研究》栏目，其中研究第一个样例为"关于甩手动作的物理原理研究"，以下是以该内容为素材命制的试题：

【蚌埠市2021届高三年级第三次教学质量检查考试】某同学用频闪摄影的方式拍摄了把手指上的水滴甩掉的过程。如图甲，A、B、C 是最后三个拍摄时刻指尖的位置。把图甲简化为图乙的模型，在甩手过程中，上臂以肩关节 O_1 为转动轴转动，肘关节 O_2 以 O_1 为圆心做半径为 r_1 的圆周运动，

腕关节 O_3 以 O_2 为圆心做半径为 r_2 的圆周运动，到接近 B 的最后时刻，指尖 P 以腕关节 O_3 为圆心做半径为 r_3 的圆周运动。

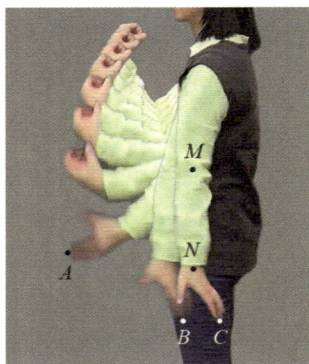
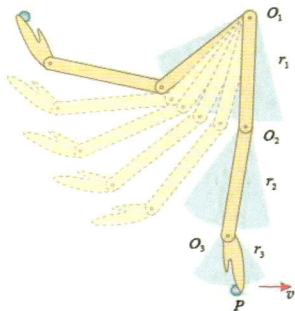

甲　　　　　　　　　　　乙

（1）测得 A、B 之间的距离为 26 cm，频闪照相机的频率为 25 Hz，则指尖在 A、B 间运动的平均速度 v 为_____m/s，粗略认为这就是甩手动作最后阶段指尖做圆周运动的线速度。

（2）指尖在 B 点的向心加速度为_____。（用字母表示）

（3）用这种方式可以使指尖的水滴产生巨大的向心加速度，其原因是：_____。

本题以新教材中增加的课题研究内容为命题素材，引导教师重视教材内容的教学，体会教材栏目设置的目的，同时本题创新了实验题考查的形式和内容。

2.国外的教材

下图左为浙江教育出版社引进出版的美国高中主流教材《物理原理与问题》中的素材，右图为根据其改编的试题：

图中所示的叶子有多长？测量结果的估计值又是多少？

【2012 年安徽中考卷】如图所示，某同学测量一片树叶的长度，读数为_____ cm。

可以看出，美国教材中的题目是以生活中的物体长度的测量为考查点，而我们常见的试题很多都是测量规则形状的物体长度。学生学过测量的知识后应该能在生活中测量真实物体的长度，而生活中需要测量的物体更多的是不规则的物体，如何考查测量的素养，本题给出了较好的评价方法。

3.其他教材（包括竞赛教材、大学教材等）

利用大学和竞赛内容为素材进行高中物理命题，可以规避机械刷题的现象，命题时要紧扣试题所考查的方法和思想，将知识内容降低到高中的要求，体现物理学科思维考查的特点，增加试题的选拔功能。如下为高中物理竞赛教材中的一道试题：

一只木筏离开河岸，初速度为 v_0，方向垂直于岸，划行路线如图虚线所示，经过时间 T，木筏划到路线上 A 处，河水速度恒定为 u，且木筏在水中划行方向不变，用作图法找到 $2T$，$3T$，…时刻此木筏在航线上的确切位置。

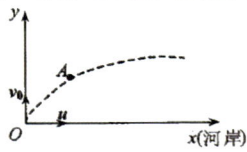

以下为根据上题改编的试题：

【蚌埠市2024届高三年级第三次教学质量检查考试】如图甲所示，某工人在流水线上切割玻璃，在水平工作台面建立平面直角坐标系 xOy，玻璃沿 x 轴运行的速度 u 恒定不变，切割时刀头的初速度 v_0 沿 y 轴方向，运动过程中刀头相对玻璃的速度方向保持不变且逐渐减小,经过 T 时间刀头运动到 A_1 点,如图乙所示,经过 $2T$、$3T$ 时间刀头运动到 A_2、A_3 点,则刀头的轨迹可能是(　　)

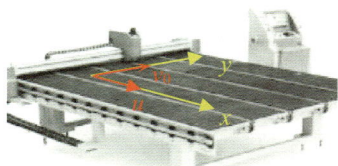
甲

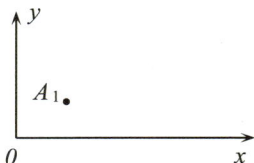
乙

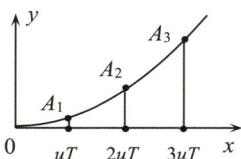
A

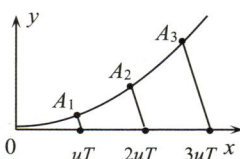
B

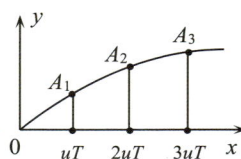
C

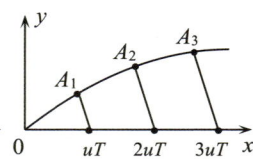
D

本题将原题中的信息进行修改,设置了生产中的一个实际情境,突出对运动合成与分解的考查。试题改为选择题的形式呈现问题,降低学生答题的难度,同时选项的设置明确了问题的指向。

4.以原有的试题为素材

对原题的改编是对原题的一次再创造,也是教师最喜欢的一种命题方式,这是因为原题已经提供了基本的素材,命题者只需对原题的设问或已知信息进行相应的修改。这种命题往往带有原题的影子而又与原题有所不同,改编后的试题需有新的考查特点,不能是原题的一种简单重复。

【2008年安徽中考卷】一辆汽车在水平路面上匀速行驶:

(1)若汽车的牵引力用 F 表示,速度用 v 表示,发动机的功率用 P 表示,请你推导出 F、P 和 v 之间的关系式:$P=Fv$。

(2)若汽车的发动机在 $90\ \mathrm{kW}$ 的额定功率下工作,此时汽车匀速行驶的速度大小为 $30\ \mathrm{m/s}$,求牵引力 F 的大小和所受阻力 f 的大小。

【2012年安徽中考卷】一辆小汽车在平直公路上匀速行驶,发动机的牵引力为 $2\,000\ \mathrm{N}$,速度为 $108\ \mathrm{km/h}$。

（1）求小汽车匀速行驶时受到阻力的大小。

（2）求牵引力在 10 min 内所做的功。

（3）若牵引力用 F 表示，速度用 v 表示，请推导出牵引力的功率 $P=Fv$。

以上两题均以汽车运动时牵引力的功率为考查点，不同的是，前题先考查公式 $P=Fv$ 的推导，然后据此进行个例的计算，属于演绎推理的考查；而后者则先进行个例的计算，然后对普遍公式进行推导，属于归纳推理的考查。可见，虽然后者是根据前者进行的改编题，但后者又有前者不同的考查功能。

5.诊断教学的素材

利用教学过程中的素材进行试题的命制，往往具有很强的教学导向，这种素材有时候是教学或学生学习中常见的错误，命题者希望借此来纠正这种错误，或是针对教学中好的做法，命题者希望推广这种做法。这类试题来自教学，也会反哺教学，能实现考试评价对教学的正确导向功能，促进教学评的统一。

【2009年安徽中考卷】小红在做"用滑动变阻器改变电流"的实验时，连接好如图所示的电路，将滑动变阻器的滑片滑到最大阻值处，闭合开关 S，发现小灯泡 L 不亮。接下来，以下做法最合理的是（　　）

A.观察电流表有无读数，判断电路是否断路

B.断开开关 S，更换额定功率更大的灯泡重新实验

C.断开开关 S，增加电池的个数重新实验

D.断开开关 S，拆掉导线重新连接电路

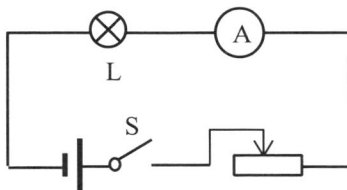

本题再现了学生做实验过程中的一种常见错误，即在发现灯泡不亮时就以为是"电路出现了断路的故障"，而实际的原因可能是因为灯泡的实际电功率太小。

【2010年高考安徽卷】利用图示装置进行验证机械能守恒定律的实验时,需要测量物体由静止开始自由下落到某点时的瞬时速度v和下落高度h。某班同学利用实验得到的纸带,设计了以下四种测量方案。

a.用刻度尺测出物体下落的高度h,并测出下落时间t,通过$v=gt$计算出瞬时速度v_0

b.用刻度尺测出物体下落的高度h,并通过$v=\sqrt{2gh}$计算出瞬时速度

c.根据做匀速直线运动时纸带上某点的瞬时速度,等于这点前后相邻两点间的平均速度,测算出瞬时速度v,并通过$h=\dfrac{v^2}{2g}$计算出高度h

d.用刻度尺测出物体下落的高度h,根据做匀速直线运动时纸带上某点的瞬时速度,等于这点前后相邻两点间的平均速度,测算出瞬时速度v_0

以上方案中只有一种正确,正确的是_____。(填入相应的字母)

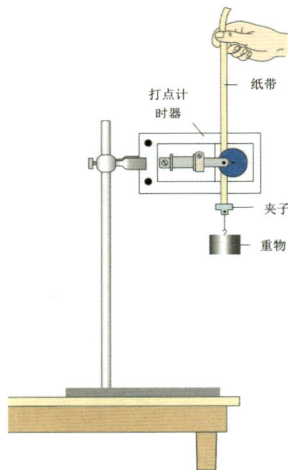

本题是以教学中一种常见的错误为素材命制的试题,在进行机械能守恒实验时,选项中a、b、c三种方案都将物体的运动看成自由落体运动,而自由落体运动的机械能是守恒的,故这三种方案均为循环论证,即用机械能守恒来验证机械能守恒。故本题旨在引导教学进行正确地验证机械能守恒的实验,对实验教学具有很好的诊断与纠偏作用。

6.来自创新教学的素材

物理是一门以实验为主的学科,随着技术的进步,许多创新的实验手段开始被教师运用,这些实验不仅是教学的素材,也可以作为命题的素材。如安徽省滁州中学万鹏老师所授的一节"向心加速度"课例中,使用智能手机进行了圆周运动加速度的探究。我们认为,这种利用现代技术进行物理探究

的方法值得更多教师学习和推广，于是以此为素材编制了以下的实验题。

【蚌埠市2020届高三年级第三次教学质量检查考试】小鹏用智能手机来研究物体做圆周运动时向心加速度和角速度、半径的关系。如图甲，圆形水平桌面可通过电机带动绕其圆心 O 转动，转速可通过调速器调节，手机到圆心的距离也可以调节。小鹏先将手机固定在桌面某一位置 M 处，通电后，手机随桌面转动，通过手机里的软件可以测出加速度和角速度，调节桌面的转速，可以记录不同时刻的加速度和角速度的值，并能生成如图乙所示的图像。

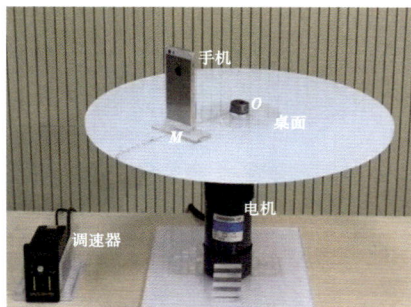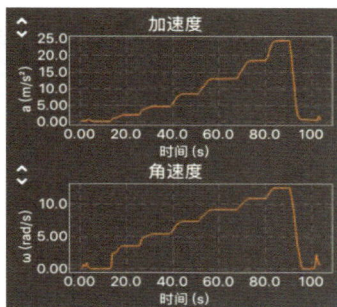

甲　　　　　　　　　　　乙

（1）由图乙可知，$t=60.0$ s 时，桌面的运动状态是＿＿。（填字母编号）

a.静止　　　　　　　　　b.匀速圆周运动

c.速度增大的圆周运动　　d.速度减小的圆周运动

（2）由图乙可以得到的结论是：＿＿＿＿＿＿＿＿＿＿＿＿。

（3）若要研究加速度与半径的关系，应该保持＿＿＿＿不变，改变＿＿＿，通过软件记录加速度的大小，此外，还需要的测量仪器是：＿＿＿＿。

本题以创新的实验教学为素材，引导教师利用现代技术融合实验进行物理教学。这类试题可以让更多的老师看到创新的实验方案，也推广了这种创新的教学方法。考试是指挥棒，如果有更多好的教学方法能进入试卷中，考试也必将能很好地引导教学。

八、一套试卷命制的流程与规范

1. 流程（见图11）

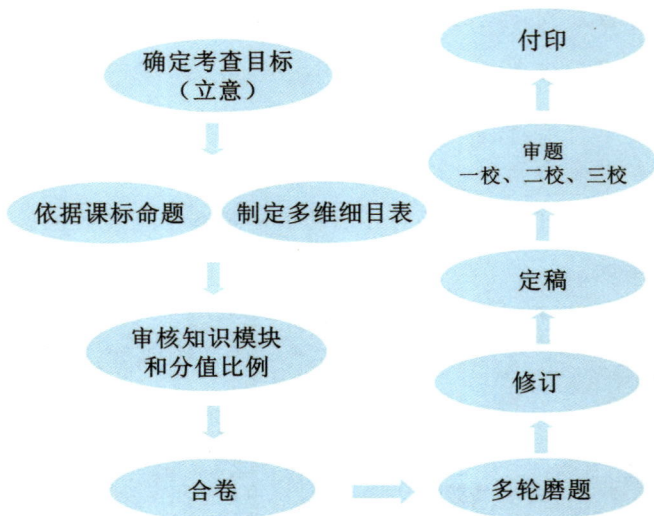

图11　试卷命制流程

2. 试卷规范性的要求（审核标准）

（1）卷头标题、各题分值及总分、考试时间、满分值是否正确；

（2）各大题分数相加是否为满分，各小题分数相加是否为大题的总分，所有小题的分数相加是否为全卷满分；

（3）整卷的题号顺序是否正确，选择题的选项字母有无错误；

（4）各图的下标与图是否正确，有无缺图；

（5）答题卷中的空格与设问是否一致；

（6）序号的顺序是否正确，序号后面的标点符号是否正确。如中文序号"一""二"等后面的标点符号应为"、"，而阿拉伯序号"1""2"等后面的标点符号应为"."。

（7）选择题题干后不设置括号，防止学生在试题卷上答题而没有在答题卷上答题。

3. 学科部分的要求

（1）题目是否有科学性错误或其他问题；

（2）物理符号是否正确（物理量的符号为斜体，单位符号为正体）；

（3）物理量的上下标是否正确；

（4）图标是否正确；

（5）答案与题目是否对应。

命题是一项技术，更是艺术，作为教师，要主动学习命题知识，培养自己的命题能力。作为命题者，一定要时刻做到"心中有题，处处有题"，要有一双能随时发现命题好素材的眼睛！

■ 终结性考试对教学的导向

　　终结性考试，包括学期结束前每个年级的期末考试（如全市范围内的统考）、初中学业水平考试、高中模块学分认定考试和高中学业水平考试等。作为一种重要的教学评价手段，每一次的终结性考试都担负着重要的责任，它既作为评价某个阶段教学效果的标准，同时承担着指导教学的重要功能。举行这些考试前一般都经过了较长时间的教学，因此这种考试应该对前一段时间的教学具有反思评估的功能，对以后的教学具有正确的导向功能。

一、关注三维目标，真正落实新课程多元的培养目标

　　新课程倡导"知识与技能""过程与方法""情感态度与价值观"的三维课程目标，传统的教学模式往往注重"知识与技能"的目标而忽略了"过程与方法""情感态度与价值观"的目标，终结性考试试题除了要关注第一种目标，还应该有意识地关注后两种目标，以纠正教学中只重视"知识与技能"目标的教学方式。

　　【例1】（蚌埠市2006—2007学年高一物理必修1学分认定考试）如图

所示，三名同学利用滑板（质量大约为1 kg）、两个砖块、弹簧秤（量程为 0~5 N）、停表、细线、胶带纸等器材进行探究实验，假设地板各处的光滑程度相同。

（1）他们首先在地板上用胶带纸标出一米长的距离，然后测量出缓慢拉动滑板匀速前进时弹簧秤的读数为0.2 N，此时滑板受到的摩擦力大小为_____N。

（2）在第（1）步的基础上，增加了0.5 N的拉力，使滑板由静止开始从起点滑至终点，若要测量这一过程中滑板的加速度a，在不增加其他器材的情况下，你觉得还应该测量哪些物理量？（用文字和符号描述）请用已知量和你测量的物理量来表示加速度a。

（3）为了研究滑板运动时加速度跟力的关系，在第（1）步和第（2）步的基础上，还应该完成哪些步骤。（答出步骤要点即可，不需说出实验结论）

【试题命制背景分析】本题是根据教材中"实验：探究加速度与力、质量的关系"改编的试题，题目提供了全新的情境，学生根据自己做过的实验进行分析处理，可以发现两个实验的原理是相同的。本题的另一个特色是配图呈现的探究现场，三位肤色不同的同学相互合作，包括一位坐轮椅的残障学生也能微笑地与同伴共同实验，其中蕴含了丰富的情感教育素材。该题不仅仅是对科学探究的简单考查，更体现了人与人之间合作交流的意识，同时启示学生人与人之间是平等的，不分肤色、健康与否，显然，配图赋予本题丰富的情感教育功能。

【例2】（安徽省2005年课程改革实验区初中毕业学业水平考试）人们常用"冰山一角"来形容事物显露出来的仅仅是其很小的一部分，更多的还隐藏在表面现象之下。事实上，冰山浮在海水中的确只露"一角"，那么这露出的"一角"到底占冰山大小的多少呢？请你用物理知识通过计算和简要的文字具体说明。

【试题命制背景分析】该题的题干中并没有给出数字信息，主要考查学生分析和处理信息的能力。传统教学中对计算的训练很多，应试教育模式中，学生的计算能力往往很强，本题虽是一道计算题，但与以往不同的是，本题的题干中并没有常见的数字信息，因此对学生分析信息和处理信息的能力要求很高。此外试题巧妙地把生活中的冰山一角和物理知识联系起来，使学生认识到事物之间的联系性，告诉学生物理学的价值，是一道很好的文理综合的试题，很好地渗透了情感态度与价值观的教育。

【例3】（蚌埠市2007—2008学年高一物理必修2学分认定考试）物理学中，微元法是一种"先分割逼近，找到规律，再累计求和，达到了解整体"的思维方法。这是一种深刻的思维方法，下列实例中没有应用到这一思想方法的是（　　）

A.在"探究弹性势能的表达式"的活动中，为计算弹簧弹力所做的功，把拉伸弹簧的过程分为很多小段，拉力在每小段可以认为是恒力，用各小段做功的代数和代表弹力在整个过程所做的功

B.研究抛体的运动规律时，将速度沿合适的两个方向进行分解

C.在解决变力做功和曲线运动时，将过程分解为许多小段，可以认为物体在每一小段受到的是恒力，这样也可以得到动能定理

D.分析匀速圆周运动的向心加速度时，根据加速度的定义，分析极短时间内速度的变化，可以推导出向心加速度的表达式

【试题命制背景分析】微元法是高中物理教材中一种重要的研究方法，在物理必修2中多次出现，实际是极限思想在物理学中的应用，这是高中物理新课程的一个重要理念，教师在教学中应该重视这些物理方法和思想的教育，关注"过程与方法"的培养目标。

二、关注科学探究，引导教学方式和学习方式的变革

科学探究教学是新课程的重要教学方式和学习方式，如何很好地进行科学探究教学，是新课程改革成功与否的一个重要标准。实际教学中也存在一些问题，部分教师还在用应试教育的方式进行探究式教学，将"科学探究"变成了"以练代探"，少部分教师认为只要能教会学生考试做题，不探究也没有关系。在这样的背景下，可以利用终结性考试中一些针对性试题来帮助教师转变观念。

【例4】（蚌埠市2007—2008学年高一物理必修2学分认定考试）物理课上，同学们在付老师的指导下，利用几根完全相同的橡皮筋、小车、打点计时器、长木板等器材进行"探究功与速度变化的关系"的实验。

（1）如图（1），实验时，先让小车在一根橡皮筋的作用下由静止弹出沿木板滑行，再用2条、3条……同样的橡皮筋并在一起进行第2次、第3次……实验，若把第一次实验时橡皮筋做的功记为W，为了保证第2次、第3次……做的功为$2W$、$3W$……，当增加橡皮筋的根数时，应该保证_____，小车的速度可以由纸带和打点计时器测出，进行若干次测量，得到若干组功和速度的数据。

（2）小明同学利用Excel软件处理数据，得出了$W-v$图像，如图（2）所示，此时同组的小刚同学说还要作出$W-v^2$的图像，如图（3）所示，说说小刚这么做的理由：_____。

（3）写出本实验中引起误差的一个因素：_____。

（4）本实验的结果与我们所学的一个规律是一致的，这个规律是____。（只要求写出规律的名称）

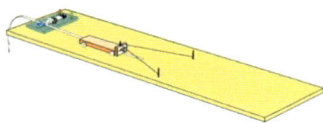
（1）

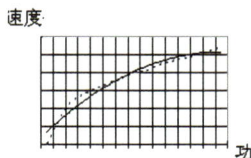
（2）功—速度关系

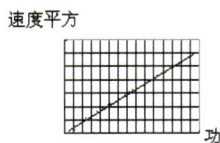
（3）功—速度平方关系

【试题命制背景分析】"探究功与物体速度变化的关系"是高中物理必修2中的一节重要内容,它改变了传统教材引入动能的方法,先让学生通过实验来探究功与速度变化的关系,通过这一探究培养学生的探究能力和分析能力,也对动能的可能表达式有感性认识,由此探究的结论结合理论推导得出动能的概念和动能定理。这样的处理方法突出了"功是能量转化的量度"的理念,更强调了过程性培养目标的重要性,教师在教学中应该关注这一变化。然而在实际的教学中,教师往往忽视这样的实验探究,由于各种原因(如实验器材缺乏或教师怕麻烦等),很多教师往往简单地用讲授来代替探究,显然这是与新课程理念背道而驰的。本题希望能对上述"以讲代探"的教学形式予以纠正,也希望能为今后的教学起到很好的导向作用。

【例5】(蚌埠市2006—2007学年高一物理必修2学分认定考试)在探究行星及卫星运动的规律时,王凯所在的小组根据孙老师提供的一些天体公转的半长轴 R 和周期 T 的值,利用 Excel 表格进行处理,得到下表。请你认真分析表格中的数据,完成下列各题:

名称	半长轴 $R/(\times 10^9\,\mathrm{m})$	周期 T/d	R/T $/(\times 10^9\,\mathrm{m \cdot d^{-1}})$	R^2/T $/(\times 10^{18}\,\mathrm{m^2 \cdot d^{-1}})$	R^3/T^2 $/(\times 10^{27}\,\mathrm{m^3 \cdot d^{-2}})$
水星	57.9	87.7	0.660 205	38.225 88	25.236 928 92
金星	108.2	224.7	0.481 531	52.101 65	25.088 554 37
地球	149.6	365	0.409 863	61.315 51	25.130 958 42
火星	228	687	0.331 878	75.668 12	25.112 564 60
木星	778	4 333	0.179 552	139.691 7	25.081 956 65
土星	1 426	10 759	0.132 540	189.002 3	25.050 405 57
天王星	2 869	30 686	0.093 495	268.238 3	25.079 050 12
海王星	4 495	60 188	0.074 683	335.698 6	25.070 861 84
同步卫星	0.042 4	1	0.042 400	0.001 798	0.000 076 225 02
月球	0.384 4	27.322	0.014 069	0.005 408	0.000 076 089 58

(1)分析太阳系的八大行星的运动数据,你可以得出什么结论?

(2)分析表格中的数据,你还能发现天体运动的什么规律?

【试题命题背景分析】本题取材于一堂物理新课程探究课，教学中教师引导学生对行星的运动规律进行了理论探究，学生利用教师给出的 R 和 T 数据，利用 Excel 表格进行数据处理，归纳得出规律。在本节教学中，教学方式往往非常单一，教师讲授为主，学生没有探究式的学习过程。新课程改革以来，教师往往比较重视实验探究教学，容易忽视理论探究的教学，高中物理教材中有丰富的理论探究素材，如"伽利略对落体运动的研究""太阳与行星之间的引力"等，如何利用好这些素材培养学生理论探究的能力，是教师在高中新课程实验中需要重点关注的一个课题。

三、创设多元化情境，突出"从生活走向物理，从物理走向社会"的新课程理念

新课程强调"从生活走向物理，从物理走向社会"的理念，终结性考试试题必须注意引导教师正确地贯彻这一理念。因此，在试题的命制过程中必须积极创设多元化的试题情境，关注生活实际，关注时政要闻，关注物理知识与"科学、技术、社会"的紧密联系，体现"从生活走向物理，从物理走向社会"的新课程理念。

【例6】（蚌埠市2006—2007学年高一物理必修1学分认定考试）小刚同学看新闻时发现：自从我国采取调控房价政策以来，曾经有一段时间，全国部分城市的房价上涨出现减缓趋势。小刚同学将房价的"上涨"类比成运动中的"加速"，将房价的"下降"类比成运动中的"减速"，据此类比方法，你觉得"房价上涨出现减缓趋势"可以类比成运动中的（　　　）

A.速度增大，加速度增大　　　　　B.速度增大，加速度减小

C.速度减小，加速度减小　　　　　D.速度减小，加速度增大

【试题命制背景分析】速度与加速度的关系是高中物理的一个重点和难点，生活中也存在类似的关系，本题希望能通过现实生活中"涨价"来类比速度和加速度的关系，考查学生是否能将物理知识迁移到现实生活中，是否

真正理解物理概念的内涵，是否真正理解互相制约的两个量之间的关系。

【例7】（2008年安徽省初中毕业学业水平考试）2008年4月6日，具有百年历史的上海外白渡桥南段在潮水上涨时，借助驳船受到的浮力将桥慢慢顶起，并在原地转向，由驳船经黄浦江运载到工厂进行维修（如图所示）。若外白渡桥南段装载到驳船后，驳船排开水的体积增加了580 m^3，则外白渡桥南段重为_____N。（水的密度$\rho = 1.0 \times 10^3\,kg/m^3$）

【试题命制背景分析】浮力知识是初中物理的重要内容，学生做此类计算题一般都比较熟练，但是本题的功能不仅仅是对"阿基米德原理"这一知识的评价，它通过浮力知识在实际中的一个具体应用，让学生更感性地体会物理学的价值，深刻地理解物理学与"科学、技术、社会"（STS）的紧密联系。

四、关注初、高中教学衔接，考查学生的综合能力

初中物理教学和高中物理教学的培养目标有所不同，但初、高中教学不应该是相互隔绝断裂的，必须处理好初、高中教学的衔接问题，引导初中教师关注高中教学。然而，现实中初、高中教师往往并没有太多的联系，这往往造成初、高中教学的脱节，初中教师往往局限在初中的教学模式里，很少关注高中学习必须具备的能力。如何培养出更适应高中学习的初中毕业生，如何培养出具有学习能力和探究能力的学生，是初中教学应该关注的问题。作为初中终结性考试的初中毕业学业水平考试，理应承担这一功能，通过试题体现这一思想，适当关注初、高中教学的衔接，考查学生的综合分析能力和知识的迁移能力，引导和促进教师树立长远的培养目标。

【例8】（2008年安徽省初中毕业学业水平考试）干电池是我们实验时

经常使用的电源，它除了有稳定的电压外，本身也具有一定的电阻。可以把一个实际的电源看成一个理想的电源（即电阻为零）和一个电阻 r 串联组成，如图a所示。

用图b所示的电路可以测量出一个实际电源的电阻值。图中 $R=14\ \Omega$，开关S闭合时，电流表的读数 $I=0.2\ A$，已知电源电压 $U=3.0\ V$，求电源电阻 r 的大小。

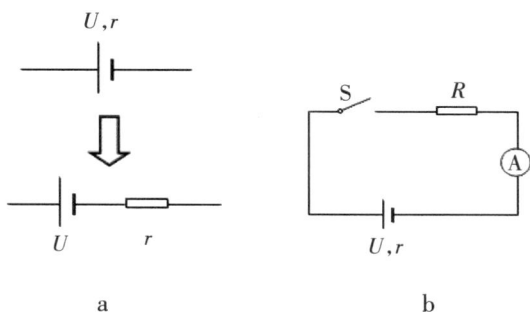

a   b

【试题命制背景分析】本题核心思想是将一个实际的电源等效成一个理想电源和定值电阻，这种电源在初中并没有介绍，但题干中详细描述了这种等效的思想，学生如果具备这种分析信息、处理信息的能力，很容易将图b中的实际电源等效成理想电源和定值电阻，下面的计算过程就迎刃而解了。希望能通过本题体现高中物理的一些思想，也让学生在解题之后能体会到在教材中没有涉及的思想。本题并没有超越课程标准关于串联电路规律的要求，却利用等效思想巧妙地将初、高中知识衔接起来，这种衔接深刻体现了命题者希望能突出学科内涵的理念，避免了初、高中教学的独立状态。

（本文发表于《物理教学》2009年第3期）

■ 例谈基于强调"过程与方法"的命题策略

新课程教学不仅强调知识与技能的培养，更关注过程与方法的指导，因此在考试中如何体现对过程与方法的考查，是命题者重要的研究课题。众所周知，考试是引导教学最有力的杠杆，要引导教学正确地实施新课程关注过程与方法的理念，就必须通过科学地命制试题，引导正确的教学导向，纠正题海战术的不科学教学方式，切实减轻学生的学业负担。本文以浮力知识的考查为例，谈谈基于强调过程与方法的命题策略。浮力是初中物理教材中的重要内容，包括浮力的产生原因、浮力的概念、浮力的计算方法、物体的浮沉条件等，浮力的内容出现在力、二力平衡、密度、压强等相关知识后，因此浮力的知识综合了力学中重要的研究内容和方法。

考查1：浮力的产生原因

我们知道，浮力的产生原因是液体对物体向上的压力和向下的压力之差。这一内容应该是教学关注的重点，教师应该引导学生利用已有知识自主探究浮力的产生原因。实际教学中，学生往往更重视对结论的记忆，笔者认为，浮力的产生原因包含了液体压强的计算、物体的受力分析及合力等相关知识，是强调过程与方法的好素材。

【例1】如图所示，一块长方体物块浸没在液体中，长方体的上下表面与液面平行，上表面到液面的高度为h_1，下表面到液面的高度为h_2，上、下表面的面积为S，设液体的密度为ρ，g为已知量。

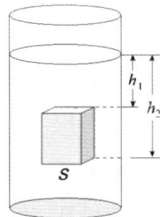

（1）求上、下表面受到的压力差及方向。

（2）除了上、下表面受到的压力，液体对四个侧面的压力有什么特点？

（3）根据阿基米德原理，证明浮力等于液体对物体向上的压力和向下的压力之差。

【答案】（1）上表面受到的压强$p_1 = \rho g h_1$，压力$F_1 = p_1 S = \rho g h_1 S$

下表面受到的压强$p_2 = \rho g h_2$，压力$F_2 = p_2 S = \rho g h_2 S$

液体对物体向上和向下的压力之差为

$$F = F_2 - F_1 = \rho g h_2 S - \rho g h_1 S = \rho g (h_2 - h_1) S$$

因为$h_2 > h_1$，故压力差的方向向上。

（2）同一深度处，液体对侧面的压强相等，压力相等，故侧面受到的压力为平衡力。

（3）根据阿基米德原理，$F_{浮} = \rho g V = \rho g (h_2 - h_1) S = F_2 - F_1$

故浮力等于液体对物体向上的压力和向下的压力之差。

【分析】本题全面地考查了浮力的产生原因，与直接使用结论进行计算不同，本题重点关注的是其中蕴含的过程与方法。第一问通过液体的压强计算求出上、下两个表面的压力差，根据两个压力的大小判断压力差的方向向上，这也是浮力产生的原因。在实际教学中，教师往往在此之后就直接得出浮力就是液体对物体向上的压力和向下的压力之差，故本题的第二问对四个侧面的受力情况进行设问，引导学生思考四个侧面受力的特点，根据液体内部同一深度的压强相等，得到四个侧面的受力均是平衡的，结合第一问的分析，能全面理解浮力产生的原因为什么是上、下两个面所受的压力之差。这种命题思路，可以评价教师是否完整地实施了浮力的产生原因的教学，也可以纠正只重视结论而忽略过程与方法的教学方式。第三问要求学生根据阿基米德原理，从另一个角度求出浮力，与上述两问进行比较，证明两者的结果相同，加深对浮力的认识。

由以上分析可知，本题还原了教学中对浮力产生原因的研究过程。我们认为，这种命题思路可以有效地评价教师在教学中是否真正实施探究教学，启发学生自主地探究浮力的产生原因，对课堂教学起到了很好的导向作用。

考查2：二力平衡在浮力知识中的运用

二力平衡在浮力知识中具有非常重要的地位，可以说，二力平衡是解决浮力问题的核心方法。因此，将这一方法的考查渗透在试题中，可以很好地引导教学。

【例2】（2015年安徽中考第9题）如图所示，重为1.5 N的圆柱体竖直漂浮在水面上，其底面积 $S = 30 \ cm^2$，则水对圆柱体下表面的压强为_____Pa，圆柱体下表面所处的深度 $h =$ _____cm。（水的密度为 $1.0 \times 10^3 \ kg/m^3$）

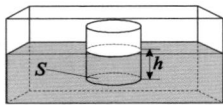

【分析】本题以一个在水面漂浮的圆柱体为背景，考查压强公式 $p = \dfrac{F}{S}$、液体的压强公式 $p = \rho gh$、阿基米德原理 $F_{浮} = \rho_{液} g V_{排}$ 及二力平衡知识，是一道综合性很强的试题。在求解第一问时，学生往往会首先想到液体的压强公式，然而由于下表面的深度未知，故必须采取其他途径，有两种策略可以完成求解：一是根据漂浮条件，求出浮力，继而求出排开水的体积，根据面积求出深度，最后根据深度求出压强。很显然，这种解法中存在重复运算，因此并非最佳的解题方法。

第二种解法是根据圆柱体的受力情况，液体对物体向上的压力应该等于其重力，因此，液体对物体向上的压强等于物体重力产生的向下的压强，可以求出第一问，再根据液体压强公式求出第二问。分析上述两种解法，很明显，第一种解法比较机械，第二种解法更具智慧，也更省时间。

其实，本题的第二种解法与教材中液体压强公式的推导过程是等效的：

"要想得到液面下某处的压强，可以设想这里有一个水平放置的'平面'，这个平面以上的液柱对平面的压力等于液柱所受的重力。在图1中，设液柱的高度为h，平面的面积为S。这个平面上方的液柱对平面的压力$F = G = mg = \rho Vg = \rho Shg$，平面受到的压强$p = \dfrac{F}{S} = \rho gh$，因此，液面下深度为$h$处液体的压强为$p = \rho gh$"（参见人教版物理八年级下册教材第34—35页）。很显然，本题中的圆柱体与液柱的效果相同，液柱在液体中静止，圆柱体漂浮在水中也是静止，因此，本题实际考查的是二力平衡知识，即使没有浮力的知识也可以根据二力平衡进行求解。

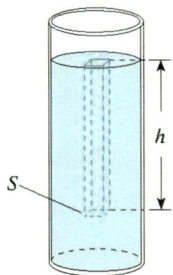

图1

继续思考，如果我们在进行液体压强的教学时，教师能让学生利用二力平衡的方法自主探究其公式，在进行浮力教学时，能够启发学生运用二力平衡的方法分析浮力的产生原因，那么在遇到类似的问题时，又何愁我们的学生不能将这一方法运用到解题中呢？因此，本题可以很好地考查教学中是否落实了强调过程与方法的理念，具有很好的导向性。

考查3：浮力知识的综合应用

浮力知识具有较强的综合性，一些关于浮力的计算越来越复杂，我们的教学必须能让学生了解浮力知识的本质，只有学生自己能运用浮力知识解决实际问题，我们的教学才是成功的。

例如，关于浮力的题目中，常常有涉及液面升降判断的问题。这类题目具有较复杂的背景，学生做起来比较困难，在命制试题时，可以采用逐步设问的方法，将解决问题的步骤层层设问，让学生在解题过程中领悟过程，最终明白解决此类问题的方法。

【例3】如图，装有水的烧杯中漂着一块体积为V的冰块，冰的密度为$\rho_冰$，水的密度为$\rho_水$。

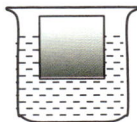

（1）请根据二力平衡和阿基米德原理证明：冰块排开水的体积$V_排 = \dfrac{\rho_冰}{\rho_水}V$。

（2）若该冰块完全熔化成水，求这部分水的体积 $V_水$。

（3）根据以上计算，判断冰熔化后烧杯中的水面是否升高。

【答案】（1）冰块静止，由二力平衡条件可知 $F_浮=G_冰$

根据阿基米德原理得 $F_浮=\rho_水 g V_排$

又因为 $G_冰=m_冰 g=\rho_冰 g V$

所以 $\rho_水 g V_排=\rho_冰 g V$，$V_排=\dfrac{\rho_冰}{\rho_水}V$

（2）因为 $m_冰=m_水$，所以 $\rho_冰 V=\rho_水 V_水$，$V_水=\dfrac{\rho_冰}{\rho_水}V$

（3）因为 $V_排=V_水$，所以水面不会升高，保持原来的位置。

【分析】本题考查浮力知识的综合运用，第一问根据漂浮的条件和阿基米德原理，让学生计算出冰块排开水的体积；第二问根据密度的知识计算出这部分冰完全熔化成水的体积；第三问则通过两问的比较判断水面的变化情况，冰完全熔化成水和它漂浮时排开水的体积相等，则说明冰的熔化没有改变水的体积。

显然，本题是希望通过学生自主地逐步计算来得到判断水面变化的方法，本题的考查过程实际就是探究此类问题的一般方法，学生在做完本题之后，面对类似的问题就自然明白应该如何分析。从命题的角度来看，第一问和第二问的设置考查了更多的知识，也降低了试题的难度，这种设问的方式，体现了强调过程与方法的考查目标，可以很好地引导教学、更好地实施有效教学，强调教学对过程与方法的关注。

命题是一种技术，对于命题者来说，这种技术必须能够对课堂教学有着正确的导向，即倡导教师在课堂教学中关注学生多种能力的提高，纠正以题海战术来代替有效教学的错误模式，让物理教学焕发出勃勃生机。

（原文发表于《中学物理教学参考》2015 年第 10 期）

■ 以知识源头和物理过程为考查目标的 中考物理命题探索
——以安徽省中考物理试题为例

长期以来，以终结性考试（中考和高考）的备考为目的的教学风气盛行，为了应付中考和高考，物理教学呈现出浓厚的功利色彩，这种教学往往更重视知识的结论记忆和解题的技巧，教学中通过题海战术或者尽可能多的模拟测试来提升学生的应试能力，太多的教学时间花在了做题和讲题上，忽视了对知识源头和过程的学习。更有甚者，将物理知识的学习过程训练成一种条件反射，使物理学科失去了原有的味道，教学和学习都变得毫无生气，同时也加重了学生的学业负担。

要改变这种应试的教学模式，必须要深入进行课堂教学改革，而中考试题的命制也必须与之呼应，正确引导教师改变忽视知识源头和过程的教学模式。在物理教学中，要让学生经历所学的知识和规律建立的过程，这种过程也是运用知识和规律的有力保证。很难想象，对规律如何得来都不清楚的同学能够很好运用这个规律来解题。近年来，安徽省中考物理试题在这方面做了有益的尝试，以下以安徽省中考物理试题为例，谈谈以知识源头和物理过程为考查目标的命题探索。

一、以知识源头为背景的考查

我们发现，教师往往更重视知识和规律的运用，例如浮力知识是初中教学中非常重要的内容，实际教学中，教师对浮力的计算往往训练量很大，还会让学生记忆浮力的几种计算方式，浮力的计算题也设置得越来越复杂，然而，如何考查学生对浮力的产生原因的理解，却经常被教师忽视。那么学生是否真正理解了浮力知识呢？

【例1】（2014年安徽中考第10题）一均匀的长方体浸没在液体中，如图所示。已知它的底面积为S，上表面所处深度为h_1，下表面所处深度为h_2，则长方体下表面受到液体的压力表达式为_____、浮力表达式为_____。（液体密度$\rho_液$和g为已知量）

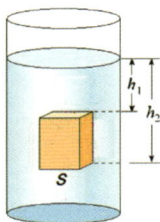

本题取材于教材中"浮力的产生原因"一节内容，题目中设置了两问，第一问可根据液体的压强公式$p=\rho gh$和计算压力的公式$F=pS$求解，第二问依据的是浮力产生的原因，即液体对物体向上的压力和向下的压力之差。此题从知识的源头进行考查，学生的求解过程实际是对浮力产生原因及阿基米德原理的一次推导过程，这种设问回避了直接利用结论进行计算的方式，学生答题的过程就是还原浮力知识建立的过程。从得分情况来看，本题第一问的难度系数为0.23（蚌埠市的全体样本，下同），第二问的难度系数为0.30，学生的得分很低。从另一个角度看，这说明平时的教学忽视了对知识源头的教学。

【例2】（2015年安徽中考第9题）如图所示，重为1.5 N的圆柱体竖直漂浮在水面上，其底面积$S=30$ cm^2，则水对圆柱体下表面的压强为_____Pa，圆柱体下表面所处的深度$h=$_____cm。（水的密度为$1.0×10^3$ kg/m^3）

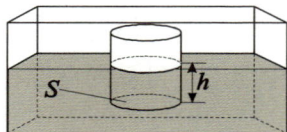

本题以一个圆柱体在水面漂浮为背景，第一问考查压强公式和二力平衡，液体对漂浮在水面的物体的下表面的压力应该等于其重力，因此下表面受到的压强等于圆柱体重力产生的压强，根据公式 $p = \dfrac{F}{S} = \dfrac{G}{S}$ 可求出答案；第二问则考查液体压强的公式，即 $p = \rho g h$，还可以根据漂浮条件先求出浮力，利用阿基米德原理求出浸在液体中的体积（即 $V_{排} = \dfrac{F_{浮}}{\rho_{液} g}$），利用体积公式求出下表面的深度 $h = \dfrac{V_{排}}{S}$。值得关注的是，本题第一问与教材中液体压强公式的推导过程非常相似，学生如果理解液体压强公式的推导过程，第一问应该很容易求出。

我们看到，以上两个题目都是考查浮力的相关知识，并且都选取知识的源头（浮力产生的原因和液体压强公式的推导）来进行考查，回避了繁琐的计算和解题技巧的考查，试图正确地引导教师在教学中重视知识源头的教学，也能纠正只重"去脉"而轻"来龙"的错误教学理念。

【例3】（2011年安徽中考第13题）如图所示，利用弹簧测力计测量一块秒表的重力时，使测力计内弹簧伸长的力是（　　）

A．秒表的重力

B．秒表和测力计的总重力

C．秒表对弹簧的拉力

D．弹簧对秒表的拉力

本题考查的是弹簧测力计测量力的原理，教学中只强调弹簧测力计能够测量物体重力的大小，但往往忽视为什么读数是物体重力的大小，本题设置了学生容易混淆的选项，旨在考查学生是否真正理解弹簧测力计测力的原因，可以很好地引导实际教学不能只教授结论，强调物理知识的学习过程不是对结论死记硬背的过程。

【例4】（2015年安徽中考第15题）一个能绕中心转动的小磁针在图示位置保持静止。某时刻开始小磁针所在区域出现水平向右的磁场，磁感线如图所示，则小磁针在磁场出现后（　　　）

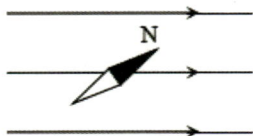

A.两极所受的力是平衡力，所以不发生转动

B.两极所受的力方向相反，所以会持续转动

C.只有N极受力，会发生转动，最终静止时N极所指方向水平向右

D.两极所受的力方向相反，会发生转动，最终静止时N极所指方向水平向右

本题考查的是小磁针在磁场中偏转的过程。在实际教学中，小磁针在磁场中会偏转，且N极所指的方向为磁场方向，通常作为一个结论让学生记忆。本题通过选项引导学生对一个小磁针在磁场中的受力情况进行分析，学生需根据两极的受力情况，分析小磁针偏转的力学原因，可谓另辟蹊径。可以看出，本题倡导的是对物理知识源头的考查，纠正在教学中只重结论的做法，引导教师在教学中积极关注对知识源头的教学，只有通过教学让学生认识到知识的来龙去脉，才能真正地提高课堂教学的效率，试图通过本题提醒教师不能单纯以题海战术来实施教学。

二、以物理过程为背景的考查

要让学生掌握一个规律，必须要让学生经历知识的建立过程，体验了知识和规律的建立过程，才能体现知识和规律本身的价值。

【例5】（2013年安徽中考第12题）右图所示为研究二力平衡条件的实验装置，下列关于这个实验的叙述错误的是（　　　）

A.为减小摩擦，应选用尽量光滑的水平桌面

B.为使实验效果明显，应选用质量较大的小车

C.调整两边托盘所放钩码的数量，可以改变力的大小

D.将小车扭转一个角度，是为了改变力的作用线的位置

本题以研究二力平衡条件的实验为素材，回避考查二力平衡条件的结论，侧重考查过程与方法，试图让学生在做题过程中重温该实验的过程，考查学生是否知道如何控制研究二力平衡的几个因素，以及如何使效果明显，体现了试题对过程与方法的关注，对教学有积极的导向作用。本题难度系数为0.67。

【例6】（2011年安徽中考第15题）通电直导线的周围存在磁场，若将一根长导线沿一个方向绕成螺线管，插入铁芯后，就制成了一个电磁铁。关于电磁铁的磁性强弱，以下说法正确的是（　　　）

　　A.电磁铁的磁性强弱与线圈匝数无关

　　B.电磁铁的磁性强弱与电流大小无关

　　C.导线绕成螺线管后，每匝线圈产生的磁场相互抵消，故磁性减弱

　　D.导线绕成螺线管后，每匝线圈产生的磁场相互叠加，故磁性增强

本题以通电螺线管的绕制过程为背景，考查从导线到螺线管磁性的变化过程，引导学生用所学知识分析螺线管磁性增强的原因。试题不以结论为考查目标，侧重对物理过程的考查，可以引导教师重视对物理过程的教学。

【例7】（2013年安徽中考第18题）某同学在做凸透镜成像的实验时，凸透镜的焦距为10 cm，老师要求他观察物距等于5 cm时烛焰所成的像。实验时，他将点燃的蜡烛移到物距为5 cm处（如图），移动光屏，发现光屏上只有光斑（图中未画出）。

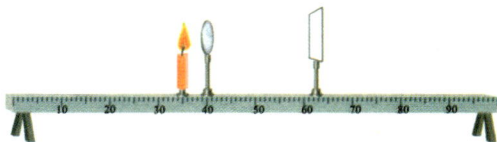

（1）下列关于光斑的说法正确的是：_____（选填"A""B"或"C"）。

A.光斑是烛焰所成的实像

B.光斑是烛焰所成的虚像

C.光斑是烛焰发出的光折射到光屏上形成的

（2）为了观察物距等于5 cm时烛焰的成像特点，请你写出正确的操作步骤：_____。

本题选取凸透镜成像实验中的一个片段为背景，考查学生是否经历了凸透镜成虚像的实验过程。在凸透镜成虚像的实验过程中，光屏上是有折射光线的，然而在实际教学中，教师往往忽略对这一过程的重视，学生通常很自然地直接撤去光屏去观察虚像。本题设置的情境正是在撤去光屏之前，考查学生是否对实验过程中光斑的形成原因有正确的认识，纠正学生可能存在"光斑是像"或"成虚像时没有折射光线"的错误认识，引导实际教学应该重视实验过程。试题不以结论为考查目标，重视对实验过程和细节的考查，对教学有正确的导向作用。本题第一问难度系数为0.45，第二问难度系数为0.50。从结果来看，学生的答题情况并不理想，这说明学生即使对如何观察虚像非常了解，但对虚像真正的产生原因掌握得并不好，这跟实际教学中忽视实验过程有关。

【例8】（2015年安徽中考第18题）某实验小组在探究光的折射规律时，让一束光从空气斜射入玻璃水槽内的水中，看到如图所示的现象：

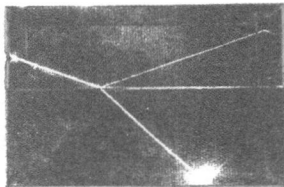

（1）请在图中分别作出入射角（用字母 i 表示）和折射角（用字母 r 表示）。

（2）为了探究光从空气斜射入水中时折射角和入射角的关系，以下方案中正确的是：_____（选填"A""B"或"C"）。

A.只测量图中的入射角和折射角，分析并得出结论

B.保持入射角不变，进行多次实验，测量入射角和每次实验的折射角，分析并得出结论

C.改变入射角，进行多次实验，测量每次实验的入射角和折射角，分析并得出结论

本题考查探究光的折射规律的实验。值得注意的是，本题并没有像平时大多数题目那样给出图1所示的光路图，而是以真实的实验场景为背景。我们知道，在真实的实验中，并没有法线和光线的箭头，这就需要学生根据所看到的光路进行正确的判断。从图中我们可以看出，入射光的亮度与反射光和折射光的亮度是不同的，在容器底部的入射点上也出现了明显的散射后的亮斑，并且在水面也出现了亮斑，我们认为，这都是图1所不能呈现的过程。

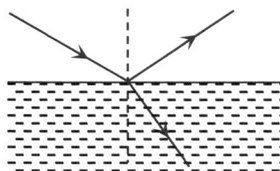

图1

显然，本题就是要还原光的折射实验的真实过程，让学生在真实的场景中运用物理的方法进行分析判断。我们可以体会出两种不同的呈现方式之间的差异，从而领会命题者的命题意图。

从上述试题分析可知，在中考命题中，命题者对知识源头和物理过程的关注，会使命题具有良好的教学导向。这种命题带给教师和教学的冲击是正面的，我们希望有更多关注知识源头和物理过程的试题在中考这样大型的终结性考试中出现，我们更希望，我们的教学能恢复到重视知识源头和物理过程上来。

（原文发表在《物理教学》2015年第12期）

■ 例谈中考试题对物理实验能力的考查策略

实验是物理教学的重要组成部分，对实验能力的考查也是中考重要的考查内容，本文以安徽中考物理卷为例，论述中考对实验能力的考查策略，以使中考命题能更好地指导教学。

物理学是一门以实验为基础的学科，实验是物理课程的重要组成部分，也是探究物理规律的重要方法和载体。初中学业水平考试（即中考）担负着初中毕业评价及高中选拔的双重功能，因此通过中考试题来全面考查学生的实验能力，不仅是对学生在初中阶段实验素养的一次评价，也能反映学生后续的学科学习潜力。

在安徽省中考物理试卷中，有专门考查实验的实验题，这部分试题约20分（全卷满分90分），也有考查实验的选择题、填空题及计算题，这部分试题约20分。也就是说，考查实验能力的试题贯穿在各种题型中，凸显了丰富的考查形式和重要的地位。正是基于这种题型和分值的安排，才得以充分考查学生的多种实验能力。

一、考查基本测量工具在现实生活中的使用

【例1】（2012年安徽中考卷）如图甲所示，某同学测量一片树叶的长度，读数为_____cm。

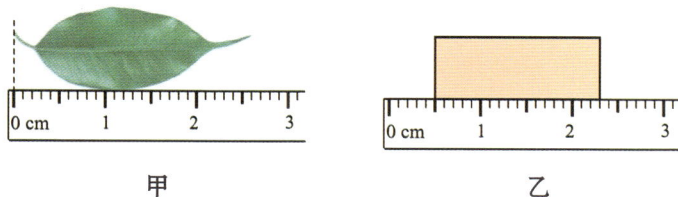

甲　　　　　　　　　　乙

【分析】通常在考查刻度尺的使用时，都会给出如图乙所示的测量方案，这种所测物体往往不是现实生活中的物体，属于规则的模型，学生只需机械地读出示数即可。本题的亮点在于，所测的物体是现实生活中真实的不规则物体（非模型），在现实生活中，我们所遇到的测量物体也很少是图乙所示的规则物体，因此本题考查学生能否将实验能力拓展到现实生活中。

二、对某一实验过程中多种知识的考查

【例2】（2014年安徽中考卷）右图为直流电动机的工作原理图。以下相关的分析中正确的是（　　　）

A.电动机工作过程中，消耗的电能全部转化为内能

B.电动机工作过程中，消耗的电能全部转化为机械能

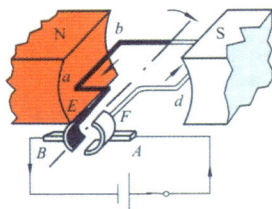

C.电动机工作过程中，线圈中也产生感应电流

D.电动机工作过程中，线圈中的电流方向保持不变

【分析】本题以直流电动机的实验为载体，考查实验过程中相关的物理知识，这种试题的设置有利于考查学生对实验全过程的理解程度。

三、考查对实验方案的选择

【例3】（2008年安徽中考卷）我们都做过"探究凸透镜成像规律"的实验（图略），实验时首先利用太阳光测出所使用的凸透镜的焦距f。请你认真思考下面的四种实验设计方案后，回答问题：

甲：分别把点燃的蜡烛放在一倍焦距f和二倍焦距$2f$处，调整光屏到凸透镜的距离，观察并记录在屏上能否成像以及所成像的特点，分析总结得出凸透镜成像的规律。

乙：除甲中的做法外，还应该把蜡烛放在大于$2f$的某一位置和大于f、小于$2f$的某一位置，观察并记录对应的成像情况，才能总结得出凸透镜成像的规律。

丙：把点燃的蜡烛从距凸透镜较远的位置逐渐移近（或从较近的位置逐渐远离），通过不断调整光屏到凸透镜的距离，观察并记录在屏上能否成像，以及所成像的特点，包括观察所成像随烛焰位置变化而变化的趋势，尤其是在f和$2f$处所成像的情况，从而总结得出凸透镜成像的规律。

丁：与丙不同的是，将蜡烛从靠近凸透镜的位置逐渐远离，其他步骤相同。

以上四种方案中，哪些是科学合理的：＿＿＿＿＿＿（选填"甲""乙""丙""丁"）。

【分析】这道试题在当年引起了热议，不少教师在平时教学中也采用了本题中的错误方案，这是因为，在凸透镜成像的实验教学中，通过几个特殊物距的成像特点得到普遍成像规律的教学是最容易的。这种方案虽然节省了时间，但是并没有从学生的认知角度出发，对于学生来说，为什么有"焦距"或者"二倍焦距"都是一个疑问，最后只能盲目地背结论。

实验教学应该培养学生从大量的实验现象中发现内在普遍规律的能力，这也是核心的实验能力。本题将错误和正确的方案呈现在试卷上，具有鲜明的导向作用。从某种程度上来说，本题是在纠正一种错误的教学行为。

四、考查对实验方案的评价能力

【例4】（2011年安徽中考卷）某物理小组在一次探究活动中测量滑块与木板之间的滑动摩擦力。实验装置如图所示，一表面粗糙的木板固定在水平桌面上，木板上的滑块通过轻绳绕过定滑轮，绳的另一端悬挂托盘。实验时，在托盘中放入适量的砝码，使滑块做匀速直线运动。回答下列问题：

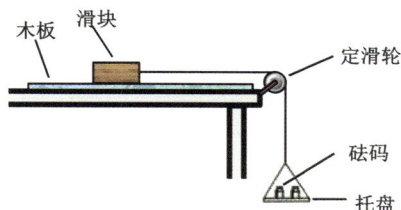

（1）为了测量滑块的滑动摩擦力，需要测量的物理量是_____。（填选项前的编号）

①木板的质量m_1，②滑块的质量m_2，③砝码的质量m_3，④托盘和砝码的总质量m_4。

（2）滑块的滑动摩擦力表达式为$f=$_____。（用已知或测量的物理量符号表示）

（3）该实验的理论依据是：_____。

（4）该实验存在一些不足之处，请你写出其中的一点：_____。

【分析】本题采用的是不同于用弹簧测力计测量滑动摩擦力的方案，这种方案利用二力平衡的知识，将拉力用砝码和托盘的重力来代替，要求学生能评价这种方案的不足之处（即砝码的质量是不能连续变化的，因此拉力也不能连续变化）。显然，这就需要学生在使用弹簧测力计测量滑动摩擦力的实验中，经历过连续改变拉力使物体匀速运动的过程，只有在平时的实验中经历过这种过程，才能对本题的实验方案作出正确的评价。

【例5】（2015年安徽中考卷）某同学要测量一个额定电压为2.5 V的小

灯泡的额定功率,电路图如图甲所示。使用的电源电压约为 6 V,滑动变阻器的规格是"5 Ω 2 A"。

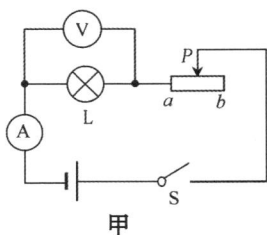 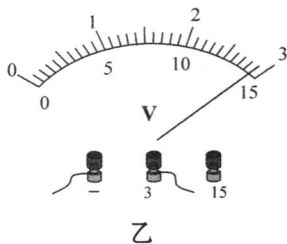

甲　　　　　　　　　　　乙

（1）闭合开关前,滑动变阻器的滑片 P 应移至_____（选填"a"或"b"）端。

（2）该同学将滑片移至正确位置后,闭合开关,观察到电压表的示数如图乙所示,此时小灯泡两端的电压为_____V。为了保证小灯泡不被损坏,接下来应该进行的操作是_____。

（3）为了能测出这个小灯泡的额定功率,请你写出一条改进措施: ___
_____。

【分析】本题综合考查对电学知识的理解,由于电源电压约为 6 V,灯泡额定电压为 2.5 V,要测量灯泡的额定功率,滑动变阻器两端电压应该为 3.5 V,当滑片移至正确位置（即阻值最大位置）时,灯泡两端电压 2.9 V 超过额定电压,滑动变阻器两端电压为 3.1 V,这说明应该增大滑动变阻器的电阻,然而滑动变阻器已经在阻值最大位置,因此不能测量出灯泡的额定电压。在明确了上述分析后,要能测量额定功率,必须增大滑动变阻器的最大阻值,当然,也可以采用串联一个定值电阻的方法。

本题中还蕴含了另一种设计方案,当滑动变阻器的最大阻值较小时,还可以采用分压的接法,当然这是初中阶段没有涉及的知识,本题的解答也无须采用分压的接法,但在方案的设置上给以后高中阶段的学习预设了背景,也使本题回味无穷。

五、考查基本实验器材的使用及实验计算的能力

【例6】（2017年安徽中考卷）同学们通过以下实验步骤测量未知液体的密度：

（1）取一只烧杯，向其中倒入适量的待测液体，用托盘天平测出此时烧杯（包括其中的液体）的质量为76.4 g；

（2）另取一只100 mL的量筒，将烧杯中的部分液体缓慢倒入量筒中，如图a所示，量筒内液体的体积为_____mL；

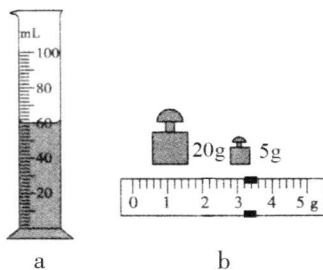

（3）再用托盘天平测量此时烧杯（包括剩余液体）的质量，如图b所示，托盘天平的读数为_____g；则该液体的密度$\rho=$_____kg/m³。

【分析】本题考查在测量液体密度时天平和量筒的使用，同时考查了密度公式$\rho=\dfrac{\Delta m}{\Delta V}$在本实验中的具体运用，用此方法能避免量筒或烧杯壁残留液体对测量结果的影响。

六、考查对实验误差的分析能力

【例7】（2012年安徽中考卷）如图，李明同学测量小灯泡的电功率实验时，电压表的读数为U，电流表的读数为I，该同学利用$P=UI$计算出小灯泡的电功率。若考虑到电表的电阻对测量的影响，则电功率的测量结果与真实值相比偏_____（选填"大"或"小"），原因是_____。

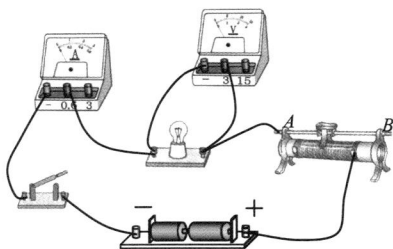

【分析】本题考虑到电表电阻对测量的影响，要求学生能将电表看成电阻，分析出电流表所测的电流是通过电压表和灯泡的总电流，电压表测的是灯泡两端的电压，显然电流表的读数比灯泡的电流偏大，故测出的功率偏大。

笔者认为，在中考这种选拔性考试中，出现这种考查学生综合分析能力的试题，对高中的选拔是有益的。

七、考查实验现象产生的本质原因

【例8】（2015年安徽中考卷）一个能绕中心转动的小磁针在图示位置保持静止。某时刻开始小磁针所在区域出现水平向右的磁场，磁感线如图所示，则小磁针在磁场出现后（　　　）

A.两极所受的力是平衡力，所以不发生转动

B.两极所受的力方向相反，所以会持续转动

C.只有N极受力，会发生转动，最终静止时N极所指方向水平向右

D.两极所受的力方向相反，会发生转动，最终静止时N极所指方向水平向右

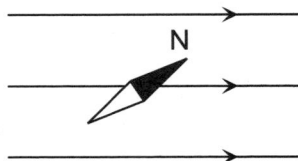

【分析】本题试图通过选项设置让学生从受力的角度理解小磁针在磁场中偏转的本质原因。在实际教学中，学生往往机械地记忆结论，忽视对其偏转原因的分析，因此这种试题有利于提醒学生及教师要重视对实验现象本质原因的分析和理解。

八、考查用物理语言准确描述操作步骤的能力

【例9】（2014年安徽中考卷）现用托盘天平称量一物体的质量。把天平放在水平台面上，取下两侧的橡胶垫圈，指针就开始摆动。稳定后，指针指在分度盘的位置，如图所示。请从实验操作的角度，详细叙述接下来的调

节过程：_____。

【分析】本题要求学生用物理语言描述具体操作过程，提供的参考答案为：用镊子把游码放到标尺左端的零刻度线处；旋转平衡螺母，使它缓慢向右移动，直至指针静止在中央刻度线处，或在中央刻度线左右摆动幅度相等。

可以看到，命题者希望学生能从实验的规范性来详细描述操作过程，而不是一句诸如"调节平衡螺母使天平平衡"之类的概括性句子。在平时的教学中，我们常常发现教师用一些口诀来帮助学生记忆操作过程，如在调节天平平衡时，用"游码归零"来总结，在测量质量时，用"左物右码"来记忆。在阅卷过程中，我们发现了大量的学生在试卷中填写"游码归零"的情况，显然，这种口诀式的教学忽视了实验的过程，没有真正培养学生的实验能力。

九、考查处理实验数据的能力

【例10】（2016年安徽中考卷）为研究弹簧的性质，我们在竖直悬挂的弹簧下加挂钩码（如图a），同时记录弹簧总长度L与钩码质量m，所得数据记录在表1中。已知弹簧原长 L_0=6.0 cm，实验过程中，弹簧形变在弹性限度内，不计弹簧所受的重力（g取10 N/kg）。

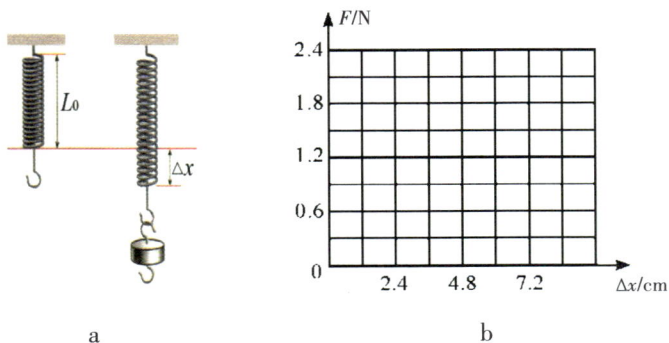

a   b

表1

实验次数	1	2	3	4	5	6
钩码质量 m/g	0	30	60	90	120	150
弹簧总长度 L/cm	6.0	7.2	8.4	9.6	10.8	12.0

表2

实验次数	1	2	3	4	5	6
弹力 F/N	0	0.3		0.9		1.5
弹簧伸长量 $\Delta x/cm$	0	1.2		3.6		6.0

（1）请根据表1中的数据，将表2填写完整。

（2）请在图b坐标系中描点作出弹力 F 跟弹簧伸长量 Δx 的关系图像。

（3）本实验的结论就是弹簧测力计的工作原理。只有规范使用弹簧测力计，才能准确测量力的大小。请写出一条正确使用弹簧测力计的操作要求_____。

【分析】本题考查的亮点在于提供实验中的实测数据表格，要求学生能根据实测数据转换成要研究的物理量之间对应的表格，从表1到表2，能够考查学生能否正确处理实验数据的能力。第（2）问侧重对描点作图的考查，由于初中阶段未涉及胡克定律，故本题并没有对图像的结论进行设问，但图像的呈现足以证明弹簧测力计的原理，于是第（3）问用描述的方式告诉学生这个实验的结论就是弹簧测力计的工作原理。这种考法，与直接问学生"弹簧测力计的工作原理是什么"要高明得多，能全面考查学生分析处理实验数据的能力。

十、创新实验情境，考查实验的迁移能力

【例11】（2016年安徽中考卷）关于凸透镜成像实验，实验中当物距 u 等于焦距 f 时，某同学却发现在光屏一侧透过凸透镜看到了烛焰正立放大的像，对此下列解释合理的是_____。

A.因为烛焰存在一定的宽度，实际上它的某些部分到凸透镜的距离稍

大于焦距

　　B.因为烛焰存在一定的宽度，实际上它的某些部分到凸透镜的距离稍小于焦距

　　C.这是烛焰发出的光经凸透镜表面反射形成的像

【分析】本题是凸透镜成像实验题的最后一问，显然，命题者提供了一个崭新的实验情境，即当物距等于焦距时居然也能成正立放大的虚像，这与学生通常熟知的"当物距等于焦距时不成像"的结论相矛盾。这种考场上的审题冲突会激发学生进一步思考，进而分析这种放大虚像的形成只能是物距小于焦距的结果，由于烛焰存在一定的宽度，所以某部分烛焰到凸透镜的距离会小于焦距。这种真实的实验情境更能考查学生运用所学知识综合分析物理问题的迁移能力。

十一、以计算题的形式揭示实验现象和规律

【例12】（2013年安徽中考卷）在进行某些电学测量时，把电压表看成能显示其两端电压的大电阻，将它与一个阻值很大的待测电阻R_x串联连入电路，根据电压表的示数可以测出R_x的阻值，这是一种测量大电阻的方法。如图所示的电路中，电压表的内阻$R_V = 20\ k\Omega$，量程为0~150 V，最小分度值为5 V，电压$U = 110\ V$，电压表的示数为50 V。

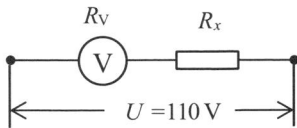

（1）求电路中的电流大小。

（2）求待测电阻R_x的阻值。

（3）上述电路中，若将R_x换成阻值约为20 Ω的小电阻，用这种方法能否准确测出它的阻值？写出你的判断依据。

【分析】这是一道压轴计算题，试题以实验为背景，先通过计算让学生明白这种实验方案能测量大电阻。在测量小电阻时，通过计算可知，电压表两端的电压（即示数）几乎等于总电压，从实验效果来看，就是电压表已经

达到满偏，故无法测出待测小电阻的阻值。这种结合实验的计算题，与传统的计算题相比，更具有现实意义，需要学生将计算结果与实际电压表的特点结合起来分析，从而得出正确的判断。

作为中考物理试卷，对实验能力的考查往往比知识考查更能体现学科的评价特点，也更能考查学生的学科核心素养。中考实验题必须能对实验教学起到正确的导向作用，能纠正错误的应试教育模式，引导教师带领学生走进实验室，真正培养学生的动手和实践能力，同时也能甄别"做实验题"的学生与"做实验"的学生，让真正勤于实验的学生受益，让物理实验教学充满旺盛的生命力。

（原文获2018年安徽省中小学教育教学论文评选一等奖）

■ 核心素养背景下对物理观念"内化" 能力考查的命题探索

物理观念是物理学科核心素养的基础，考查物理观念的命题应该以能力立意和素养立意为主，着重考查学生将物理知识"内化"为物理观念及运用物理观念认识世界的能力。

物理学科核心素养主要包括"物理观念""科学思维""科学探究""科学态度与责任"四个方面，其中物理观念是物理概念和规律等在头脑中的提炼和升华，是从物理学角度揭示自然现象和解决实际问题的基础。与以往三维目标中的"知识与技能"目标不同的是，物理观念是对物理知识目标的整合和提升，更强调对物理知识的内化，即学生是否能形成认识世界的物理观念，能否运用物理观念来解决实际问题。

如图1所示，在命制试题时，以知识立意的试题往往侧重于考查知识本身，而能力立意的试题则侧重于考查学生是否已经通过学习物理知识形成物理观念，是否能在物理观念下解决实际问题，素养立意则突出考查解决问题的策略。在核心素养背景下，对物理观念的命题更应该关注能力立意和素养立意，以实现对物理观念"内化"能力和解决问题策略的考查。

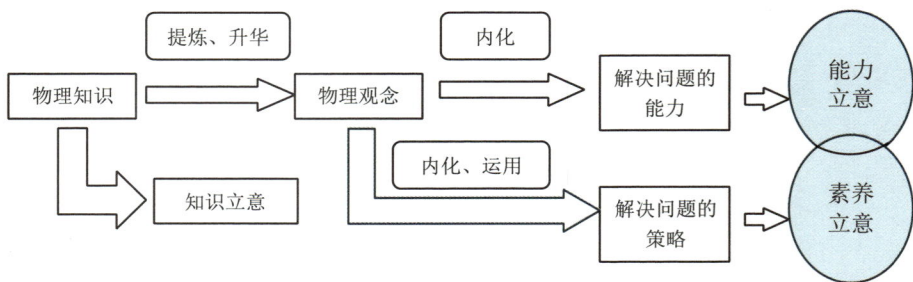

图1

以下以几道初中物理试题为例，谈谈如何在核心素养背景下以能力立意和素养立意来考查学生对物理观念的"内化"能力。

立意1：考查学生对物理单位的内化能力

物理量的单位是物理学科特有的观念之一，学生通过物理学科的学习，了解到各物理量的单位及意义。在实际的命题中，常常会考查某物理量的物理意义或几个单位之间的换算，通常情况下，这类命题常常以知识立意为主，学生往往会用死记硬背的方式来应对，达不到考查学生内化能力的效果。以下两种问题的设置对物理观念的考查要求是不同的。

【例1】2019年4月10日，人类公布首张黑洞的照片，该黑洞位于室女座一个巨椭圆星系M87的中心，质量约为太阳的65亿倍。若该黑洞周围的电磁波以光速传到地球需要5 500万年，则可推测该黑洞到地球的距离为_____km。【答案：$5.2×10^{20}$】

【例2】2019年4月10日，人类公布首张黑洞的照片，该黑洞位于室女座一个巨椭圆星系M87的中心，质量约为太阳的65亿倍。若该黑洞周围的电磁波以光速传到地球需要5 500万年，则可推测该黑洞到地球的距离为_____。【答案：$5.2×10^{20}$ km 或 5 500万光年】

这两题均以最新的"黑洞照片"为素材，不同的是，例1的设问要求以km作为距离的单位，例2则没有要求用什么为单位。按照例1的设问，本题直接考查速度公式的运用和计算，解答方式比较单一，即 $s=vt=3×10^5×5\,500×$

$10^4 \times 365 \times 24 \times 3\,600$ km=5.2×10^{20} km，很显然，这种设问只是考查上述公式的运用，并没有考查出学生是否将对单位的认识内化成认识世界的一种方法。在物理学中，描述天体的距离时，常用的长度单位是光年，常用的时间单位是年，这是一种物理观念。依据题意，电磁波以光速传到地球需要 5 500 万年，可知黑洞到达地球的距离即为 5 500 万光年，故用此方法解题，答案应该为"5 500 万光年"。

与例 1 设问不同的是，例 2 的设问中没有单位，意味着学生可以自行选择合适的单位，这就要求学生通过分析题意，选择最合适的单位进行描述，这样的设问，也会出现两类不同的解答，一类如例 1 的解答，另一类以光年为单位作答。很明显，用第二类解答的学生跳出了公式的机械记忆，灵活地选用光年的单位来表述天体的距离，说明学生已经将单位的知识内化为认识世界的能力，因此可以考查学生对单位这一物理观念的内化能力。很显然，例 1 属于知识立意，是以考查学生记忆能力为导向，例 2 则属于能力和素养立意，能很好地鉴别出将物理观念内化为能力的学生（即答案为"5500 万光年"的学生）。

立意 2：考查学生对凸透镜及凸透镜成像知识的内化能力

【例 3】凸透镜对光线具有＿＿＿＿（选填"会聚"或"发散"）作用，当物距小于焦距时，物体通过凸透镜可以成＿＿＿＿（选填"实"或"虚"）像。【答案：会聚，虚】

【例 4】1912 年，爱因斯坦提出了引力透镜的概念。如下图，假设地球与恒星之间刚好有一个引力很大的天体（如黑洞），恒星发出的光被这个天体的引力吸引而不再沿直线到达地球，从而使地球上观测到的像偏离了它原本所在的方向，其效果类似于透镜对光线的作用，称为引力透镜效应。由图可知，这个"透镜"相当于＿＿＿＿（选填"凸"或"凹"）透镜，地球上观测到的是恒星的＿＿＿＿（选填"实像"或"虚像"）。【答案：凸，虚像】

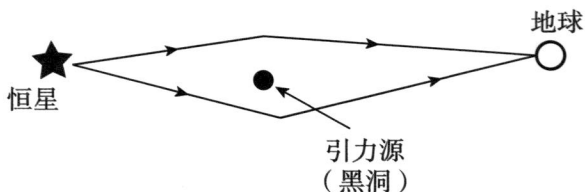

这两题的立意均为凸透镜对光线的会聚作用及凸透镜成（虚）像的知识，不同的是，例3采用直接设问的方式，学生通过死记硬背就可以回答。例4选用了"引力透镜"这一科技情境，通过文字和图对"引力透镜效应"进行描述，学生根据光路运用已学过的透镜对光线的会聚和发散作用，可以判断该光路是会聚的，分析出这种效应与凸透镜对光线的会聚作用相似，沿着光线反向延长可看到恒星所成的虚像，从而完成作答。整个解题过程中，凸透镜及凸透镜成像的知识内化在学生脑海中，显然，本题考查学生在学过凸透镜和凸透镜成虚像的知识后是否能够解决实际问题，即能运用凸透镜的观念来认识世界，这就是我们说的内化能力。故例3属于知识立意，例4属于能力立意，很明显，例4更能体现核心素养背景下对物理观念的考查。

本题还可修改如下：

【例5】爱因斯坦于1912年提出了引力透镜的概念。如图甲，假设地球与恒星之间刚好有一个引力很大的天体（如黑洞），恒星发出的光被黑洞的引力吸引发生偏折后到达地球，在地球上能观测到恒星的两个像，这种现象称为引力透镜效应。在该效应中，黑洞相当于_____（选填"凸"或"凹"）透镜，请大致画出地球上看到恒星的像的光路图（任选其中一个像作图）。

甲

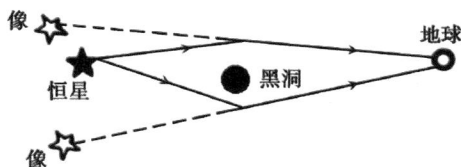

乙

与例4相比，例5的题干中没有光路，学生必须根据相应的位置判断恒星发出的光经黑洞附近到达地球的大致路径，然后作出正确的判断（答案如图乙）。本题考查的是解决实际问题的策略，即用画光路这一物理方法来解决对透镜效应的解释。因此，例5是一道素养立意的试题，比能力立意的例4对物理观念的考查更为彻底。

本题还可以继续延伸，恒星发出的光是立体通过黑洞周围到达地球，则地球上观测到的应该是一个圆环，这个圆环又被称为爱因斯坦环。针对这一情境来设置问题，可以考查学生对凸透镜成像的立体空间认识。相比较而言，教材中所用的烛焰通过凸透镜成像均只是在光屏上成像，烛焰是立体的，但是光屏上所成的像却是平面的，与实际的成像事实不一致。为此，可以设置成如下的选择题：

【例6】1912年，爱因斯坦提出了引力透镜的概念。如例4图，假设地球与恒星之间刚好有一个引力很大的天体（如黑洞），恒星发出的光被这个天体的引力吸引而不再沿直线到达地球，从而使地球上观测到的像偏离了它原本所在的方向，其效果类似于透镜对光线的作用，称为引力透镜效应。以下关于该现象的描述正确的是：（　　）【答案：C】

A.该"透镜"相当于凸透镜，地球上只能观测到一个虚像

B.该"透镜"相当于凸透镜，地球上只能观测到两个虚像

C.该"透镜"相当于凸透镜，地球上能观测到许多虚像围成的环

D.该"透镜"相当于凹透镜，地球上能观测到许多虚像围成的环

立意3：考查学生对物理图像的内化能力

【例7】如图甲所示，双星以紧密而快速的模式互相环绕对方时，会产生以光速向外传播的引力波。科学家观测到一个来自双黑洞系统产生的引力波信号如图乙所示，双黑洞系统主要会经历旋近、合并、归于沉寂的过程，该过程中所产生的引力波的振荡会由缓渐急、由弱渐强；而在快速合并的过程中，波的频率与能量则会渐增，最终合并时则归于沉寂。若以时间为横轴来描述引力波信号，下列各图中最适合描述图乙所示过程的是（　　）【答案：B】

甲　　　　　　　　　乙

A　　　　　　　B　　　　　　　C　　　　　　　D

本题以引力波的信号描述为背景，考查对图像（波的图像）这一物理观念的内化能力。本题中用文字和示意图描述了引力波的形成过程，要求学生根据题意理解这一过程中引力波的振荡特点，利用图像对"引力波的振荡会由缓渐急、由弱渐强；而在快速合并的过程中，波的频率与能量则会渐增，最终合并时则归于沉寂"进行正确的描述。具体考查如何运用图像来表示振荡的缓急（频率和周期的观念），如何运用图像描述振荡的强弱（振幅的观念）。物理图像是表示物理规律的一种重要的方法，学生在中学阶段学习了许多物理图像，如初中课本中声音的波形图。本题的情境是教材中没有的，学生需要通过已有的关于图像的知识进行正确的分析，将图像描述物理规律的知识内化成解决实际问题的能力，本题旨在考查学生的这种内化能力。

综上所述，物理观念的考查不应该只考查知识结论的记忆，而应该侧重考查学生是否在学习知识之后形成认识世界的物理观念，是否将物理观念内化成解决实际问题的能力，或是在更复杂的情境中，具备用物理观念解决问题的策略。在命制试题时，应该尽可能地以能力立意和素养立意代替知识立意，使试题能更好地考查物理观念的内化能力，从而更好地促进以培养学生学科核心素养为目标的教学。

（原文荣获2019年安徽省基础教育教学论文评选一等奖）

中考试题对核心素养、关键能力考查的实证性研究

——以安徽省中考物理作图题为例

初中学业水平考试是对学生初中阶段的一次终结性考试，试题不仅要能考查学生在初中阶段形成的关键能力，还要考查学生的物理观念、科学探究、科学思维等核心素养。考试过后，对学生答题情况的分析研究，是一次对考试评价的实证性研究，这种研究不仅可以发现学生答题时存在的共同问题，也能发现学生出现这些问题背后的深层次原因。通过这种实证性研究，可以实现对教学的反馈，促进教学行为的转变，还能反思命题，促进考试评价的改革。

物理核心素养是学生通过物理学习形成的必备品格和关键能力。物理学科的关键能力大体表现为：对生活和生产实践中的物理过程进行抽象和分析的能力、计算能力、推理能力、作图能力、实验能力等。在初中阶段，作图题是一种常见的题型，作图能力的考查多以作图题出现，而作图题不仅能考查作图这种关键能力，也可以考查物理观念、科学思维等核心素养。本文以安徽省中考物理试题中考查作图能力的几道试题为例，分析中考作图题对核心素养和关键能力的考查，并从学生答题情况剖析学生错误发生的原因，以及对课堂教学中落实核心素养培养目标的思考。

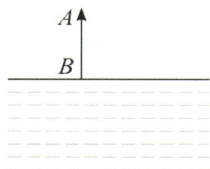

【例1】（2018年安徽中考卷）一棵小树生长在水塘中，图中用带箭头的线段AB表示小树露出水面的部分。请在图中画出AB通过水面反射所成的像A′B′。

【分析】本题通过图示描述了生活中的一种情境，即水面上方的小树在水面由于反射形成虚像，题目本身已经完成了模型的建构，需要学生根据光的反射或平面镜成像的知识作出虚像的位置。本题难度系数为0.491（样本为市区共10 069人），为当年试卷中的难题。

从试题的立意来看，本题属于能力立意，即考查学生的作图能力；从必备知识的角度来看，本题考查的是平面镜成像的知识；从考查方式来看，本题与常见的平面镜成像作图题有几点不同。第一，本题中的平面镜是水平放置；第二，本题中的物体（线性）与平面镜是互相垂直的；第三，本题中物体与平面镜是接触的。这种不同于常规的设置创设了较为新颖的情境，能甄别死记硬背的学习方式，比较合理地考查学生光学模块的关键能力。从学生的答题情况来看，我们可以看到这种设置对学生的答题确实产生了影响，学生在一些关键能力上有所缺失，以下分析几种学生的答题情况。

【学生答题情况分析1】

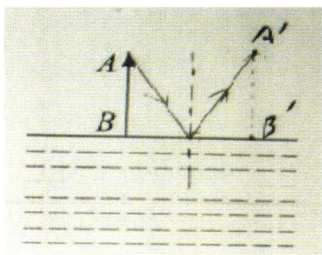

图1

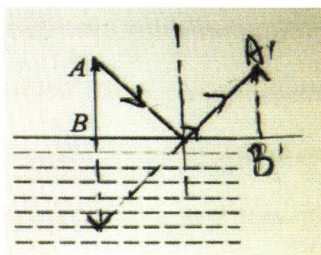

图2

从图1和图2来看，学生没有把水面当成平面镜，显然是习惯了平面镜竖直放置的情况，凭着平时的做题经验，主观在原图中凭空作出了一个竖直的"平面镜"（图中虚线），根据这个不存在的平面镜作出一个竖直的虚像。作出这种答案的学生在学科关键能力上是有缺失的，但这种错误答案的背后确实能反映出一些我们教学中可能存在的问题。从错误的原因来看，是学生没有读懂题目中的情境描述，缺少在新情境中分析问题的能力，反思我们的教学，是不是存在固有的教学模式固化了学生思维的问题呢？

笔者发现，在人教版八年级物理上册第四章第3节"平面镜成像"中，平面镜成像的实验装置如图3所示，平面镜所成像为虚像的光路如图4所示，本节课后的5道练习中，有4题所用的平面镜均为竖直放置，其中3道题所配的图如图5、图6、图7所示。

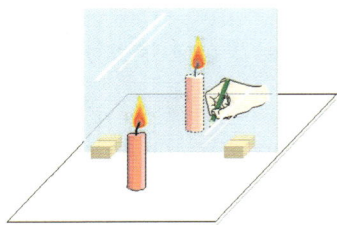 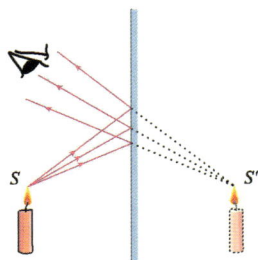 

图3　　　　　　　　　图4　　　　　　　　　图5

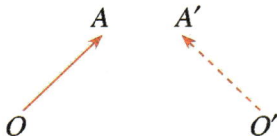 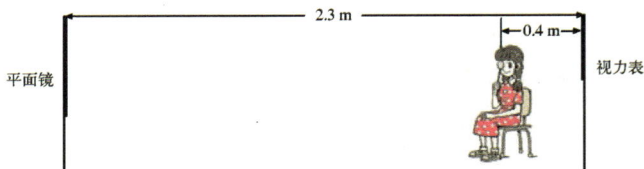

图6　　　　　　　　　　　　　　图7

可见，在学生初学平面镜成像的过程中，教材都将平面镜竖直放置作为一种默认的常规放置方法，也就是说，学生从实验探究到形成对平面镜成像的知识，到学习之后的练习，遇到和看到的都是竖直放置的平面镜，显然，这都会成为学生对平面镜成像的经验，也会潜移默化地影响学生的思维。反思上述的教学情境和内容，我们或许就会理解学生为什么会作出图1和图2的错误虚像。

我们认为，在培养学生关键能力和形成物理观念的过程中，应该注重教学情境的多样性，任何一种我们以为已经习惯的单一情境，都会在学生物理观念的形成过程中导致错误的"前概念"，使学生在后续学习中，不断受到错误"前概念"的干扰，无法形成正确的物理观念。

【学生答题情况分析2】

如图8、图9，学生将虚像画在水中，而且是与物体成斜方向的位置。显然，学生将平面镜成像与光的折射混淆了，图10中，学生将像画在水面，显然是将平面镜成像与光的直线传播混淆了，作出了物体在水面的"影子"。从这几种错误的做法可以看出，学生在光学模块的学习中，很容易将平面镜成像与光的折射、光的直线传播知识相混淆，这就需要我们在教学中真正落实各种知识的剖析和对比，让学生了解反射和折射的原理，运用反射和折射知识来解释生活中的现象。

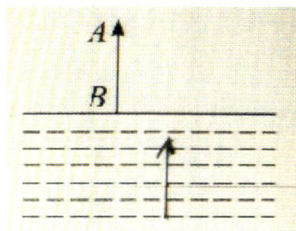
图8

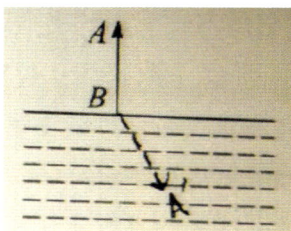
图9

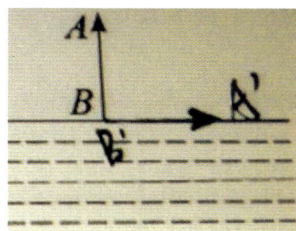
图10

【例2】（2019年安徽中考卷）光从空气斜射到水面时，一部分光射进水中，另一部分光返回到空气中，其光路如图甲所示。现在让光逆着折射光线的方向从水中斜射到与空气的分界面时，请在图乙中画出相应的折射光线和反射光线。

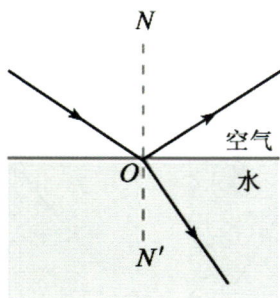
甲

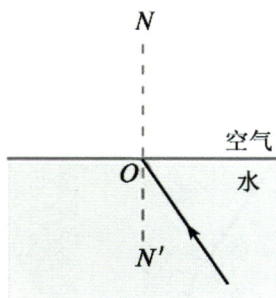
乙

【分析】本题以光从空气斜射到水面同时发生反射和折射的光路为背景，考查光从水中斜射到空气中时发生的两种光路的作图。从命题者意图来看，图甲是提供给学生一个作图的背景提示，即光从空气斜射入水中，会同时发生反射和折射，那么在图乙所示的情境中，也会同时发生反射和折射，学生只需根据光的反射定律作出反射光线，根据光的折射规律作出折射光线，就可以完成作图。

从命题的角度来看，本题最大的特点是在一个情境里同时考查光在发生反射和折射时的光路可逆原理，而题干中的"让光逆着折射光线的方向从水中斜射到与空气的分界面时"一句的"逆着"一词，也在提示学生本题是要考查光路可逆的知识。然而，学生在光学模块的学习中是否形成了"光路是可逆的"这一观念呢？能否运用这一观念解决本题中稍微复杂的情境呢？从学生答题情况来看，本题的难度系数仅为 0.485（样本数为全市共 30 736 人），说明本题是一道难题，以下分析几种学生错误的答题方式。

【学生答题情况分析1】

图11所示的做法只是将图甲中的入射光线和反射光线的方向改为反向，保留了图甲中的两条光线，这种做法简单地将"可逆"理解为"方向的反向"，显然这种学生还没有形成"光路是可逆"的物理观念。图12画对了折射光线，但是仍将图甲中的反射光线作为水下反射光线的位置，这种做法显示出学生对光的反射规律的认识是不够的。图13画对了反射光线，但是将折射光线画在法线的同侧，可能是受到图甲中反射光线的影响，总之对折射规律的认识存在缺失。

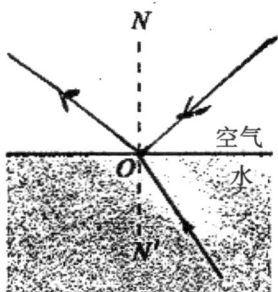 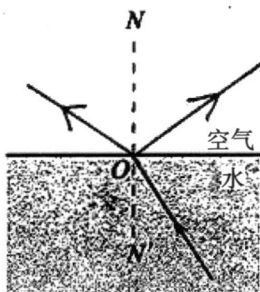 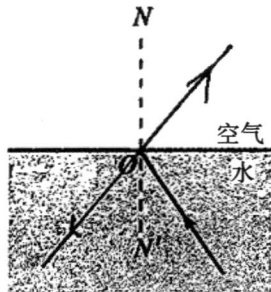

图11　　　　　　　　图12　　　　　　　　图13

可见，图11~图13的画法或多或少受到图甲的影响，而本题的命题意图也许就在于通过图甲的"干扰"，考查学生是否真正形成了光的反射和折射的观念，是否能将这些观念内化成为实际情境中解决问题的能力。

【学生答题情况分析2】

图14正确地画出了反射光线的位置和方向，也正确画出了折射光线的方向，却画错了折射光线的位置，错将折射角画成小于入射角，显示出对折射规律中折射角与入射角之间关系的认识还存在缺失。图15中没有画出折射角与入射角的大小区别，显然，图14和15反映出对折射规律的认识还不透彻。图16虽然正确画出了折射光线的位置和方向，却漏画了反射光线，说明学生没有正确认识到光在两种物质分界面上会同时发生反射和折射现象。

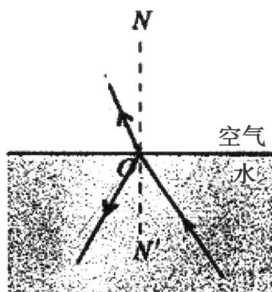 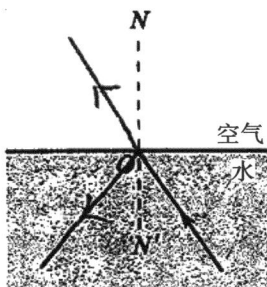 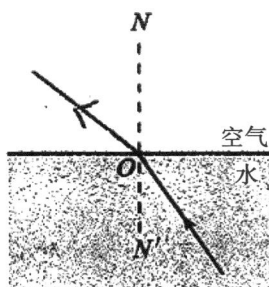

图14   图15   图16

【学生答题情况分析3】

图17~图19几种画法的共同点是反射光线的位置画对了，但是画错了折射光线的位置或折射角的大小，这部分学生能理解光的反射定律，但对于光的折射规律的认识不清楚。可见，学生是否具备了物理观念，还需要在较为复杂的情境下进行考查。

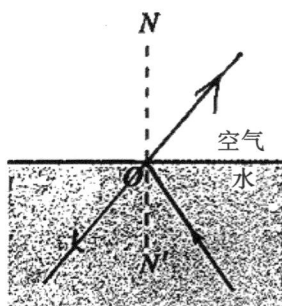
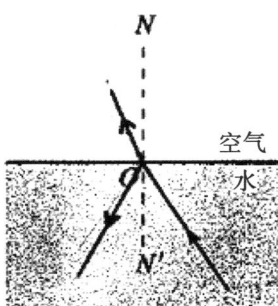
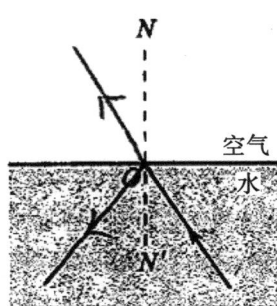

图17 图18 图19

【例3】（2019年安徽中考卷）如图所示，用细线将小钢球悬挂起来，让其在竖直平面内左右摆动。忽略空气阻力，在图上画出小钢球摆动到B点时所受力的示意图。

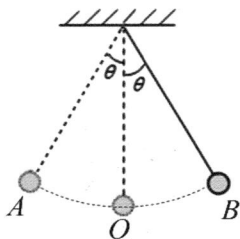

【分析】本题以小球摆动模型为情境，考查学生受力分析的能力。当小球摆到B点时，速度为零，若只受重力作用，小球将沿竖直方向运动，而细线的拉力使小球沿弧线运动，故小球在B点受到拉力和重力的作用。从初中层面上来看，本题是需要学生分析小球的完整运动来分析小球在B点的受力情况，对学生的分析推理能力要求很高。

【学生答题情况分析】图20只画了一个重力，图21画了一对平衡力，这是最典型的两种错误画法，抽样分析占错误画法的24.4%和19.5%，产生这种错误的原因在于，学生不具备分辨"速度为零"这种状态的能力。一种认为在B点速度为零即不受拉力作用，只受到重力作用；另一种认为速度为零即为静止状态，故受到重力和一个向上的拉力作用，尽管这种拉力找不到施力物体。笔者认为，这两种画法恰恰是符合初中学情的。

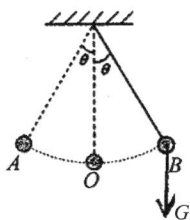 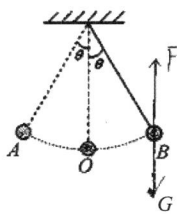 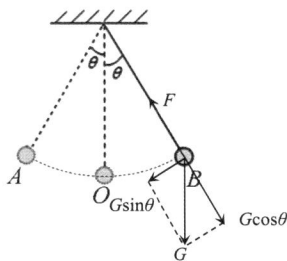

图20   图21   图22

我们知道，要定量地分析本题中小球的受力情况，必须具备圆周运动和向心力的知识，即小球在 B 点速度为零，向心加速度为零，故沿绳方向的合力为零。如图22，将重力分解为沿切线方向和绳方向的两个分力，可知绳的拉力 $F=mg\cos\theta$，显然，初中学生并不具备这些知识。初中学生要做对此题，需根据在初中阶段形成的关于运动和力的物理观念，小球在 B 点并非静止状态，所以不会受到平衡力作用，小球此后的运动与落体运动也不一样，故绳对小球会有拉力作用。相对来说，这种做法是区别于上述高中做法的，需要很强的分析推理能力。

综上所述，通过对学生考情的实证性研究，我们可以发现学生在物理观念上的缺失，这种缺失有教学的原因，也有命题的原因。通过这种研究，可以引导教师在教学中关注如何培养学生的核心素养和关键能力，也可以帮助命题者反思试题的命制是否科学合理，以真正考查学生在初中阶段的学习情况。

（原文荣获2021年安徽省基础教育教学论文评选一等奖）

■ 基于考查科学思维素养的试题分析

——以一道安徽省中考物理压轴题为例

物理课程核心素养包括物理观念、科学思维、科学探究、科学态度与责任，其中科学思维主要包括模型建构、科学推理、科学论证、质疑创新等。作为初中阶段终结性考试，在初中学业水平考试中理应体现对科学思维的考查，然而如何实现对科学思维的考查一直是命题的难点。这种困难表现在两个方面：一是初中阶段学习的模型比较有限，如匀速直线运动、重心、杠杆等，对这些模型的考查，一般都以速度公式的应用（计算）、重力的示意图（作图）、杠杆平衡条件公式的应用（计算）为主，并不能很好地实现对科学思维素养的考查；二是如何能突破应试教学的模式，如果对科学思维的考查变成单纯地考查解题能力，也不能真正实现对素养的考查目标和对教学的正确导向。要真正实现对科学思维的考查，命题必须以素养立意为目标，设置不同情境考查学生的建模能力、科学推理和分析论证能力。2021年安徽省初中学业水平考试物理试卷第23题，以两种模型、四种情境为例，考查学生的分析、推理和论证能力。

【2021年安徽中考卷】研究物理问题时，常需要突出研究对象的主要

因素，忽略次要因素，将其简化为物理模型。

（1）如图甲，一质量分布均匀的杠杆，忽略厚度和宽度，长度不可忽略，用细线将它从中点悬起，能在水平位置平衡。将它绕悬点在竖直面内缓慢转过一定角度后释放（如图乙），为研究其能否平衡，可将它看成等长的两部分，请在图乙中画出这两部分各自所受重力的示意图和力臂，并用杠杆平衡条件证明杠杆在该位置仍能平衡。

（2）如图丙，一质量分布均匀的长方形木板，忽略厚度，长度和宽度不可忽略，用细线将它从AB边的中点悬起，能在水平位置平衡。将它绕悬点在竖直面内缓慢转过一定角度后释放（如图丁），木板在该位置能否平衡？写出你的判断依据。

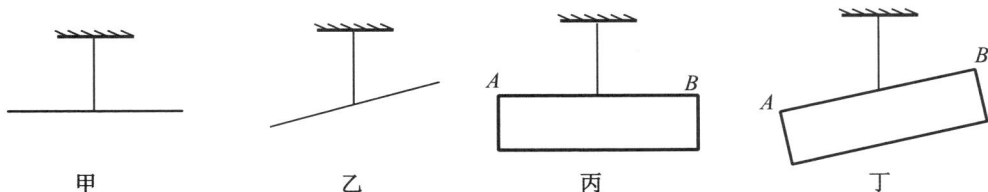

| 甲 | 乙 | 丙 | 丁 |

一、命题特点分析

本题先由题干的一句话来描述物理学中什么是建模，即突出主要因素，忽略次要因素，介绍了本题的考查意图。第（1）问中，用"一质量分布均匀的杠杆，忽略厚度和宽度，长度不可忽略"来描述本小问所要研究的杠杆模型，接着呈现"用细线将它从中点悬起，能在水平位置平衡"的情境，这也是一种在初中教材中常见的平衡状态，接下来是一个动态情境"将它绕悬点在竖直面内缓慢转过一定角度后释放（如图乙）"，该过程对学生的分析能力要求较高，学生需通过阅读理解其在竖直面内转动的过程。随后试题陈述了一种研究其能否在这一位置保持平衡的研究方法，即可将杠杆看成等长的两部分，要求学生画出两部分的重力和力臂，这一设问实际是在提示学生应该通过分析两部分所受重力和力臂的关系，根据杠杆平衡条件进行证明。显然，在第（1）问中，命题者通过文字和图示帮助学生建立杠杆的模型（只考虑质量和长度），并希望学生能通过阅读题目了解判断其是否平衡的方法。本小问通过对一种杠杆模型的建构与分析，考查学生的作图能力和运用物理规律进行推理论证的能力。可以看到，第（1）问所呈现的问题情境是杠杆在转过一定角度后能平衡，题目通过陈述方法、逐步设问，引导学生实现对这一模型的研究和分析论证，降低了本题的难度，也给第（2）问做足了铺垫。

第（2）问采用与第（1）问对称的情境呈现形式，与第（1）问不同的是，第（2）问中并没有以明确的杠杆为研究对象，而是一个"厚度可以忽略、但长度和宽度不可忽略"的长方形木板，继而通过从"水平平衡"状态到"转动一定角度"后释放的描述，让学生再经历一次如第（1）问中同样的过程，将"木板能在水平位置平衡"以结论的形式告知学生，并未要求学生进行推理，实际是在为下一步判断转动后是否平衡做铺垫。在解决水平位置的平衡时，一般可以采用两种方法，即将木板看成一个整体，根据"悬挂法找物体重心"的实验思路，重力的方向和细线拉力的方向在一条直线上，可以平衡；也可以将木板看成左右两个部分，两部分重力相等，力臂也相等，根据杠杆平衡条件可以证明能平衡。这种在水平位置的分析，完全可以拓展到木板转过一定角度后的分析。也就是说，学生如果能分析水平位置的受力情况，即可分析转过一定角度后的受力情况，要完成这种分析，需要具备较强的分析和推理能力。

本题第（2）问没有提及杠杆，但第（1）问的设置可以引导学生用杠杆模型进行分析，即像第（1）问那样将木板分成左右相同的两部分，根据两部分重力和力臂大小关系，利用杠杆平衡条件进行判断。本小问的最大亮点在于，这种木板平衡问题也可以根据二力平衡的条件进行分析，即作出拉力和重力的示意图，当木板转过一定角度后，其重心偏离细线所在的直线方向，故不能平衡。从整体上来看，本题体现了大概念的理念，将杠杆平衡和二力平衡融合在一道试题中，考查学生是否具备平衡的大概念。对于科学思维能力强的学生，在第（2）问中可以突破杠杆的模型，从整体受力情况来分析其平衡情况，问题迎刃而解。

二、命题意图评析

本题通过文字和示意图的形式，将物理学中的一类平衡问题逐步展示在学生面前，基于"转过一定角度的木板是否能保持平衡"的问题导向，考查学生是否具有解决问题的能力，这与通常考查杠杆平衡条件的计算是完全不同的命题方式，属于素养立意。素养立意最大的特点是考查学生解决问题的策略，学生需要通过阅读信息来理解情境并建立模型和分析模型，运用内化后的物理观念来解决实际问题，这种命题可以考查学生是否将物理观念内化为解决问题的能力，可以有效防止刷题应试的错误教学方式，让真正有学科素养的学生脱颖而出。

1.以多元的情境和设问方式考查学生多种能力

本题中包括两种模型，设置了四种不同的情境，要求学生分析研究对象在不同情境下的受力情况，推理分析其平衡情况，表1为本题所呈现的情境和问题。

表1 两种模型分析

模型(2种)	直线杠杆	长方形木板
主要因素	质量、长度	质量、长度、宽度
分析方法	看成等长的两部分(已知)	未知(需学生分析)
情境(4种)	水平位置	水平位置
	转过一定角度	转过一定角度
状态(4种)	平衡(已知、需学生证明)	平衡(已知)
	未知(需学生判断)	未知(需学生分析判断)
考查能力	推理论证	分析推理
答题策略	杠杆平衡条件	二力平衡条件;杠杆平衡条件
	力学"平衡"的大概念	

由表1可知，命题者描述了两种模型、四种不同的情境，采用了不同的设问方式。第（1）问采用推导证明的设问方式，即告知学生结论并提示研究方法，有效降低了试题的难度。第（2）问通过直接判断是否平衡且写出依据的设问方式，考查学生在新情境（长方形木板的平衡）中是否能解决实

际问题（木板转过一定角度后是否平衡），学生需要对建构的模型（哪些因素可以忽略）进行分析推理，运用物理观念（杠杆平衡或二力平衡等）寻找实际问题的解决策略。从设问的形式上看，本题考查学生的作图能力、推理能力和分析论证能力，实现了对科学思维较完整的考查。

2.通过对力学平衡的考查引导大概念教学

本轮课程改革强调大单元、大概念和大观念的教学理念，其目的是强调知识的结构性，提倡为素养而教的教学，而本题提供了一种基于大概念的试题考查形式。在初中阶段，力学中的平衡包含二力平衡和杠杆平衡两种，作为一个大概念，这两种平衡分散在不同的教学时段，在教学中是割裂的，学生很少思考二者之间的关联。本题通过两个模型考查学生是否具备对力学平衡的整体认识，第（2）问中两种平衡答题的难度和复杂程度完全不同，具备力学平衡大概念的同学会很快地解决问题，而没有大概念的同学只从杠杆平衡角度分析，会增加解题的复杂性。因此，本题对实际教学具有很好的导向作用，教师在教学中应该落实大单元、大概念、大观念的教学理念，帮助学生建构完整的力学平衡知识体系，形成较为完整的物理观念。

3.变解题过程为学习过程和思维过程

本题中，当只考虑长度和质量时，杠杆可以在任意角度平衡，而当研究对象是一个宽度不可忽略的木板时，就不能在任意角度平衡，显然命题者是希望学生通过两个模型的比较，发现主要因素对研究问题的影响。这种以做题来感受模型不同的试题呈现方式，可以让做题变成一种学习。探究能力强的学生甚至可以在考场上用实物来模拟第二个模型，很轻松地得到正确结论。学生解完题之后，会理解宽度对木板的影响，即在第二种模型中，宽度是其不能在任意角度平衡的决定性因素，而第一种模型能在任意角度平衡，也恰恰是因为忽略了宽度的原因。因此，本题的巧妙之处在于，试题可视化地呈现了两种力学模型，让学生在做题过程中经历完整的科学思维过程，促进学生对物理模型的正确认识。

4.从物理模型到真实情境

本题呈现的是构建好的物理模型，这一模型可以还原为现实中的天平和跷跷板。天平的横梁在水平位置调节平衡后，若将横梁倾斜一定角度，总会回到水平位置，所以判断天平平衡的依据是指针指在中央刻度线或在其两侧等幅摆动。也就是说，天平不能在任意角度都能保持静止，其原因是其转过一定角度后，天平的重心偏离了支点所在的竖直直线，或者重心在支点的下方，这与本题第二种模型的结果相同。

公园中的跷跷板在水平位置平衡后，只要转过一个角度，就不会再回到水平位置。我们可以根据此真实情境进行如下命题：

【拓展试题】公园中的跷跷板能在水平位置保持平衡，但在发生转动后，就不会再回到水平位置（如图甲）。为了研究其原因，我们可以把跷跷板看成质量均匀的长方形木板，忽略其厚度，长度和宽度不可忽略，且只能绕A点转动，图乙为该模型在水平位置保持平衡时的状态。若将其转过一定角度，如图丙所示，请你分析说明杠杆是否能在该位置保持平衡。

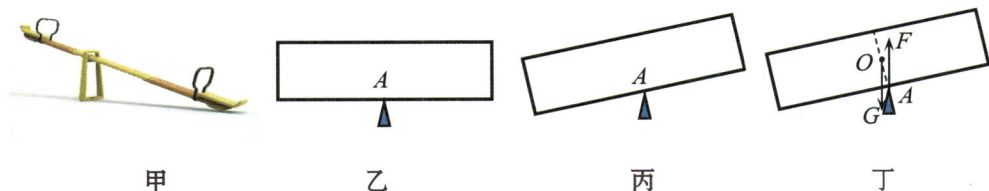

甲　　　　　乙　　　　　　丙　　　　　　丁

仿照前面的研究，跷跷板在水平位置平衡时，其支点和重心在一条竖直线上，当跷跷板转过一定角度后，如图丁，重心偏离了支点所在的竖直线，故左端继续下沉，这个结果与本题第（2）问的结果相反，原因是重心O与支点A的位置不同（支点在重心下方），但其解决策略是一致的。除此方法外，也可以用杠杆平衡条件加以证明。

因此，本题的意义还在于，解题的思维过程可以延续到生活当中，体现试题的深厚余味。当学生遇到一个类似的平衡问题时，与本题相关的科学思维素养可以帮助学生解决生活中的实际问题。综上所述，一道好的试题必须以素养立意为本，以解决问题为导向，充分体现学科核心素养的考查目标，如此必将能引导指向核心素养的物理教学。

（原文发表在《中学物理教学参考》2023年第7期）

■ 基于核心素养的高考备考策略

高考作为我国高校选拔人才的重要途径，受到中学教师的高度关注。高考既是高中一次重要的终结性考试，也是指导一线教学的重要指挥棒。如何研究高考、应对高考是每一位高中教师所面对的重要课题。

一、高考命题的顶层设计

1.影响高考的文件

十年来，我国先后发布了若干文件，逐步完善对高考命题的顶层设计。这些文件主要包括：《中共中央关于全面深化改革若干重大问题的决定》、教育部《关于全面深化课程改革落实立德树人根本任务的意见》《国务院关于深化考试招生制度改革的实施意见》、国务院办公厅《关于新时代推进普通高中育人方式改革的指导意见》《深化新时代教育评价改革总体方案》等。

党的二十大报告指出："教育、科技、人才是全面建设社会主义现代化国家的基础性、战略性支撑。"办好人民满意的教育，是贯彻落实科教兴国、人才强国、创新驱动发展战略的基础。因此，高考命题承担着"立德树人、服务选才、引导教学"的重大责任。

可以看出，国家层面高度重视深化高考考试内容的改革，各文件不断为高考命题做好顶层设计。高考命题要依据高校人才选拔要求和国家课程标准，科学设计命题内容，优化情境设计，注重联系社会生活实际，增加综合性、开放性、应用性、探究性试题，着重考查学生独立思考和运用所学知识分析问题、解决问题的能力；要优化考试内容，突出立德树人导向，加强对学生德智体美劳全面发展的考查和引导，充分发挥高考命题的育人功能和积极导向作用；要科学设置试题难度，引导减少死记硬背和"机械刷题"现象。命题要符合相应学业质量标准，体现不同考试功能。

2.高考命题的依据：学业质量水平

根据《普通高中物理课程标准（2017年版2020年修订）》，高中物理学业质量分五级水平，既是指导学生自主学习和评价、教师开展日常教学设计、命题和评价的重要依据，也是高中学业水平考试命题的重要依据。其中，学业质量水平2是高中毕业生应达到的合格要求，是学业水平合格性考试的命题依据，学业质量水平4是学业水平等级性考试的命题依据。水平4的各项素养要求如表1所示。

表1　水平4各项素养要求

素养层面	水平4
物理观念	具有清晰的物理观念，能从物理学的视角正确描述和解释自然现象；能综合应用物理知识解决实际问题；能指导工作和生活实践
科学思维	能将实际问题中的对象和过程转换成物理模型；能对综合性物理问题进行分析和推理，获得结论并作出解释；能恰当使用证据证明物理结论；能对已有结论提出有依据的质疑，采用不同方式分析解决物理问题
科学探究	能分析相关事实或结论，提出并准确表述可探究的物理问题，作出有依据的假设；能制订科学探究方案，选用合适的器材获得数据；能分析发现其中规律，形成合理的结论，用已有的物理知识进行解释；能撰写完整的实验报告，对科学探究过程与结果进行交流反思
科学态度与责任	认识到物理研究是一种对自然现象进行抽象的创造性的工作；有学习和研究物理的内在动机，坚持实事求是，在合作中既能坚持观点又能修正错误；能依据普遍接受的道德与规范认识和评价物理研究与应用，具有保护环境、节约资源、促进可持续发展的责任感

3.高考命题的依据：中国高考评价体系

2019年12月，教育部考试中心发布《中国高考评价体系》和《中国高考评价体系说明》。如图1，该评价体系由"一核""四层"和"四翼"组成，其中"一核"是高考的核心功能，即"立德树人、服务选才、引导教学"，回答"为什么考"的问题；"四层"为高考的考查内容，即"核心价值、学科素养、关键能力、必备知识"，回答"考什么"的问题；"四翼"为高考的考查要求，即"基础性、综合性、应用性、创新性"，回答"怎么考"的问题。

"一核""四层""四翼"

图1

该体系的提出，从高考的核心功能、考查内容、考查要求三个方面回答了"为什么考、考什么、怎么考"的考试本源性问题，从而给出"培养什么人、怎样培养人、为谁培养人"这一教育根本问题在高考领域的答案。这是高考命题最重要的依据。

4.新高考物理学科的五种关键能力

教育部考试中心程力等撰文指出，物理学科考试内容改革要坚持对关键能力的考查，关键能力的构建依据的是课程标准。在物理课程标准提出的4个学科核心素养中："物理观念"代表知识的内化，是其他核心素养的基础；"科学思维"和"科学探究"是关键能力；"科学态度与责任"是必备品格。物理学科考试提出理解能力、推理论证能力、模型建构能力、实验探究能力、创新能力5种关键能力（如图2）。这5种能力既是对物理课程标准中关键能力的具体化，也是对过去物理学科考试大纲中提出的物理能力的继承与发展：理解能力、推理论证能力、实验探究能力分别是对以前考试大纲中的理解能力、推理能力、实验能力的整合和升华；模型建构能力和创新能力则是根据物理教学实际和时代发展要求提出的新的能力，原考试大纲中提出的分析综合能力和应用数学处理物理问题能力的相关要求已经融入新的关键能力表述中（如图3）。

图2　五种能力与学科素养的关系

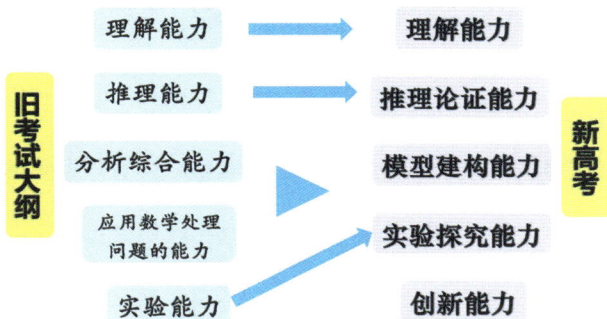

图3　五种能力对比

二、高考试题命题特点分析（以2020年全国卷为例）

1.多题型、多题目考查同一物理观念（不同以往）

如2020年全国1卷对动量和冲量观念的考查，贯穿了选择题、实验和计算题三种题型，这个变化预示了高考试题对物理核心知识的考查会贯穿全卷（类似以往对牛顿第二定律和动能定理的考查），而不受是否重复考查的束缚，这是2020年试卷不同以往的两大特点之一。第14题以选择题定性考查动量定理；第23题以实验题的形式考查如何验证动量定理，以7个小问对动量定理的内容及各物理量的测量进行了细致的考查；第25题以计算题定量、考查动量定理，深度考查学生是否已经具备动量的观念，并能据此解决实际的问题。

2.加强对学生科学探究能力和创新能力的考查

2020年全国1卷（包括2卷的力学实验）的实验题均对科学思维和科学探究中质疑创新、数据处理、方案评估等能力进行了细致的考查，3道实验题（验证动量定理、伏安法测电阻、验证动能定理）均考查了实验的两种测量方案，要求学生对所给的实验方案进行计算、评估，这是2020年全国卷不同以往的两大特点。第23题以考查验证动量定理的实验，重点考查在科学探究中获取和处理信息、基于证据得出结论并作出解释，以及对科学探究过程和结果进行交流、评估、反思的能力。2卷的第22题考查两种测加速度的方案，根据两种方案分别进行实验结果的计算，考查学生分析数据和推理能力，要求学生通过比较两次结果，分析实验误差产生的原因，实现对实验评估能力的考查，本题设问具有很强的开放性。2020年三套全国卷力学实验题的共同特点是：

（1）实验设计均来源于教材中的核心实验，如速度的测量、加速度的测量；

（2）巧妙地将速度、加速度等物理量的测量迁移到验证动量定理及动能定理的实验中，具有很强的创新性；

（3）主要的系统误差与验证牛顿第二定律实验的系统误差来源相同（细线对物体的拉力小于砝码盘一端的重力）。

我们发现，近年来的高考实验题考查创新能力的命题多以"核心实验能力"+"创新情境或呈现方式"进行考查。试题以与教材相似又不完全相同的新素材为背景，在教材实验的基础上，重点考查核心实验能力。这就要求高考复习必须重视对核心实验和核心实验能力（如纸带的处理）的复习，要能还原整个实验过程，在此基础上，能将核心实验能力内化为解决新情境中新问题的策略。

3.以"一图双线"的呈现方式考查处理信息的能力

图像是呈现物理信息的重要途径，近几年的高考卷经常出现在同一个坐标系中出现两个图像的情况，这就需要学生能通过图像获取信息，并能综合分析两个图像的关联性。

如2020年全国高考Ⅰ卷的第10题将同一物体的重力势能和动能随下滑距离s的变化关系图像在一个坐标系中呈现（如图4）；Ⅱ卷的第18题将同一物体的机械能和重力势能随它离开地面的高度h的变化关系图像在同一个坐标系中呈现（如图5）；Ⅲ卷的第15题将两个物体的速度随时间t的变化关系图像在同一个坐标系中呈现（如图6）。

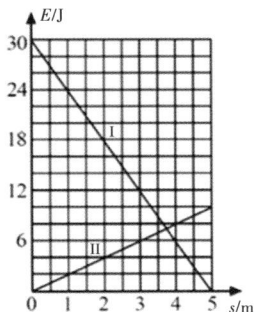
图4

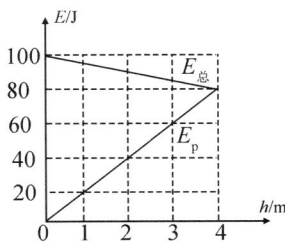
图5

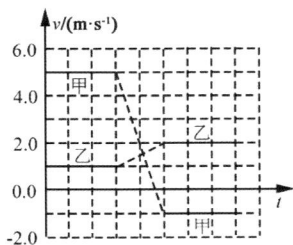
图6

针对这类一图双线的题目，应该引导学生从以下环节进行分析：

（1）题目中描述了哪两个物体（或哪两个参数）的运动？

（2）图像的横轴和纵轴各表示什么？

（3）两个图像各有何特点？（线性或其他）

（4）两个图像是否有关联？

（5）两个图像的起点、终点及交点有何意义？

（6）图像的斜率、截距有何意义？

4. 关注非理想状态的情境设计

高考试题一直关注非理想状态的情境设计，这种设计其实是建构物理模型的逆过程，渗透一种唯物主义的世界观。这种题目可以很好地考查学生是否真正具备物理素养，能有效规避刷题行为。

【例1】（2020年全国高考1卷）如图，一同学表演荡秋千。已知秋千的两根绳长均为10 m，该同学和秋千踏板的总质量约为50 kg。绳的质量忽略不计，当该同学荡到秋千支架的正下

方时，速度大小为8 m/s，此时每根绳子平均承受的拉力约为（　　）

　　A.200 N　　　　B.400 N　　　　C.600 N　　　　D.800 N

本题中，若g取9.8 m/s^2，计算出的拉力为405 N，若g取10 m/s^2，则计算出的拉力为410 N，而正确选项给的是400 N，与两种计算值并不相等。这是因为题目中的情境是一种生活中的真实情境，而计算时是将其转化为理想的物理模型。那么，命题者为什么没有给以上两种答案的选项呢？其命题意图又是什么？显然，命题者就是要考查学生是否具备在真实的情境中对答案进行评估的能力，而平时靠刷题来备考的学生在求出答案之后会觉得没有答案或不敢选择。

5.以素养立意考查运用物理观念分析问题、解决问题的能力

为提高试题的选拔性，规避刷题行为，高考试题越来越多地以能力立意和素养立意进行命题，以考查学生是否具有运用物理观念分析问题、解决问题的能力，这类试题才是整张试卷中区分度大的试题，也正是这种试题能选拔出素养高的学生。

【例2】（2020年全国高考Ⅰ卷）一匀强磁场的磁感应强度大小为B，方向垂直于纸面向外，其边界如图中虚线所示，ab为半圆，ac、bd与直径ab共线，ac间的距离等于半圆的半径。一束质量为m、电荷量为q（$q>0$）的粒子，在纸面内从c点垂直于ac射入磁场，这些粒子具有各种速率。不计粒子之间的相互作用。在磁场中运动时间最长的粒子，其运动时间为（　　）

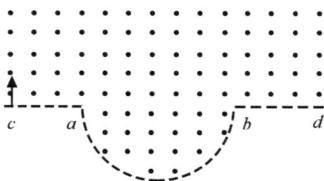

　　A.$\dfrac{7\pi m}{6qB}$　　　B.$\dfrac{5\pi m}{4qB}$　　　C.$\dfrac{4\pi m}{3qB}$　　　D.$\dfrac{3\pi m}{2qB}$

本题的难点在于如何正确分析找出在磁场中运动时间最长的粒子，显然，这需要学生运用物理观念来解决时间最长的路径问题。

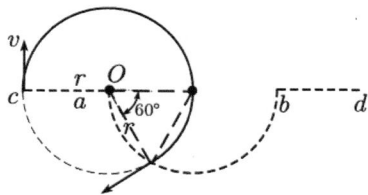

相比于传统的设问方式，这是一个不良结构问题，需要学生发现解决不良结构问题的策略，即当轨迹圆的圆心角最大时，时间最长。本题可以很好地考查学生的物理素养，是一道典型的素养立意的试题。

【例3】（2020年全国高考Ⅰ卷）在一柱形区域内有匀强电场，柱的横截面积是以O为圆心、半径为R的圆，AB为圆的直径，如图所示。质量为m、电荷量为q（$q>0$）的带电粒子在纸面内自A点先后以不同的速度进入电场，速度方向与电场的方向垂直。已知刚进入电场时速度为零的粒子，自圆周上的C点以速率v_0穿出电场，AC与AB的夹角$\theta=60°$。运动中粒子仅受电场力作用。

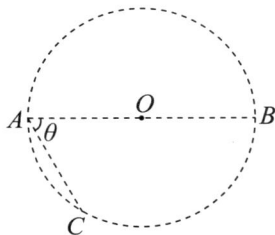

（1）求电场强度的大小；

（2）为使粒子穿过电场后的动能增量最大，该粒子进入电场时的速度应为多大？

（3）为使粒子穿过电场前后动量变化量的大小为mv_0，该粒子进入电场时的速度应为多大？

本题的难点在于粒子从哪里穿出？解决策略为动能和动量的观念。考查学生是否能建立运动（类平抛运动）的模型，即模型建构能力，解题时需要分析：

（1）动能增量最大代表电场力做功最多，电场力做功什么情况最多？

（2）动量变化量为mv_0的意思是什么？与题干中由静止进入C点动量为mv_0有什么联系？

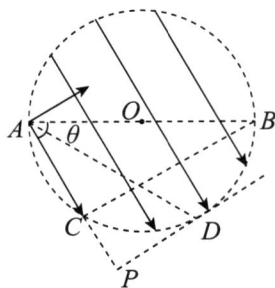

通过建模得出（2）（3）两问分别对应粒子从D点射出与粒子从B点射出。

三、关于高考复习备考的思考

1.高考复习课教学的现状思考

杨思锋老师曾说过，应对中考和高考，一个最核心的观点是我们要去追求高质量的课堂教学，这是我们的工作需求，更应该是我们物理老师的职业追求。苏明义老师曾概括了中学物理教学的几个薄弱环节：重结论，轻过程；重定量计算，轻定性分析；重理论，轻实验；重逻辑思维，轻形象思维；重学科知识，轻联系实际。

我观察到，很多学校的高考复习存在两种普遍的现象：一是泛滥的教辅"绑架"了高考复习，二是频繁的考试"弱化"了教学过程。对高三老师来说，每天沉浸于阅卷、讲卷的循环中；对学生来说，每天沉浸于题海，缺少对教材、知识、学科方法和思想的理解、消化和运用。具体还表现在：第一，复习课的教学脱离教材，以讲题和考试为主，或者不加选择地盲目选用教辅进行复习，部分"常坐"高三的骨干教师甚至没认真研读过新课标和新教材。我坚决反对脱离教材或者脱离物理过程完全做试卷、讲试卷，甚至"只对答案不讲试卷"的复习模式。第二，用题海战术作为提高成绩甚至作为复习课教学的主要方式，忽视学生能力的培养和提高，或者认为学科的能力培养已经在上新课的时候完成了，盲目地以题海战术来训练学生，把高级的思维能力培养（"渔"）变成机械训练和简单模仿（"鱼"），不符合教育的规律。对于刷题的学生来说，刷的往往都是解题的技巧，而非能力。

2.关于用刷题的方式进行备考的思考

高三教学通过刷题来应试备考的做法极为普遍，然而随着考试内容的改革，越来越多的试题开始规避刷题行为，试题考查的不是解题的技巧，而是学生解决问题的能力和学科素养。如浙江曾考过这样一道试题，结果答错的人非常多。

【例4】（2013年浙江省高中会考卷）秋天，一片梧桐树叶自5 m高的树枝落下，它落地的时间可能为（　　　）

A. 0.1 s   B. 0.5 s   C. 1 s   D. 3 s

本题考查的是自由落体运动的规律，但若只根据自由落体运动的公式计算后得到的答案是1 s，应选C。然而再看试题描述的情境是树叶从5 m高的树枝落下，显然1 s的时间完全不符合常识，因此本题应该选D。那么刷题的学生是否能做到解题之后再回到真实情境进行评估呢，这就需要真正具备学科素养，在真实的情境中解决实际的问题，这才是本题所传递出的命题意图。

【例5】（2011年浙江省高考卷）如图所示，在铁芯上、下分别绕有匝数 n_1=800 和 n_2=200 的两个线圈，上线圈两端与 u=51sin314tV 的交流电源相连，将下线圈两端接交流电压表，则交流电压表的读数可能是

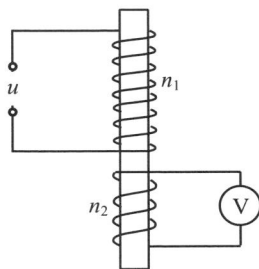

A. 2.0 V   B. 9.0 V

C. 12.7 V   D. 144.0 V

本题考查的是交流电知识，根据理想变压器的规律可知，交流电源电压的有效值 $U_1 = \dfrac{51}{\sqrt{2}}$ V，$\dfrac{U_1}{U_2} = \dfrac{n_1}{n_2}$、$n_1$=800、$n_2$=200，故解得 $U_2 = 9.0$ V，应选B，然而本题中的铁芯并不是封闭的铁芯，故不是理想变压器，由于有能量的损失，故 n_2 线圈获得的电压应小于9.0 V，应选A。

【例6】（2014年北约高校联盟自主招生试卷）空间有一孤立导体，其上带有固定量的正电荷，该空间没有其他电荷存在。为了测量该导体附近的某一点P的电场强度，我们在P点放置一带电量为 q 的点电荷，测出 q 受到的静电力为 F，如果 q 为正，F/q＿＿＿＿（可填"大于""小于"其中之一）P点的原电场强度；如果 q 为负，F/q＿＿＿＿（可填"大于""小于"其中之一）P点的原电场强度。

本题考查的是电场强度的公式，但与理想的情况（试探电荷不影响原电场）不同的是，本题需要考虑检验点电荷的电场，由于检验电荷的作用，原来导体上的电荷将会重新分布，从而影响场强的大小。当检验电荷为正的时候，导体上的正电荷会远离检验点电荷，检验出的场强会偏小；当检验电荷为负的时候，导体上的正电荷会靠近检验点电荷，检验出的场强会变大。

【例7】（2021年全国高考II卷）科学家对银河系中心附近的恒星S_2进行了多年的持续观测，给出的1994到2002年间S_2的位置如图所示。科学家认为S_2的运动轨迹是半长轴为1 000 AU（太阳到地球的距离为1 AU）的椭圆，银河系中心可能存在超大质量黑洞。这项研究工作获得了2020年诺贝尔物理学奖。若认为S_2所受的作用力主要为该大质量黑洞的引力，设太阳的质量为M，可以推测出该黑洞质量约为（　　　）

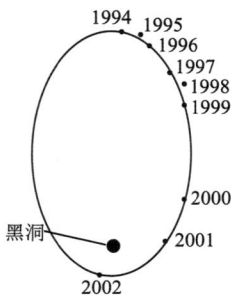

A. $4 \times 10^4 M$　　　　B. $4 \times 10^6 M$　　　　C. $4 \times 10^8 M$　　　　D. $4 \times 10^{10} M$

本题考查的知识是万有引力定律或开普勒定律，属于基础知识，但本题还需从图中发现恒星S_2的周期，故学生能否看懂图中的信息是本题答题的关键，而这种素养是刷题刷不到的。

从以上试题可以看出，无论是会考、高考还是名校自主招生考试，试题的命制者都不赞成通过单纯刷题达到获取高分的做法，都希望能通过试题甄别"死读书"和"读死书"的学生，通过纸笔考试能选拔出能力强、素养高的学生。事实证明，盲目做题、讲题的应试教育模式是不符合现代教育理念的。

四、提高课堂教学（复习）质量的策略

1.倡导"追根溯源"的教学

学习的过程应该是一种探究的过程，包括实验，更包括对物理概念、规

律的认识学习过程。教师要重视对物理知识的教学过程，而不能仅仅是以结论的方式传授给学生。要在探究的过程中，培养学生的各种能力及科学素养，而学生的能力也必须在过程中得以培养和锻炼。学生学习物理，不能仅仅停留在结论的记忆和公式的简单应用上，更应该回到这些知识或结论的本源上来。

因此，我们应该设法让物理学科变得易懂，应该提倡对原理或规律"追根溯源"的教学方式或复习方式，以下以功能关系的理论复习为例说明。

首先引导学生由牛顿第二定律 $F=ma$（由实验得出）推导出动能定理 $W_合 = E_k - E_{k0}$。推导过程中，强调对非匀变速直线运动的处理方法，渗透物理思想的复习，然后按照下列步骤逐步推导各种功与相应的能之间的关系：

（1）当物体只受重力（或系统内弹力）时，得到重力做功和重力势能（或弹性势能）的关系：重力做功等于重力势能的减小量；

（2）当物体只受电场力作用时，电场力做功等于电势能的减小量（类似重力做功）；

（3）当物体还受到重力以外的力时，将 $W_合$ 分成两部分，得到非重力做功与机械能的关系：重力以外的力做功等于机械能的增量（可称为机械能不守恒定律）；

（4）当重力以外的力不做功时，机械能的增量为零，即机械能守恒；

（5）当只有重力和电场力做功时，机械能和电势能的和守恒；

（6）当只有重力、摩擦力、电场力做功时，机械能、内能和电势能的总和守恒。

通过以上的逐步推导，让学生了解以上各种功和能的关系，从而得出"功是能量转化的量度"。通过推导，学生能正确理解这个结论的由来，也能树立功能关系的大概念，推导过程本身也能培养学生的推理论证能力，培养科学思维的素养。

2. 重视物理思想和物理方法（科学思维）的教学

物理教学必须重视物理思想和方法的教学，这是学科核心素养中科学思维层面的重要内容。如微分与积分思想贯穿了整个高中教学，从平均速度的测量、匀变速直线运动的位移、向心加速度的推导，到动能定理的推导等，都蕴含了微积分的思想，教学中应该贯彻大单元的理念，逐步培养这种物理学科重要的科学思维能力。再如等效思想，教材从合力的概念、重心的概念到电阻的测量逐步渗透；又如合成与分解的思想等，这些物理思想和方法伴随物理知识形成完整的物理观念，教学中应该给予足够的重视。高考试题对这部分内容的考查历来都是重点。

【例8】（2024年安徽省高考适应性演练试卷）某同学在水平匀速直线行驶的实验车上，利用实验装置竖直向上提起小球，从某时刻开始计时，坐在实验车上的人观测小球运动的情况，作出速度平方(v^2)与提起高度(y)的关系图像如图所示。则地面上静止的观察者看到小球的运动轨迹可能是（　　）

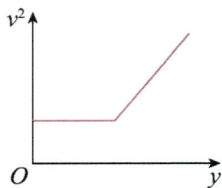

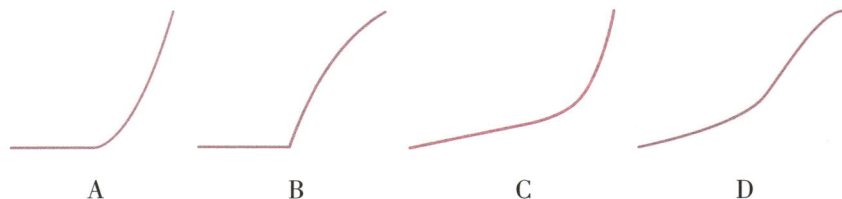

A　　　　B　　　　C　　　　D

本题考查的是两个方向的运动合成问题，结合图像，由速度与位移关系式$v^2 - v_0^2 = 2ay$可知，开始时小球在竖直方向上做匀速运动，之后做匀加速直线运动，加速度竖直向上。小球在水平方向一直做匀速直线运动，地面上静止的观察者看到的运动轨迹是先做匀速直线运动，后做类斜抛运动。

3. 重视实验能力（科学探究）的培养

物理是一门实验学科，物理教学必须重视实验教学。实验是物理区别于其他学科的一个重要特征，也是激发学生学习兴趣的重要保证，教师一定要树立"物理课不能没有实验"的意识，一定要让学生经历实验的完整过程。

实验教学的常见误区包括：一是不做实验，只讲实验或看实验视频，二是以做实验题代替做实验，三是只在考试前做一次实验，四是将探究实验变成验证实验或者无效实验。教育部考试中心程力等对实验做出如下描述：实验是培养学生探究能力的途径之一，课程改革后高考物理强调设计性实验的考查，要求考生灵活地运用学过的理论、实验方法、仪器去处理、分析、研究未做过的实验，能够设计比较简单的实验。这是高考物理体现课程标准理念、加强科学探究能力考查的重要方面。可见，加强实验能力的考查也是高考命题的重要内容，将引导教学更加重视实验能力的培养。

【例9】（2017年全国高考Ⅱ卷）某同学自制的简易电动机示意图如图所示。矩形线圈由一根漆包线绕制而成，漆包线的两端分别从线圈的一组对边的中间位置引出，并作为线圈的转轴。将线圈架在两个金属支架之间，线圈平面位于竖直面内，永磁铁置于线圈下方。为了使电池与两金属支架连接后线圈能连续转动起来，该同学应将（　　　）

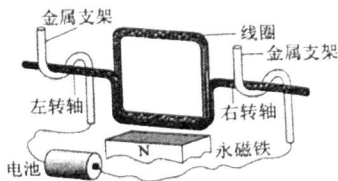

  A.左、右转轴下侧的绝缘漆都刮掉

  B.左、右转轴上下两侧的绝缘漆都刮掉

  C.左转轴上侧的绝缘漆刮掉，右转轴下侧的绝缘漆刮掉

  D.左转轴上下两侧的绝缘漆都刮掉，右转轴下侧的绝缘漆刮掉

本题考查的是如何让线圈连续转动，从知识层面上看，仅仅考查了安培力的知识，但与常规考查方式不同的是，本题考查如何操作才能实现连续转动，相当于换向器的原理，即考查学生解决实际问题的策略，对应考查的是学生的科学探究素养，学生如果平时有没有经历真实实验的过程，不可能具备解答此题的素养。

4.培养运用数学知识解决物理问题的能力

物理教学中必须重视培养学生用数学知识解决物理问题的能力，这是因为物理规律大多是以数学的形式呈现的，而物理的计算题答题运用的主要是数学方法。相关的数学知识包括：方程、图像、极值、不等式等，这些数学知识在每年的高考物理试题中都必然出现。近年来高考中还出现了运用积分、求导等数学知识求解的试题。

【例10】（2024年安徽省高考适应性演练试卷）为激发学生参与体育活动的兴趣，某学校计划修建用于滑板训练的场地。老师和同学们围绕物体在起伏地面上的运动问题，讨论并设计了如图所示的路面，其中AB是倾角为$53°$的斜面，凹圆弧$\overparen{BCD}$和凸圆弧$\overparen{DEF}$的半径均为R，且D、F两点处于同一高度，B、E两点处于另一高度，整个路面无摩擦且各段之间平滑连接。在斜面AB上距离水平面BE高度为h（未知量）的地方放置一个质量为m的小球（可视为质点），让它由静止开始运动。已知重力加速度为g，取$\sin 37° = 0.6$，$\cos 37° = 0.8$。

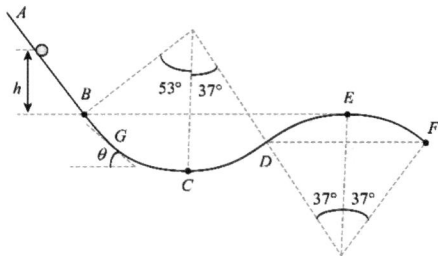

（1）当$h = 0.6R$时，求小球经过最低点C时，路面受到的压力；

（2）若小球一定能沿路面运动到F点，求h的取值范围；

（3）在某次实验中，小球运动到$\overparen{BC}$段的G点时，重力功率出现了极大值，已知该点路面倾角$\theta = 37°$，求h的值。

本题的第（3）问中判断重力功率的极大值，考查的就是综合运用数学知识的能力。答题时可采用均值不等式、三角函数、二次函数来求极值，也可利用求导的方法求极值。故本题对数学能力的要求非常高，作为承载选拔功能的高考物理最后一道试题，数学能力起到举足轻重的作用。

5.重视核心物理模型的教学

建构物理模型是解决物理问题的重要研究方法，在物理学科核心素养的科学思维维度，建模能力是重要的关键能力。高考试题非常强调对物理模型的考查，复习时必须对模型给予高度的重视，常见的模型有叠加体、板块模型（传送带模型）、双星（多星）模型、磁场中的导体杆模型（单杆、双杆）等。教学时，要培养学生从真实情境中建构模型的能力，要引导学生理解分析模型的方法，如近几年的高考反复考查了磁场中的导体杆模型。

【例11】（2020年全国高考Ⅰ卷）如图，U形光滑金属框$abcd$置于水平绝缘平台上，ab和dc边平行，和bc边垂直。ab、dc足够长，整个金属框电阻可忽略。一根具有一定电阻的导体棒MN置于金属框上，用水平恒力F向右拉动金属框，运动过程中，装置始终处于竖直向下的匀强磁场中，MN与金属框保持良好接触，且与bc边保持平行。经过一段时间后（　　）

A.金属框的速度大小趋于恒定值

B.金属框的加速度大小趋于恒定值

C.导体棒所受安培力的大小趋于恒定值

D.导体棒到金属框bc边的距离趋于恒定值

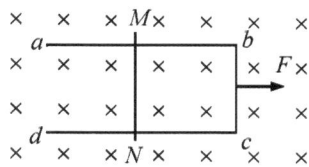

本题改变了传统的直线导轨切割磁场的考查形式，改为U形金属框切割磁场。

【例12】（2022年全国高考Ⅱ卷）如图，两根相互平行的光滑长直金属导轨固定在水平绝缘桌面上，在导轨的左端接入电容为C的电容器和阻值为R的电阻。质量为m、阻值也为R的导体棒MN静止于导轨上，与导轨垂直，且接触良好，导轨电阻忽略不计，整个系统处于方向竖直向下的匀强磁场中。开始时，电容器所带的电荷量为Q，合上开关S后（　　）

A.通过导体棒MN电流的最大值为$\dfrac{Q}{RC}$

B.导体棒MN向右先加速、后匀速运动

C.导体棒MN速度最大时所受的安培力也最大

D.电阻R上产生的焦耳热大于导体棒MN上产生的焦耳热

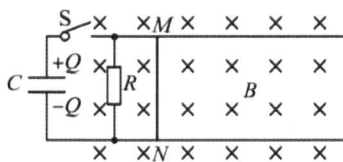

本题综合考查电磁感应与电容器的知识，难点在于电容器放电后对导体棒的影响。

【例13】（2023年全国高考新课标卷）一边长为L、质量为m的正方形金属细框，每边电阻为R_0，置于光滑的绝缘水平桌面（纸面）上。宽度为$2L$的区域内存在方向垂直于纸面的匀强磁场，磁感应强度大小为B，两虚线为磁场边界，如图（a）所示。

（1）使金属框以一定的初速度向右运动，进入磁场。运动过程中金属框的左、右边框始终与磁场边界平行，金属框完全穿过磁场区域后，速度大小降为它初速度的一半，求金属框的初速度大小。

（2）在桌面上固定两条光滑长直金属导轨，导轨与磁场边界垂直，左端连接电阻$R_1 = 2R_0$，导轨电阻可忽略，金属框置于导轨上，如图（b）所示。让金属框以与（1）中相同的初速度向右运动，进入磁场。运动过程中金属框的上、下边框处处与导轨始终接触良好。求在金属框整个运动过程中，电阻R_1产生的热量。

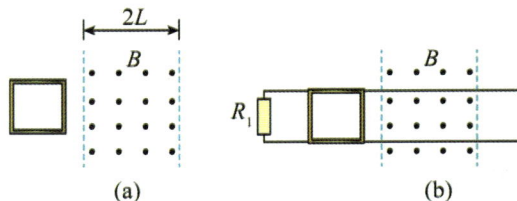
(a)   (b)

本题考查的是线圈在磁场中的运动。

由以上三题可见，近几年高考对传统模型的考查都体现了创新性，这就要求在高考复习时不仅要重视模型的复习，更要培养学生在复杂情境中建构模型、分析模型的能力。